아산재단 연구총서 제375집

복지국가의 조세와 정치

양재진 · 안재흥 · 김상철 · 유범상 · 권혁용

집문당

머리말

이 책은 비교정치경제학적 관점에서 우리나라를 비롯하여 복지국가를 대표하는 주요 3국(스웨덴, 독일, 영국)의 조세제도와 조세 정치를 다루었다. 더불어 OECD 국가를 대상으로 하여 정치제도와 조세의 관계를 통계학적으로 살펴보았다. 최근 늘어나는 복지 비용 때문에 복지증세가 큰 정치사회적 이슈가 되고 있다. 하지만 이 연구가 시작된 2011년만 해도 복지 비용과 조세 문제는 크게 부각되지 않았다. 당시에는 2010년 지방선거에서 무상급식을 모토로 복지 바람이 불기 시작해, 2011년 8월에는 급기야 오세훈 서울시장이 무상급식반대 주민투표의 패배로 물러날 정도로 복지 바람이 거셌다. 무상의료, 무상보육, 기초연금 등 연이은 총선과 대선에서 복지는 가장 중요한 정치 쟁점으로 등장하고, 여・야가 따로 없이 복지확대 경쟁을 벌였다. 복지가 대세인 시대로 접어든 것이다.

우리 연구진은 복지가 가장 중요한 선거 쟁점으로 부상한 2010년 지방선거 때부터 조세 문제에 관심을 갖고 공동 연구를 기획했다. 다름 아닌, 우리 자신과 기존 연구에 대한 불만 때문이었다. 본 연구진은 2001년에 결성된 한국복지국가연구회 회원들로 복지국가의 정치, 제도, 그리고 정책 문제를 오랜 기간 다루어 왔다. 서구 복지국가의 역사를 나름대로 이해하고 있었지만, 복지확대기에 이들이 어떻게 재정 문제를 해결해 왔는지에 대해서 깊이 통찰하고 있지 못함을 깨달았다. 곧 우리에게 닥치게 될 복지증세 문제를 이해하고 해결책을 제시할 수준이 되지 못함을 알게 된 것이다. 다른 학자들이 정리해 놓은 것들이 없지는 않았으나 복지국가의 조세제도와 조세 정치를 이해하는 데에는 역부족이었다. 대부분 경제학 혹은 재정학적 관점에서 조세의 경제적 효과만을 다루고 있었기 때문이다. 조세를 둘러싸고 벌어지는 '정치' 문제를 깊이 있게 다룬 연구는 놀랍게도 손에 꼽을 정도밖에 안 되었다.

처음부터 찬찬히 공부를 다시 하는 수밖에 없었다. 다행히 오랜 기간 복지국가의 정치·경제, 사회 문제에 대해 관심을 갖고 공부해 온 터라, 큰 어려움 없이 즐겁게 공동 연구를 진행할 수 있었다. 그 결과를 이제 세상에 내어놓는다. 무상보육 비용을 놓고 지방정부와 중앙정부가 줄다리기를 벌이고, 소득세제 개편, 담뱃세 인상 등으로 복지증세와 조세 정치는 이제 더 이상 남의 나라 얘기가 아니다. 이 책을 통해 복지국가의 조세 정치가 나라별로 어떤 궤적을 그리며 이루어졌는지, 공통점과 차이점은 무엇인지, 우리의 현재를 낳은 과거는 어떠했는지를 이해할 수 있길 바란다.

연구 과정에서 많은 분들의 도움을 받았다. 먼저 구상에만 머물렀던 공동 연구를 실제로 가능케 해 준 아산사회복지재단에 감사한다. 연구비 지원과 중간 및 최종 결과 보고로 이어진 연구 과정에 대한 시간적 통제가 없었다면, 이 공동 연구는 끝내 빛을 못 보았을지도 모른다. 그리고 월례 세미나와 워크샵 등을 통해 발표된 연구 결과에 대해 언제나 큰 관심과 열의를 가지고 비판과 조언을 아끼지 않은 복지국가연구회 회원들께도 감사의 마음을 전한다. 특히 강명세, 마인섭, 김영순, 조영재, 박성호, 김인춘, 정상호, 김영필, 우명숙, 허순임, 강병익 박사 등의 지적은 이 연구의 완성도를 높이는 데 크게 기여했다. 연구진 중 일부가 민주정책연구원의 "한국의 복지재정 확충을 위한 증세 전략 연구"에 참여하면서 보다 현실적인 고민을 하게 된 것도 큰 도움이 되었다. 이 과정에서 아이디어를 함께 교환한 은민수, 권순미, 오건호, 문병주, 정재철 박사에게도 깊은 감사를 전한다. 연구를 뒤에서 성심껏 지원해 준 정의룡 박사와 유란희 양의 도움도 잊을 수 없다. 끝으로 가족들에게도 고마움을 전한다. 책 쓰고 논문 쓴다는 핑계 아닌 핑계로 가장 사랑하는 이들에게 소홀했던 것은 아닌지, 대한민국의 복지를 늘 고민하면서 가까이의 가정 복지는 뒷전이었던 것은 아닌지 반성해 본다.

2015년 1월 12일

양재진이 저자들을 대표해 쓰다

| 차 례 |

제3장 독일 복지국가의 조세정책과 조세 개혁

Ⅱ 김상철(한세대학교)

제4장 영국 조세 정치의 마술적 조정: 버츠켈리즘에서 블레처리즘으로의 변화와 그 함의

Ⅱ 유범상(한국방송통신대학교)

제5장 수출지향산업화와 한국의 저부담 조세 체제의 형성 및 지속 ‖ 양재진(연세대학교)

제6장 OECD 국가의 조세와 정치제도, 그리고 복지국가

∥ 권혁용(고려대학교)

제7장 결 론

∥ 양재진(연세대학교)

| 표 차례 |

| 그림 차례 |

제1장

서 론

제1장 서 론

양재진(연세대학교)

I. 왜 복지국가의 조세제도와 조세 정치를 연구하는가?

산업화된 민주국가들은 대체로 5가지 세목을 통해 대다수의 세금을 거두어들인다. 개인소득세, 법인세, 소비세, 재산세, 그리고 사회보험기여금(혹은 사회보험료)이 그것이다. 이들 5가지 세목은 대략 80%의 세수를 차지하고 있다. 그러나 이러한 세목들이 등장한 것은 그리 오래지 않는다. 20세기 이전에는 전매수입, 관세와 품목별 소비세 그리고 각종 부과금(fees and charges)이 주종을 이루었다. 정률의 사회보험기여금과 누진세율의 소득세가 등장한 것은 20세기 전후였으며, 소비세의 선형인 부가가치세는 1954년이 되서야 프랑스에서 처음으로 실시되었다. 그리고 조세부담률이 GDP 대비 30% 이상이 된 것도 제2차 세계대전 이후 영국을 필두로 나타나기 시작한 현상이다. 이렇듯 지금 우리가 당연시하는 근대적인 조세체계와 높은 세 부담은 대체로 서구에서 복지국가가 태동하고 성장한 시기와 궤를 같이한다.

복지국가의 성장과 함께 복지와 증세 논쟁은, 선진 복지국가를 지향하는 민주주의국가에서는 불가피하게 맞이하는 정치적 과정이다. 조세정책은 누가, 어떤 자원을, 얼마만큼 부담할 것인가 하는 문제를 다루기 때문에 '희소가치의 권위적 배분'을 다루는 정치 과정을 통해 결정될 수밖에 없기 때문이다. 더구나 조세정책은 사회정책과 연계되며 재분배에 중대한 영향을 미친다. 그렇기 때문에 조세정책은 단순히 정책적 합리성과 경제적 효율성에 의해서 결정되는 것이 아니라 정치적 요인에 의해서 크게 영향을 받게 된다. 그런데 복지국가와 사회정책에 대한 활발한 연구에도 불구하고, 복지국가의 '조세 정치'와 '조세제도'에 대한 정치경제학적 연구는 몇몇 선도적인 연구를 제외하고 한국은 물론 서구에서도 상대적으로 미개척 영역에 속한다.

이러한 와중에 우리나라에서 2010년 6.2지방선거 이후 무상급식이 선거 쟁점이 되었고, 선거 이후에도 보편주의와 선별주의를 놓고 복지 논쟁이 이어졌다. 이 논쟁에 오세훈 등 당시 유력한 대선 주자들이 가세하자 그 정치적 파고가 커졌다. 급기야 박근혜가 '복지 구상'을 발표하자, 복지 논쟁은 그 유례가 드물게 정치적 이목을 집중시켰다. 복지 논쟁이 사회 쟁점화되자, 진보진영 내에서는 복지 재정 확충을 이유로 대기업의 법인세와 부자증세 그리고 새로운 목적세로 '사회복지세' 도입 논의가 봇물을 이루었다. 보수진영은 사회복지세는 물론 복지의 확대가 국가 재정의 지속가능성을 위협한다며, 오히려 감세를 통한 경제활동의 활성화를 주장하는 한편, 박근혜 정부는 세율 인상 없이 세출 합리화와 지하경제 양성화를 통해 복지재원을 마련하겠다는 뜻을 밝히고 있다. 하지만 공보육과 기초연금 등 늘어나는 복지지출 때문에 서울처럼 재정자립도가 높은 지자체도 복지지출을 감당하기 어려워하고, 급기야 지자체장들이 모여 복지급여 중단을 선언하는 실정에 이르고 있다. 정부는 주민세와 담뱃값 인상 등을 통해 우회적인 증세를 도모하고 있으나, 이마저도 서민증세라며 야당이 반발하고 있어 복지증세는 안갯속을 헤매고 있다.

증세는 복지와 달리 인기 없는 정책으로 비난 회피(blame avoidance)적 정치행태를 불러온다. 그러나 증세 없이 복지국가의 발전은 불가능하다. 일본이나 이탈리아, 그리스처럼 거대한 빚더미를 떠안고 복지국가를 유지해 가는 경우도 있긴 하다. 그러나 지속가능하지 않으며 따라야 할 모델이 아님이 분명하다. 그렇다면 어찌해야 하는가?

복지국가의 조세 문제는 다분히 정치학적인 객관적 분석을 필요로 한다. 단순히 이념성과 진영 논리의 울타리 안에서 다루어서는 해법이 나오질 않는다. 따라서 이 책은 다음과 같은 연구 질문에 대해 학문적으로 객관화된 답을 구하려는 노력에서 시작되었다.

서구복지국가는 과연 어떠한 조세정책의 조합을 통해 복지국가 건설에 필요한 재원을 조달하였는가?

복지 레짐별로, 즉 스웨덴 같은 사민주의 복지국가나 영국 같은 자유주의 복지국가들은 조세 체제도 서로 다른 뚜렷한 특성을 보이는가?

- 특정 조세 체제를 형성하게 된 정치경제학적 원인은 무엇인가?
- 특정 조세정책 레짐이 사회경제적 성과에는 어떤 차별적인 영향을 주는가?
- 한국 조세 체제의 특징은 무엇이며 그 원인은 무엇인가?
- 한국에서 복지국가의 부상과 함께 나타나는 조세 정치는 어떻게 전개되고 있으며, 향후 전망은 어떻게 되는가?

이를 위해 저자들은 3대 복지 레짐의 대표격인 사민주의 복지국가 스웨덴, 보수주의 독일, 그리고 자유주의 복지국가 영국의 조세 정치와 조세제도에 대해 연구하고, OECD회원국 전체를 대상으로 조세제도의 변화와 지속에 대해 통계학적 분석을 시도하였다. 한국 조세 체제와 조세 정치의 부상에 대한 연구도 함께 수행되며, 결론에서 복지 증세에 대한 시사점을 정리하였다.

II. 어떤 나라를 어떻게 연구할 것인가?

본 연구는 서구 복지국가에서 역사적으로 형성된 조세제도와 조세 정치의 특징을 살펴보고, 한국에 주는 시사점을 도출하고자 한다. 서구 복지국가는 각자의 발전 패턴이 동일하지 않고, 대체로 몇몇 국가들이 동일한 유형을 형성하는 것으로 파악되고 있다. 학자들마다 구분이 일치하지는 않으나, 대체로 서구 복지국가는 i) 높은 수준의 보편주의적 복지를 특징으로 하는 스웨덴을 위시한 북구 유럽의 사민주의 복지국가, ii) 직종별로 구분된 사회보험제도가 근간인 독일로 대표되는 유럽 대륙의 기독교 민주주의 복지국가, 그리고 iii) 시장의존도가 크며 상대적으로 공공복지지출 수준이 낮은 영국과 미국을 필두로 하는 자유주의 복지국가의 3개 유형으로 구분된다(Esping-Andersen, 1990).

위의 복지국가 유형 구분은 대체로 복지국가의 조세체계 유형과도 조응하는 것으로 나타나고 있다. 조세 구조, 조세부담 그리고 조세 시스템 특성의 3가지 변수를 가지고 OECD 21개국의 조세체계를 유형화한 Wagschal(2001)에 따르면, 4개의 국가군이 존재하는 것으로 나온다. 첫째, 사회민주주의 조세 레짐에는 스웨덴, 덴마크 등이 포함되는데, 높은 수준의 과세와 직접세의 비중이 커서 응능부담의 원

〈표 1-1〉 복지국가 레짐 유형과 연구 대상

복지국가 레짐 유형	국가 사례	사례 연구 대상
사회민주주의	스웨덴, 덴마크, 핀란드, 노르웨이	스웨덴
기독교 민주주의	독일, 프랑스, 이탈리아, 벨기에, 오스트리아	독일
자유주의	미국, 스위스, 영국, 캐나다, 오스트레일리아	영국

칙(ability-to-pay principle)이 작동하는 국가군이다. 이 유형의 또 다른 특징은 소비세의 비중 또한 크다는 점이다. 둘째, 기독교 민주주의 조세 레짐에는 벨기에, 독일, 네덜란드, 오스트리아, 프랑스가 포함되는데, 과세 수준이 상대적으로 높고, 사회보험료의 비중이 커서 응익원칙(benefit principle)이 강한 국가들이라 할 수 있다. 셋째, 자유주의 조세 레짐에는 미국, 영국, 오스트레일리아, 뉴질랜드 등이 해당된다. 이들 국가는 과세 수준은 상대적으로 낮으나 직접세 중심의 응능원칙이 작동하고 있는 특징을 보인다. 마지막으로 주변부–잔여 조세 레짐은 이탈리아, 스페인, 그리스, 포르투갈로 구성되는데, 과세 수준이 낮고 사회보험료의 비중이 높은 특징을 보인다.

가장 이상적인 연구는 모든 복지국가의 조세제도와 조세 정치에 대한 깊이 있는 사례연구를 진행하고 이를 역사적·횡단면적으로 국가 간 비교를 하여 유의미한 규칙성과 인과관계를 파악해 내는 것이다. 하지만 주어진 시간과 능력의 한계 때문에, 이 책의 저자들은 각 복지 레짐의 대표 국가들을 선별하여 스웨덴(사민주의), 독일(기독교 민주주의), 영국(자유주의)에 대한 단일 사례연구만을 진행하고 한국에 주는 시사점을 도출하고자 한다. 그리고 단일 사례연구의 단점이라고 할 수 있는 일반화의 한계를 다소나마 보완하기 위해 6장에서 OECD 국가의 전반적인 조세제도의 변화에 대해 논의한다. 5장은 한국의 조세 체계의 현황과 형성 과정에 대한 정치경제학적인 분석으로, 현재 우리에게 주는 시사점을 도출하게 될 것이다.

스웨덴, 독일, 영국, 그리고 한국의 사례연구에 있어 엄격하게 구조화된 비교연구를 진행하지는 않는다. 각 나라마다 독특한 역사와 정치경제적 배경을 바탕으로 조세 정치가 발생하고 특정 조세제도가 형성되어 왔기 때문이다. 따라서 각 지역의 전문가들인 저자들은 해석학적인 관점에서 가장 중요한 몇 가지 핵심 변수를 추출하고 이를 중심으로 조세 정치의 역사를 재구성하고 있다. 그럼에도 불구하고, 일정한 통일성을 유지하기 위해, 각 사례들은 해당국 조세제도의 전반적인 구조와 특징에 대해서 먼저 기술한 후, 이를 역사제도적 관점에서 정치경제적 변수를 중심으로 해석하는 틀을 공유하고 있다. 사례연구와 6장의 비교연구를 위해 해당 국가별(스웨덴, 독일, 영국, 한국) 문헌 자료를 광범위하게 활용하는 한편, OECD 조세데이터베이스(www.oecd.org/ctp/taxdatabase) 등 비교 가능한 표준화된 자료들을 활용하고 있다. 이를 바탕으로 국가별 조세 수입 규모, 임금 소득에 대한 소득세 부담, 법인세 및 자본소득세 규모, 사회보장세, 부가가치세 및 소비세 등에 대한 기초 자료 제시와 계량분석이 시도될 것이다.

Ⅲ. 주요 연구 결과는 무엇인가?

이 책의 주요 연구 내용과 결과는 다음과 같다. 제2장은 스웨덴의 조세정책을 스웨덴 복지자본주의 정치경제 레짐의 형성과 변화와 연계해 설명했다. 스웨덴의 사민주의 조세정책에 나타난 두드러진 특징은 조세를 노동과 자본 계급 간의 분배보다는 임금 소득 계층 간의 재분배 수단으로 삼았다는 점이다. 그 대신 사민당 정부는 성장을 통한 완전고용과 높은 수준의 복지를 추구했다. 이를 위해 법인세는 낮추고 높은 소득세와 간접세를 수단으로 삼아 복지재원을 충당했다는 점에서 사민당의 조세정책은 전혀 진보적이지 않았다. 그러나 한계세의 세율을 높게 책정했다는 점에서, 그리고 투자로 전환되지 않는 기업의 소득에 대해서는 엄중하게 과세했다는 점에서 스웨덴의 조세정책이 자유주의적이라거나 보수적이라고 특징지을 수도 없다.

1950~70년대에 성장과 복지의 선순환을 이끌었던 스웨덴의 조세정책이 현재에도 유효한 대안이 될 수 있는가? 완전고용이 실현된 1970년대 초부터, 그리고 기업이 거대화되고 기업지배구조가 소수의 가문에 의해 독점되면서부터 스웨덴식 복지자본주의는 내생적인 갈등에 휘말려 들었다. 또한 선거제도 개혁의 결과 그동안 조정의 정치경제를 이끌었던 사민당이 의회-행정부 관계를 과거처럼 통제할 수 없게 되었다. 사민당이 조정의 역할을 효과적으로 수행할 수 없는 상황에서 공공 부문의 팽창과 노노(勞勞) 갈등은 복지에 대한 사회적 수요를 폭발적으로 증대시켰다. 세계화도 스웨덴 모델의 와해에 결정적으로 작용했다. 또한 투자유인을 위해 도입된 조세감면제도는 투자와 상관없이 다양하고 복잡한 조세 회피의 '구멍'을 조성했다. 1980년대에 사민당과 중도우파 정당 그리고 자본은 조세를 통한 투자 자본의 축적보다는 조세 개혁을 통하여 시장경제의 효율성을 제고하는 데 이해가 맞아떨어졌다. 그 결과는 1991년 '세기의 조세 개혁'으로 나타났다. 스웨덴의 조세 개혁은 부가세의 인상과 '이원적 소득세'(daul income taxation)—근로소득에 대해서는 누진 세율을 적용하되 자본소득에 대해서는 정률을 적용하는 세제—로 압축된다.

그렇다면, 스웨덴의 조세제도가 세계화의 영향에 영미형의 제도로 전환될 것인가? 그렇지는 않을 것으로 본다. 스웨덴 복지국가의 두드러진 특징은 높은 소득세율와 간접세율에도 불구하고 조세 저항이 심하지 않다는 점이다. 스웨덴의 블루컬러 임노동자와 대부분의 화이트컬러 노동자들은 복지 수혜자다. 따라서 사민당이건 중도우파 정당이건 복지 축소에 초점을 맞추어 조세제도를 개편하는 무리수를 두지 않을 것이다. 1991년 조세 개혁에서 표현되듯이, 스웨덴의 좌파 정당과 중도우파 정당들이 타협을 통해 이른 합의점은 대외 의존형 시장경제를 활성화시키되 복지국가를 지속적으로 지향할 수 있는 재정 기반의 확충이었던 것이다.

제3장은 독일 복지국가의 형성과 발전 과정에서 나타난 조세체계의 형성과 변화에 대해 밝히고 있다. 독일의 조세체계에서 가장 큰 특징은 사회보험기여금의 높은 비중이다. 독일의 조세부담률은 일본과 미국, 캐나다를 포함한 서유럽의 중간에 못 미친다. 그러나 사회보험기여금은 GDP의 20%에 달할 정도로 가장 높은 수준에 속한다. 독일은 중간 정도의 조세국가이면서 상대적으로 큰 사회보험국가로 분류될 수 있다. 이러한 독일의 특징은 비스마르크가 가부장적인 차원에서 조세로 사회보험의 재정을 조달하려는 시도가 노사의 자율을 표방한 노동자 자본의 반대로 실패한 이후 역사적으로 발전 고착된 것이다. 특히 2차 대전 이후 독일의 국민부담률의 증가가 조세부담률의 인상이 아닌 사회보험요율의 인상에 의해 주로 이루어진 것은 독일의 다양한 비토 세력, 특히 양원제로 인해 증세가 정치적으로 어려웠기 때문이었다. 따라서 연방정부는 의회정치를 피해 상대적으로 인상이 용이한 사회보험기여금의 증대를 통한 복지 확대를 꾀했고 그 결과는 사회보험국가 독일이었다.

그 결과, 독일은 소득세의 소득재분배 효과가 역진적인 소비세 부분과 사회보험료로 인하여 상쇄됨으로써 재분배효과가 크지 않고 사회보험 분야 외에 조세를 기반으로 하는 교육과 같은 공공영역이 상대적으로 저발전하였다. 그리고 높은 사회보험기여금이 노동비용의 상승으로 이어져 고용을 억제하고 장기적으로 복지국가의 재정적 기반을 약화시키는 어려움을 낳고 있다. 따라서 슈레더 정부 이후 독일의 조세 개혁에 대한 논의에서 사회보험료의 인하는 중요한 이슈로, 실업보험료와 의료보험료가 일부 인하되는 대신 부가가치세를 인상하는 등 과도한 사회보험 의존성을 줄이려는 노력이 이루어지고 있다. 하지만 조세국가의 측면에서는 높은 사회보험료 비중은 크게 변함이 없고 여전히 강한 경로의존성을 보이고 있다.

제4장은 영국의 조세 정치를 상이한 이념을 가진 노동당과 보수당의 갈등과 타협의 맥락에서 다루고 있다. 영국의 정치에서 노동당은 과세와 지출의 정당인 반면 보수당은 감세와 성장의 정당이라는 이미지를 갖고 있다. 그런데 실제로 두 정당은 전후에 사회복지에 합의했고 이는 버츠켈리즘이라고 명명되었다. 이때 증세는 당연한 것으로 간주되었기 때문에 선거에서 세금은 주요한 어젠다가 아니었다. 하지만, 대처 정부의 등장 이후에 두 정당은 복지 축소의 경향을 띠었고 이는 새로운 신자유주의 합의라는 의미에서 블레처리즘으로 명명되었다. 이때 조세와 복지는 축소될 운명에 처한 것으로 평가되었다. 하지만 실상 조세와 복지의 총량에는 큰 변화가 발견되지 않았다. 대처리즘에 경향적으로 동의하는 블레처리즘은 감세와 복지 축소보다는 복지 조정을 시도하였다. 조정은 소득세를 축소하는 대신에 부가가치세나 사회보험기여금을 증세하는 방식으로 이루어졌다. 노동당은 저항이 적은 주세와 유류세 등에서 증세를 하는 이른바 숨겨진 세금을 증대하는 은밀한 전략을 구사했다.

그렇다면 왜 영국의 정당들은 감세나 복지 축소와 같은 적극적이고 근본적인 전략이 아니라 조정의 정치를 했을까? 본 장은 조세가 기본적으로 정치적인 것이며, 그 핵심은 유권자의 정당지지와 깊은 연관이 있다는 것을 보여준다. 영국인들은 복지와 증세에 대해 특정 정세에 따라 일시적으로 등락을 보이기는 하지만, 대체적으로 일관된 지지를 해 왔다. 이것은 복지 유산과 복지에 대한 이해관계자들이 광범위하게 존재하기 때문이고, 노동당이 이념 정당으로서 여전히 보수당과 차별적이기 때문이다.

영국이 우리에게 주는 시사점은 여전히 조세와 복지에 대한 이념이 중요하다는 사실이다. 이념은 방향을 제시하기 때문이다. 또한 조세에서 정치가 중요하다는 사실이다. 그리고 정치의 핵심은 조세와 복지에 대한 시민들의 지지에 있다. 따라서 정당은 자신의 이념을 명확히 하는 가운데 자신의 정체성을 지지하는 시민들을 발견 또는 형성 과정에서 조세 정치의 방향과 내용을 모색해야 할 것이다.

제5장은 한국 조세 체제의 특징과 형성 원인을 밝히고 있다. 우리나라는 사회보험료를 포함한 조세의 국민부담률이 OECD 평균에 비해 8.7%p 정도 낮은 저부담 국가이다. 특히 소득세와 사회보험료 부담이 작다. 1960년대부터 50년 이상 지속된 성공적인 산업화에 따라 과세 기반이 급격히 확대된 것에 비하면, 우리나라 조세부담의 완만한 증가는 매우 이례적이라 할 수 있다. 왜 그런가? 저자는 한국의 조세 체제가 형성된 박정희 시기 우리나라 발전 전략으로 채택되었던 수출지향산업화에서 그 근본 원인을 찾고 있다. 국가는 수출지향산업화 과정에서, 가격 경쟁력을 확보하기 위해 노동비용을 통제하였고, 이를 위해 소득세는 낮추고 사회보험료 부담은 최소화하는 정책을 구사했다. 내수 기반 경제가 아닌 상황에서, 재정 투입을 통한 케인즈

주의적 총수요관리정책보다는 기업과 가계의 경제 및 수출활동을 촉진하는 감세에 의한 공급 측면의 개입을 중시한 것이다. 국가 주도 경제개발에 필요한 재원은 증세가 아닌 외자를 통해 해결하였고, 나라 살림에 필요한 재원도 간접세에 의존하였다. 간접세는 소비를 억제하여 국제수지 방어에 기여하였기에 수출지향산업화와 선택적 친화성을 갖고 있었다. 그 결과 전체적으로 조세부담이 작으면서, 내적으로 직접세, 특히 소득세의 비중이 낮은 조세 체제를 형성하게 된 것이다.

민주화 이후 주요 사회보장제도의 도입과 확대가 이루어졌으나, 보수 정권이 집권한 1997년까지는 공공복지의 확대가 경제성장을 넘어서지 않는 수준에서 이루어졌다. 단지 사회보험 중심의 사회보장제도가 구축됨에 따라 사회보험료의 증가가 두드러졌는데, 전반적으로 복지 확대에 필요한 재원은 경제성장에 따라 순증하는 조세수입을 통해 충분히 충당되었다. 1997년 이후 진보적인 김대중·노무현 정부에서 경제성장보다 빠른 속도로 보다 적극적인 복지 확대와 증세가 이루어졌다. 조세체계의 변화마저 예견되는 시점이었는데, 이러한 변화에 따라 전례 없이 조세 정치가 전면에 등장하게 되었다. 보수진영에서 감세를 들고 나온 이명박과 소극적 증세론의 박근혜가 연속 집권하며, 한국 조세 체제는 변화보다는 지속의 길로 다시 접어들었다. 따라서 산업화 시기 형성된 저부담의 소득세와 사회보험료를 특징으로 하는 조세체계가 당분간 유지될 것으로 보인다.

제6장은 스웨덴, 독일, 그리고 영국을 포함하여 OECD 국가의 조세정책을 정치제도와 복지국가와의 연관성을 중심으로 분석하고 있다. OECD 자료에 대한 탐색적 분석 결과, 다음과 같은 경향과 추이를 발견할 수 있었다. 첫째, OECD 국가들의 GDP 대비 총 조세수

입, 개인소득세, 그리고 간접세의 비율은 앞에서 언급한 대로 국가별로 커다란 차이를 보인다. 총 조세수입 비율은 비교정치경제 연구에서 전통적으로 유형화해 온 복지국가군, 즉 스웨덴, 노르웨이, 덴마크 등의 스칸디나비아(혹은 사민주의) 국가군, 독일, 프랑스, 오스트리아, 이탈리아 등의 대륙 유럽(혹은 조합주의) 복지국가군, 그리고 영미권(혹은 자유주의) 국가군으로 뚜렷이 구분되는 경향을 보여주고 있다. 그러나 개인소득세나 간접세가 GDP에서 차지하는 비율은 동일 유형 내부에서도 차이가 커, 전통적 국가군으로 유형화하기는 어려운 것으로 나타났다. 이는 각 국가의 조세 구조(tax mix)를 형성하는 정치경제적 메커니즘에 대한 엄밀한 연구와 분석이 필요함을 다시 한번 입증하였다고 할 수 있다.

둘째, 세계화 논쟁에서 제시된 수렴가설의 예측대로라면 세계화와 함께 자본의 조세부담률은 낮아져야 한다. 그러나 1980년에서 1997년까지 자본의 조세부담률은 대체로 일정 정도의 지속성을 보여주었다. 법인세율은 낮아졌으나 조세감면의 축소와 연금 등 사회보험료의 인상이 이를 상쇄하기 때문으로 풀이된다. 한편, 대부분의 국가에서 자본의 조세부담보다 노동과 소비자의 조세부담이 더 큰 것이 상례였는데, 이 비율 또한 세계화가 진행된 시기에도 큰 변화 없이 유지되는 것을 확인할 수 있었다. 결론적으로 세계화가 기업의 조세부담에 미치는 영향력은 경험적으로는 중립적이며, 조세 문제는 국내 정치적 요인에 의해 더 크게 영향을 받는 것으로 풀이된다.

셋째, 선거제도가 불비례적일수록 조세부담이 낮고, 반대로 선거제도가 비례적일수록 조세수입의 비율이 높은 것이 관찰되었다. 선거제도가 불비례적인 소선거구제 같은 다수제일수록 복지와 같은 보편주의적 정책보다는 특정 지역구나 특정 집단에 초점을 둔 표적화된(targeted)

정책을 펼칠 선거 정치적 인센티브가 존재하기 때문에 증세 필요성이 높지 않은 것으로 나타난다고 분석된다. 반대로 비례성이 높은 비례대표제는 정당들이 표적화된 정책보다는 보편주의적 사회정책 프로그램을 통해 선거 경쟁을 할 인센티브를 제공해주기 때문에 조세수입의 비율이 높은 것으로 풀이된다.

제7장은 이 책의 결론으로 위 연구들이 한국의 복지증세에 주는 시사점을 정리하고 있다. 첫째, 복지국가의 발전은 증세 없이는 불가능하고, 따라서 소득세, 법인세, 소비세, 사회보험료, 재산세 등의 인상은 불가피하다. 둘째, 증세의 필요성은 공유하나 복지국가별로 증세의 패턴이 다르며 나라마다 독특한 조세체계를 역사적으로 형성하고 있다. 셋째, 한국복지국가의 발전을 위해서는 타 OECD 국가에 비해 상대적으로 가장 세입이 부족한 영역인 소득세의 증대가 불가피하다. 넷째, 그러나 정치적 저항을 우회하기 위해서는 명시적이기보다는 암묵적인, 그리고 급진적이기보다는 점진적인 소득세 증세가 필요하다.

증세를 위한 방법으로는 첫째, 누진적 조세로 소득세가 갖는 높은 '세수의 소득탄력도'를 활용하여 인플레이션과 명목소득이 증가하더라도 과표 구간을 조정하지 않아 점진적으로 보다 많은 소득자가 면세점을 통과해 높은 과표 구간에 들어오고 또 누진 구조에 진입하게 만들어야 한다. 영국 프레임 정치 사례의 교훈은 보수 우위의 정치 지형을 갖고 있는 한국에서, 친복지 정치 세력이 굳이 소득세율 인상을 정치 쟁점화하여 조세 저항을 촉발할 필요가 없다는 것이다. 둘째, 독일의 예에서 보듯이, 상대적으로 조세 저항이 작은 사회보험료의 인상을 통해 현재 너무 낮은 소득보장 수준을 높일 것을 주장하고 있다. 특히 고용보험의 실업급여와 국민연금의 연금 급여의 인상이 시급하다. 셋째, 스웨덴에서 보듯이, 증세는 복지만을 위한 것이어서는 안 되고, 경제에 미치는 효과를 고려하여 설계돼야 한다. 우리나라의 경우 서구와 달리 저성장 국면에서 복지증세를 도모해야 하는 상황에 처해 있다. 따라서 복지증세는 경제에 미치는 마이너스 효과를 최소화하는 방향으로 이루어져야 한다. 법인세를 인상하기보다는 경제활동에 비교적 중립적인 세제인 부가가치세와 죄악세 등 소비세의 인상을 고려해야 하는 이유이다.

제2장

사민주의 복지자본주의와 조세의 정치경제: 스웨덴의 사례

제 2 장 사민주의 복지자본주의와 조세의 정치경제: 스웨덴의 사례*

안재홍(아주대학교)

Ⅰ. 서 론

'복지자본주의'(welfare capitalism)는 민주주의 정치와 자본주의 시장경제를 동시에 지향하는 정치경제 체제다. 민주주의 정치에서 정치권력은 선거에 의해 창출된다. 선거에서는 유권자의 부가 아니라 투표의 수(數)가 승자를 결정한다. 따라서 부의 불평등으로 소수와 다수를 가르는 자본주의 시장과 수에 의해 승자를 가르는 선거 정치는 갈등적일 수밖에 없다. 복지자본주의 정치경제 체제에서 국가는 사회적 위험을 관리하고, 구조적인 불평등을 완화시키며, 노동시장 참여를 유도하며, 경기침체 시에 소비를 촉진하여 시장경제를 활성화시키는 등의 수단을 이용하여 민주주의 정치와 자본주의 시장이 길항의 관계 속에서도 공생할 수 있도록 양자를 매개해 왔다(안재홍, 2013: 18-9).

* 이 글은 안재홍, "스웨덴 사민주의의 복지자본주의와 조세의 정치경제", 『국가전략』 19(4), 2013을 수정・보강한 것이다.

복지자본주의에서 국가는 이러한 조정을 수행하는 수단 중의 하나로 조세정책을 활용했다(Steinmo, 2002: 842).

스웨덴의 복지자본주의는 선진국 비교정치경제 분야에서 특히 주목을 받고 있다. 1932년 총선 이래 1976년 총선까지 집권한 스웨덴 사민당(Sveriges arbetareparti)이 민주주의 정치와 자본주의 시장을 독특한 방식으로 조정해 경제성장·완전고용·물가 안정·높은 수준의 복지를 성취했기 때문이다. 스웨덴 사민당은 마르크스주의 이념에서 출발하였으나 20세기 초에 이미 개혁주의로 선회했으며 더 나아가 전간기(戰間期)에는 이념적 지향을 노동과 자본을 대표하는 조직들 간 '상호이해'(samförstånd)의 제도화를 통해 실현하고자 했다(Hedborg and Meidner, 1984: 11; Ahn, 1996). 1950년대 중반부터 1970년대 중반까지 사민당은 '렌-마이드너 모델'(Rehn-Meidner model)로 회자되는 일련의 정책 조합을 실행에 옮겼다.

사민당 정부는 조세정책을 활용해 산업 투자를 촉진시키는 한편 물가를 안정시키고 높은 수준의 복지지출을 충당할 재정 수입을 확충했다. 스웨덴의 조세정책에서 나타난 두드러진 특징은 노동 소득에 대한 세율—소득세와 사회보장세—과, 소비에 대한 세율—부가가치세와 물품세—은 높게 물린 반면 자본 및 기업의 소득에 대해서는 상대적으로 낮은 세율—법인세, 가속감가상각 등—을 부과했다는 점이다(Olsson, 1997; Steinmo, 2002: 841). 소득이 일정 수준 이상일 경우 가중하여 부과하는 '한계세율'(marginal tax rate)은 1979년을 기점으로 할 때 선진자본주의 국가 중에서 가장 높았다. 고용 증진을 위해 사민당 정부는 친기업의 조세정책을 실행한 반면 노동으로 발생해 가계에 귀속되는 소득에는 누진적인 세율을 과세했으며 상품과 서비스에 대한 간접세에도 높은 세율을 부과했던 것이다. 스웨덴의 조세 수입은 GDP에서 차지하는 비율로 환산하면 예컨대, 1989년에 56.1%를 기록하여 여타 선진자본주의 국가보다 월등히 높은 수준을 유지했다. 요컨대, 스웨덴은 조세 수입을 통해 높은 수준의 보편적 복지를 실현한 복지 국가였지만 조세제도는 다른 선진자본주의 국가와 비교할 때 자본과 기업에 관한 한 "진보적이지 않았다"(Rose and Peters 1982; Pontusson, 1992: 69-96; Steinmo, 1993: 41-2; Reynolds, 2012).

이 글은 스웨덴의 조세정책을 사민주의 복지자본주의와 연계해 분석한다. 첫째, 렌-마이드너 모델이 완전고용·경제성장·물가 안정·높은 수준의 복지를 성취하는 과정에서 조세정책은 어떠한 역할을 담당하였는지를 분석한다. 사민당 정부는 조세·금융·산업정책을 망라한 경제정책을 소득정책 및 사회정책과 상호 연계해 성장과 복지를 선순환시킴으로써 복지자본주의를 발전시켰다. 일련의 정책들이 상호작용함으로써 구성된 정책 조합에서 조세정책이 어떠한 역할을 담당하였는지를 분석한다. 둘째, 조세정책 형성의 정치를 분석한다. 특히, 스웨덴 사민당이 왜 그리고 어떻게 노동 소득 및 소비에 대한 조세를 중심으로 복지자본주의를 발전시키게 되었는지를 사민주의의 이념, 노사정 정치 연합, 그리고 의회-행정부 관계의 변수로 설명한다. 셋째, 조세정책의 변화를 분석한다. 1980~90년대에 중도-우파 정부뿐만이 아니라 사민당 정부도 렌-마이드너 모델의 조세정책에 근본적인 변형을 가했다. 1991년에 중도-우파 정부는 소위 '세기의 조세개혁'으로 회자되는 개혁을 단행했다. 외생적 변수—세계화와 금융자유화—와 함께 내생적 변수—사민당의 이념, 노사정 관계, 의회-행정부 관계 및 기업지배구조의 변화—를 중심으로 조세 개혁을 설명한다. 마지막으로 조세 정치의 시각에서 스웨덴 사민주의의 복지자본주의가 겪고 있는 변화의 특징을 진단해 본다.

Ⅱ. 스웨덴 조세제도의 특징

스웨덴에서 조세수입이 급속히 증가하기 시작한 것은 1960년대부터였다(〈표 2-1〉 참조). 스웨덴의 조세제도는 징세 대상을 중심으로 보면 자본에 대한 조세보다는 노동 소득에 대한 조세에 의존했다(〈표 2-2〉). 징세 방식을 중심으로 보면 직접세뿐만이 아니라 간접세도 상당 부분을 차지했다(〈표 2-1〉). 직접세는 가계에 귀속되는 노동 소득에 대한 소득세와, 기업이 부담하는 사회보장세가 대부분을 차지했다(〈표 2-1〉과 〈표 2-2〉). 간접세의 경우 1960년에 판매세가 다시 도입되어 GDP 대비 4%를 차지했으며 1969년에는 부가가치세가 도입되었다. 1960년대에 이미 스웨덴은 다른 국가보다 GDP 대비 조세 수입의 비율이 높았다(〈그림 2-1〉). 1970년에 GDP 대비 40%를 넘었으며 1977년에는 53%까지 증가했다. 이렇게 조세수입이 증가하게 된

〈표 2-1〉 스웨덴의 조세 형태별 추이(1990~2000) (단위: GDP 대비 %)

연도	직접세	간접세	사회보장세(기여금)	합계
1900	2.7	4.9	0.0	7.7
1912	4.8	3.7	0.0	8.5
1924	6.7	4.0	0.3	10.9
1930	5.5	4.3	0.2	10.1
1940	9.4	5.4	0.3	15.1
1950	12.3	7.4	1.3	21.0
1960	14.7	10.0	3.6	28.3
1970	20.2	12.4	7.6	40.2
1980	21.9	13.7	14.4	50.2
1990	23.4	17.2	15.1	55.7
2000	22.3	15.1	15.1	52.6

자료: Skatteverket, *Skatter i Sverige. Skattestatistisk årsbok 2011* (2013): 287; www.skatteverket.se.

〈표 2-2〉 가계와 기업을 기준으로 본 스웨덴의 조세, 2010(2000)

가계	% of GDP	기업	% of GDP
		노동	
중앙정부 소득세	1.4 (1.5)	사용자 사회보장세(기여금)	10.9 (13.3)
지방정부 소득세	15.8 (16.0)	자영업자 사회보장세(기여금)	0.2 (0.2)
피고용자 사회보장세(기여금)	2.7 (3.0)	근로소득 및 연금 비용 특별세	1.0 (0.8)
소득공제	-5.5 (-0.8)	부가가치세	9.8 (7.3)
		사적 소비 물품세	2.1 (2.9)
		산업 요소 사용 물품세	1.7 (1.3)
합계	14.4 (19.7)		25.7 (25.8)
		자본	
중앙정부 소득세	1.0 (1.6)	기업소득세(법인세)	3.2 (3.6)
부동산세	0.4 (0.6)	부동산세	0.4 (0.5)
순 부유세	0.1 (0.6)	연금기금 소득세	0.4 (0.6)
합계	1.5 (2.8)		4.0 (4.7)
가계 합계	15.9 (22.5)	기업 합계	29.7 (30.5)
비과세	0.1 (0.3)	총 세금	45.8 (43.4)

자료: Skatteverket, *Skatter i Sverige. Skattestatistisk årsbok 2011* (2013): 21; Skatteverket, *Skatter i Sverige. Skattestatistisk årsbok 2001* (2002): 18; www.skatteverket.se.

것은 1960~70년대에 의료를 위시한 공공서비스의 확장과 더불어 교육·가족·주택에 대한 사회적 부조가 획기적으로 증가했기 때문이다(Olsson, 1986: 3-18; Olsson, 1990: 116; Andersson and Mutén, 1998: 331-332; Skatteverket, 2013: 286-89).[1] 요컨대, 스웨덴은 조세수입으로

1) 1934년에 미르달 부부(Alva Myrdal and Gunnar Myrdal)는 『인구문제의 위기』(Kris i befolkningfrågan)를 출판하여 복지 정치에 획기적인 전환점을 마련했다. 이 책은 스웨덴의 출산율이 서구에서 가장 낮았음을 밝히고 그대로 방치할 경우 향후 인구는 더욱 급속히 감소할 것임을 전망했다. 따라서 출산율 감소의 문제를 해결하기 위해서 총체적인 사회 개혁을 주장했다. 인구 문제는 복지를 둘러싼 이념 정치에 새로운 지평을 열었다. 좌파와 우파 모두 인구 위기의 극복을 위해 주택, 여성의 가사, 보육 관련 사회정책의 필요성에 공감하였기 때문이다. 인구 문제 논쟁을 계기로 하여 복지는 추상적인 이념 논쟁에서 벗어나 현실 정치의 중심

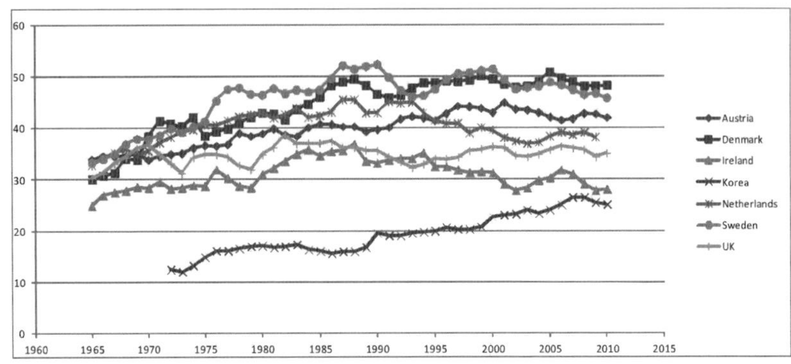

자료: OECD.Stat

〈그림 2-1〉 조세수입(Tax Revenue)이 GDP에서 차지하는 비율: 주요 국가 비교

높은 수준의 보편적 복지국가를 건설했으나 조세제도는 자본에 의해 발생하는 소득에 누진적이지 않았으며 복지의 수혜자가 세금을 부담하는, 소위 "공짜 점심은 없다"는 원칙에 근거했다.

스웨덴의 조세제도의 특징은 다른 국가와 비교할 때 더욱 뚜렷이 드러난다. 〈그림 2-2〉가 보여주듯이, 개인소득세가 1990년대 초반

에 자리를 틀었으며 세인들 또한 사회정책에 지대한 관심을 보였다. 좌우 정파는 인구위원회(1935년과 1941년)에 참여하여 인구 문제 관련 사회정책을 지속적으로 논의하였고 정책을 입안했다. 제2차 세계대전 중에는 일반 육아 보조가 집행되었으며, 사민당 정부는 1948년에 감세가 아닌 현금 지급 방식의 여성 및 어린이 보조를 실시했다. 감세를 선택할 경우 부유한 가정이 상대적으로 세금 혜택을 많이 받기 때문이다. 더 나아가 1970년대에는 여성의 출산 휴가제를 부모 휴가제로 전환하였고 질병보험 수준의 보상률을 적용하여 현금을 지급했다. 이로써 '양성소득 모델'(dual-earner model)이 정착되었다. 공공보육정책을 위한 지출도 획기적으로 증가했다. 1965~80년에 공공보육기관의 수가 10배나 증가했다. 공공보육정책은 여성의 육아 부담을 경감시킨다는 것 이상을 지향했다. 공공 보육을 통해서 어린이들에게 출신에 관계없이 평등한 교육 기회를 부여하여 "가능성의 불평등"을 해소하고자 했던 것이다(Kangas and Palme, 2005: 35-36; Olsson, 1986: 23; Hatje, 1974; Hinnfors, 1991; Tilton, 1990: 145-65).

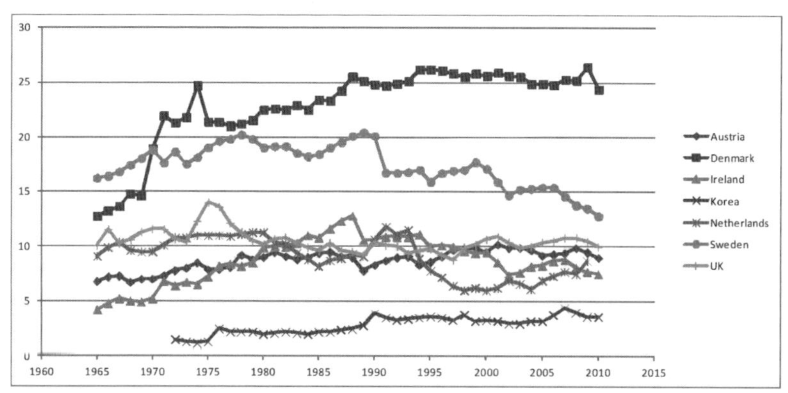

자료: OECD.Stat

〈그림 2-2〉 개인소득세(personal income tax)가 GDP에서 차지하는 비율

이전까지 GDP 대비 20% 전후를 차지했다. 스웨덴은 덴마크와 함께 개인소득세를 통해 거두어들이는 조세수입의 비중이 다른 국가에서보다 월등히 높았다. 또한 조세수입의 상당 부분이 간접세에 의해 충당되었다. 1950~60년대에 사민당 정부는 렌-마이드너 모델을 통해 완전고용을 실현하는 과정에서 인플레이션의 가능성을 가장 우려하였고 물가를 통제하기 위해 간접세율—부가가치세율은 23.46%로서 서구 복지국가에서 가장 높은 수준이었음—과 개인소득세율을 인상했다(Steinmo, 1993: 41). 스웨덴과 덴마크는 모두 사회민주주의 복지국가에 속한다. 그러나 개인소득세와 간접세의 높은 세율은 두 나라에서 의미하는 바가 다르다. 덴마크의 경우 사회보험 비용의 상당 부분을 조세수입으로 충당했다. 그러나 스웨덴은 임노동자와 기업으로부터 사회보장세를 거두어 사회보험제도를 운영했다(〈그림 2-3〉 참조). 스웨덴은 높은 수준의 복지를 위한 조세수입을 복지 수혜자의 세금과 기업이 부담하는 사회보장세로 충당했던 것이다.

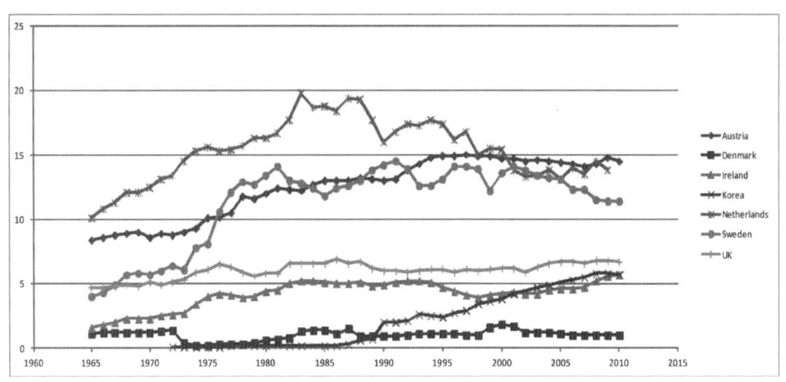

자료: OECD.Stat

〈그림 2-3〉 사회보장세(Social Security)가 GDP에서 차지하는 비율

사민당정부는 노동으로부터 발생하는 소득세의 경우 그 대상을 포괄적으로 잡았고 누진적으로 징세했던 반면 기업, 주로 대기업의 투자를 유인하기 위해 법인세는 매우 낮게 책정했다. 1980년대 중반까지 스웨덴의 법인세는 자유주의 복지국가인 영국, 그리고 기민주의 복지국가인 네덜란드와 비교해도 매우 낮았다(〈그림 2-5〉 참조). 사민주의 복지국가로 분류되고 있는 덴마크도 이러한 추세를 보였다. 국가와 자본의 관계를 나타내는 또 다른 지표는 재산세다. 1980년대 초까지 스웨덴 사민당 정부가 재산세로 거두어들인 조세수입은 덴마크뿐만이 아니라 다른 복지국가의 유형에 속하는 국가들보다도 낮았다. 그러나 스웨덴의 한계세율은 1991~92년에 조세 개혁이 단행되기 전까지 그 어떠한 나라의 한계세율보다도 이 높았다(〈표 2-3〉 참조). 스웨덴 사민당 정부는 기업의 투자에 대해서는 획기적으로 낮은 세율을 적용하고 세금 감면의 혜택을 주었지만, 고소득층에 대해서는 가혹할 정도로 높은 세율을 부과했던 것이다.

〈표 2-3〉 한계세율(marginal tax rate)

	1979	1990	2000	2006	2012
오스트레일리아	62	48	48.5(48.5)	48.5(48.5)	47.5(47.5)
오스트리아	62	50	42.4(42.4)	42.7(42.7)	43.7(43.7)
벨기에	76	52	52.6(65.7)	45.1(59.3)	45.3(59.4)
캐나다(온타리오)	58	47	47.9(47.9)	46.4(46.4)	48.0(48.0)
덴마크	73	68	54.3(63.3)	55.0(63.0)	56.1(56.1)
핀란드	71	43	52.6(59.8)	49.2(56.2)	47.7(55.5)
프랑스	60	52	37.1(46.5)	36.5(48.6)	50.3(51.2)
독일	56	53	53.8(53.8)	43.3(56.3)	47.5(47.5)
아일랜드	65	56	44.0(50.5)	42.0(48.0)	48.0(52.0)
이탈리아	72	50	46.4(46.4)	44.6(44.6)	47.3(47.3)
일본	75	50	45.5(49.5)	47.1(47.9)	47.3(47.8)
한국	89	50	36.7(43.4)	35.5(38.2)	38.2(41.8)
네덜란드	72	60	60.0(60.0)	52.0(52.0)	49.3(49.3)
뉴질랜드	60	33	39.0(39.0)	39.0(39.0)	33.0(33.0)
노르웨이	75	54	47.5(55.3)	40.0(47.8)	40.0(47.8)
스웨덴	87	65	55.4(55.4)	56.6(56.6)	56.6(56.6)
영국	83	40	40.0(40.0)	40.0(41.0)	50.0(52.0)

주: 괄호 안의 수치는 사회보장세를 포함한 경우임.
자료: Reynolds 2012, http://www.econlib.org/library/Enc/MarginalTaxRates.html(1979년, 1990년); www.oecd.org/ctp/tax-policy/Table%20I.7_Mar_2013.xlsx(2000년, 2006년, 2012년).

스웨덴은 금융자유화로 세계화에 대응하기 시작한 1980년대 중반부터 조세제도를 개혁하기 시작했다. 일련의 조세개혁의 결과 GDP 대비 개인소득세 수입의 비율이 감소했다. 직접 소득세 비율의 감소는 간접세 및 사회보장세의 세율을 인상해 보완했다(앞의 〈그림 2-1〉과 〈그림 2-2〉 참조). 1980년대 중반 이후 조세 수입에서 개인소득세의 비중이 줄어들고 간접세와 사회보장세가 차지하는 비율이 증가했다는 점은 "누진적 조세가 비례적 조세로 이동"했음을 의미했다(Norrman and McLure Jr., 1997: 122). 특히, 1991년에 소위 '세기의 조세 개혁'

을 통해 개인 및 기업의 소득에 대한 한계세율을 대폭 인하했다(〈표 2-3〉 참조). 또한 자본소득 세율에 균일한 세율 30%를 적용했다. 세계화 시대에 스웨덴은 덴마크와 노르웨이와 함께 자본소득에는 균일한 세율을 부과하는 반면 개인소득에는 누진적인 세율을 부과하는 '이원적 소득 세율'(dual income tax rate)의 제도를 운영하고 있다(Hagan and Sørensen, 1998: 57-8; Sørensen, 2009).

III. 분석틀

복지자본주의에서는 소득정책, 사회정책, 경제정책, 조세정책 등 일련의 정책을 연계해 성장과 복지의 선순환을 도모한다. 민주주의 정치에서 정책의 형성은 이익 조정이 코포라티즘 또는 다원주의에 의해 이루어지는가에 영향을 받지만 궁극적으로 정책은 입법과정을 거쳐야 실행된다. 이런 시각에서 조세정책을 분석하기 위해서는 의회-행정부 관계로 압축되는 정치 과정과, 코포라티즘 또는 다원주의에 의해 형성되는 이익 조정 체제가 입법과정을 중심으로 어떻게 상호 작용하는지를 분석하는 한편 특정한 정책 조합의 형성과 집행을 가능하게 했던 정치·경제·사회의 역사적 맥락을 함께 살펴보아야 한다.

정치학에서 조세는 주로 공공 부문의 규모, 또는 복지 관련 재정정책과 연계하여 탐구되고 있다. 세계화 이후에는 한동안 국가 간 자본의 이동성 증가가 조세정책에 어떠한 변화를 주고 있는지가 논의되었다. 조세정책을 설명하는 정치적 변수는 대내적 요인(내생적 변수)과 대외적 요인(외생적 변수)으로 나눌 수 있다. 내생적 변수와 관련해 다양한 변수들이 논의되고 있다(Steimo and Tolbert, 1998; Gould and Baker, 2002 참조). 조세의 규모를 증대시키는 내생적 변수로는 집단적 정치 문화(Lockhart, 2003), 보통선거제의 도입 및 중위 소득과 평균 소득의 차이(Meltzer and Richard, 1981; Meltzer and Richard, 1983), 높은 선거 참여율(Boix, 2001), 좌파 정당의 집권 및 정당 내 개혁 파벌의 지배(Hibbs, 1977; Roemer, 2001), 코포라티즘의 정치경제 및 조정시장경제(Alvarez, Garrett and Lange, 1991; Cusack and Beramendi, 2006), 의회-행정부 관계의 제도적 특성들—비례대표 선거제, 거부권자 수, 다수제 vs. 합의제 모델 등(Hallerberg and Sainger, 1998; Steinmo and Tolbert, 1998; Lijphart, 1999)—을 예로 들을 수 있겠다. 세계화로 인한 자본의 이동성 증가가 조세에 미치는 영향에 대한 연구는 대체로 다음과 같이 수렴되고 있다. 자본의 이동성 증가가 법인세의 인하에는 간접적으로 영향을 미쳤으나 세율, 특히 노동에 비해 자본에 대한 세율을 획기적으로 낮추게 될 것이라는 신자유주의자들의 예측은 빗나갔다. 오히려 시장 경쟁의 심화에 의한 '효율성'의 효과는 불투명한 반면 실업률 및 빈곤의 증가로 인해 '보상'의 필요성이 증가해 사회적 지출이 증가했다는 것이다(Garrett 1998; Garrett and Mitchell, 2001; Bretschger and Hettich, 2002; Swank and Steimo, 2002).

스웨덴의 조세정책 연구에서 이론적 퍼즐은 다음과 같다. 왜 사민당 정부는 민주화 이후 복지자본주의의 형성 과정뿐만이 아니라 세계화에 대한 대응에서도 자본 및 기업의 소득에 대한 조세보다는 노동 소득 및 소비에 대한 조세로 복지지출을 충당했는가 하는 것이다(Steinmo, 1993, 2002). 왜 사민주의 복지자본주의는 "소득 계급 간의 재분배"보다는 "노동 내의 재분배"를 선택했는가?(Cusack and Beramendi, 2006: 53). 스타인모(Sven Steinmo)는 스웨덴의 경우 정치경제의 제도적 특성—노사정 타협의 코포라티즘, 사민당 주도의 의회-행정부 관계, 양원제 등—으로 인해 사민당 정부는 낮은 법인세로 자본의 투자를 유인하는 한편 소득세와 간접세로 조세 수입을 충당하게 되었다는 점을 부각시킨다(Steinmo, 1993: 10, 43, 121-31). 또 다른 연구들은 자본주의 다양성의 이론적 시각에서 조정시장경제가 조세에 미치는 영향을 논의한다. 핵심은 소득정책이다. 국가는 임노동자의 임금 억제를 사회정책으로 보상해야 했기 때문에 재정확장정책을 선택했으며 임노동자들 또한 수혜자이기 때문에 높은 조세부담을 받아들였다는 것이다(Cusack and Beramendi, 2006; Mares, 2006).

이 글에서는 스웨덴 조세정책의 특수성에 분석의 초점을 맞춘다. 앞 절에서 언급했듯이, 다른 조정시정경제 국가에 비해 스웨덴은 덴마크와 함께 노동으로 발생하는 소득에 대한 세율을 높게 책정했다. 그러나 덴마크와는 다르게 기업이 높은 수준의 사회보장세를 부담했다. 조세정책의 변화도 역동적이었다. 1970~80년대에 조세 수입이 급등해 OECD 국가에서 수위를 차지했다(〈그림 2-1〉 참조). 그러나 1991년에 중도-우파 정부는 소위 '세기의 조세 개혁'으로 회자되는 개혁을 단행하여 소득세, 한계세율, 법인세뿐만이 아니라 자본소득세의 세율도 대폭 인하했다. 왜 스웨덴의 사민당은 노동 소득 중심의 조세제도를 운영하는 한편 사회보장세는 높게 책정했는가? 왜 스웨덴의 조세정책은 1980~90년대에 역동적으로 변동했는가?

이 글은 기존 연구처럼 정치경제제도에 초점을 맞추어 질문에 접근하되 보다 포괄적인 시각에서 조세정책이 사민주의 복지자본주의 정치경제 레짐(regime)의 형성 및 변동과 어떻게 연계되었는지를 다룬다. 레짐은 여러 제도를 관통하며 존재하는, 행동을 억제하거나 유인하는 원칙과 규범이다(Krasner, 1983: 1-3). 정치경제 레짐은 정치대표체계와 기능대표체계가 상호작용한 결과, 여러 제도를 관통하며 작동하는 원칙과 규범을 의미한다(안재홍, 2013, 22-6). 민주주의 정치와 자본주의 시장이 안정적으로 공존하기 위해서는 첫째, 선거－정당－의회－행정부로 이어지는 정치대표체계와, 시장의 이익을 조정하는 기능대표체계가 상호 보완적이어서 양 체계 사이에 제도적 친화성이 조성되어야 한다. 그 이유는 다음과 같다. 선거 정치는 유권자의 수를 반영하지만 유권자 각각이 가지는 관심(interest)의 강도를 반영하지는 못한다. 반면에 이익집단의 정치는 제한된 수만을 대상으로 하지만 참여자들이 가지는 관심의 강도를 반영한다. 수를 대표하는 정치대표체계와 관심의 강도를 대표하는 기능대표체계가 보완적인 관계를 유지할 때 민주주의 정치는 안정적으로 발전하며 사회 통합을 이루어낸다. 둘째, 정치대표체계와 기능대표체계의 제도적 친화성이 정치적 연합—정당 체제, 의회－행정부 관계, 노사정 관계 등—과, 정책 조합—경제정책・사회정책・소득정책 등의 조합—의 연계 효과에 의해 지지되어야 한다(〈그림 2-4〉)(안재홍, 2013: 21-2).

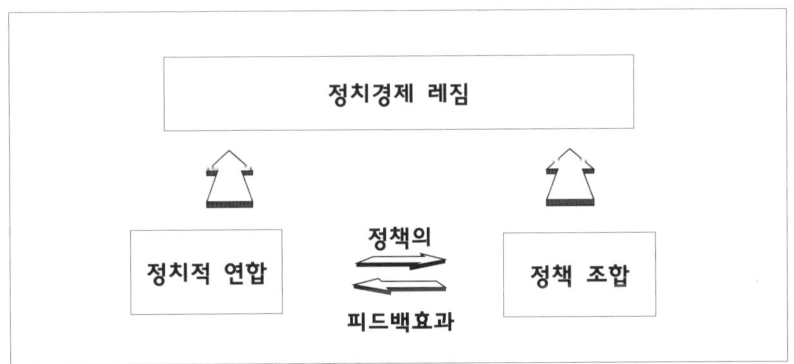

자료: 안재홍(2013: 21).

〈그림 2-4〉 정치경제 레짐의 동학

정치적 연합과 정책 조합의 연계 효과는 상호 영향을 미친다. 정책은 정치에 의해 형성된다. 그러나 정책 집행의 피드백 효과는 행위자들의 선호, 관심 그리고 의미에 영향을 미치기 때문에 결국 정치적 연합을 변화시킨다(〈그림 2-4〉). 정책은 정치의 종속변수이지만 집행의 효과로 인하여 정치의 독립변수로도 작용할 수 있는 것이다(Schattschneider, 1935: 288; Heclo, 1974: 5, 315; Skocpol, 1992: 58; Pierson, 1993). 정치연합과 정책 조합은 상호 작용한다. 이를 좀 더 구체적으로 설명하면, 정치연합은 정책 조합—조세 및 금융정책·사회정책·소득정책 등—의 연계 효과에 의해 지지되어야 한다. 만약 정책 조합이 성장과 복지를 선순환시키는 효과를 내지 못하면, 기존 정책 조합을 지지하는 정치적 연합은 와해될 수밖에 없다. 정치적 연합의 패턴이 바뀌거나 일련의 정책 조합이 성장과 복지를 선순환시키지 못할 때 정치대표체계와 기능대표체계를 연계하는 규범과 원칙, 즉 정치경제 레짐은 변동의 국면으로 접어들게 되는 것이다. 이 글에서는 정책 조합의 한 축을 형성했던 조세정책이 복지자본주의 정치경제 레짐의 형성과 재편이라는 동학의 맥락에서 어떻게 형성되고 변화했는지 설명하고자 한다.

Ⅳ. 스웨덴 모델의[2] 형성과 조세의 정치

1. 렌-마이드너 모델

1951년 LO(Landsorganisationen: 노동조합총연맹) 총회는 '렌-마이드너 모델'의 근간이 되었던 〈노동조합운동과 완전고용〉을 채택하였다. 이 보고서는 중앙임금협상을 통한 연대임금제의 실시를 주장하였다. 연대임금제의 실시로 인해 파생되는 효과를 사민당 정부가 일련의 정책을 통해 조정함으로써 완전고용과 물가 안정을 동시에 달성할 수 있음을 역설하였다(LO, 1953: 89-93). 처음에는 회의적이었으나 사민당 정부는 1957년부터 렌-마이드너 모델을 실행에 옮겼다. 연대임금제는 상충된 결과를 낳는다. 저임금 사양산업에서는 임금을 인상해야 하기 때문에 생산합리화를 추진하거나 노동자를 해고해야 하는 반면 고임금 성장산업에서는 임금 억제의 효과로 인해 과다 이윤이 축적된다. 사민당 정부는 적극적 노동시장정책—직업훈련, 직업 알선, 직역이동 보조 등—을 집행하여 사양산업에서 발생한 실직자들을 성장산업으로 이직시킴으로써 고용 증대 및 산업구조의 재편을 도모했다(안재홍, 2001; 안재홍, 2013).

사민당 정부는 연대임금제의 실시로 인해 파생되는 효과를 조정하는 수단의 일환으로 조세정책을 선택했다. 조세를 '소득의 재분배'뿐만 아니라 '사회·경제적 공학'의 수단으로 삼았던 것이다(Norrman

2) 렌-마이드널 모델은 '스웨덴 모델'(Swedish model)로 지칭되기도 한다. 그러나 스웨덴 모델은 좀 더 포괄적인 개념이다. 스웨덴 모델은 1930년대부터 1970년대 초까지 스웨덴 복지자본주의 정치경제를 형성·성장시킨 정치·사회 구조 및 정책조합 전반을 통틀어 일컫는 개념이다(Elvander, 1988: 30-73; Lewin, 1992: 39).

and McLure Jr., 1997: 122). 이러한 조세정책은 첫째, 긴축재정정책과 함께 간접세의 인상으로 총수요를 억제시킴으로 인플레이션의 발생을 통제했다(Rehn, 1988: 56-65). 앞에서 언급하였듯이, 스웨덴의 조세제도에서 두드러진 점은 개인소득세와 간접세(부가가치세 및 물품세)의 세율 및 한계세율이 매우 높았다는 것이다. 이들 조세제도의 공통점은 소비를 억제시킨다는 데 있다. 스웨덴 정부는 조세정책을 수단으로 삼아 완전고용정책에 수반될 수밖에 없는 인플레이션을 억제하고자 했던 것이다. 특히, 매출세(sales tax)—1968년에 부가가치세로 전환됨—가 이념 논쟁의 대상이었다. 제2차 세계대전 중에 전후 경제 운영의 원칙을 두고 사민당의 이념은 급진화되었고 공산당 또한 선거에서 선전하여 1946년에는 득표율이 11.2%까지 증가했다. 사민당은 1948년에 공산당과 연합해 역진적인 조세로 비난받았던 매출세를 폐지하는 법안을 입법했다. 그러나 1959년에 사민당 정부는 급속히 증가하는 공공복지지출의 수요를 충당하기 위해 공산당과 LO의 반대를 무릅쓰고 매출세를 다시 입법했다. 사민당은 이 법안을 신임투표에 붙임으로써 공산당의 자제를 이끌어 내는 강수를 두었다. 사민당은 소득세의 인상으로 중산층으로부터 소외를 당하느냐 법인세의 인상으로 기업의 투자를 위축시키느냐의 딜레마에서 노동계급의 희생을 선택했던 것이다. 1960년에 4.2%로 시작한 매출세율은 급속히 증가해 1966년에 10%를, 1978년에는 20%를 넘어섰다(Steinmo, 1993: 126-28; Andersson and Mutén, 1998: 339-41; Hagan, Norrman and Sørensen, 1998: 148).

둘째, 기업의 투자를 조정했다. 예컨대, 1955년에 제정된 투자기금법은 조세를 주요 정책 수단으로 삼아 기업의 기금 참여를 유도했다. 연대임금제로 인하여 기업이 과다 이윤을 축적한다고 가정하였기 때

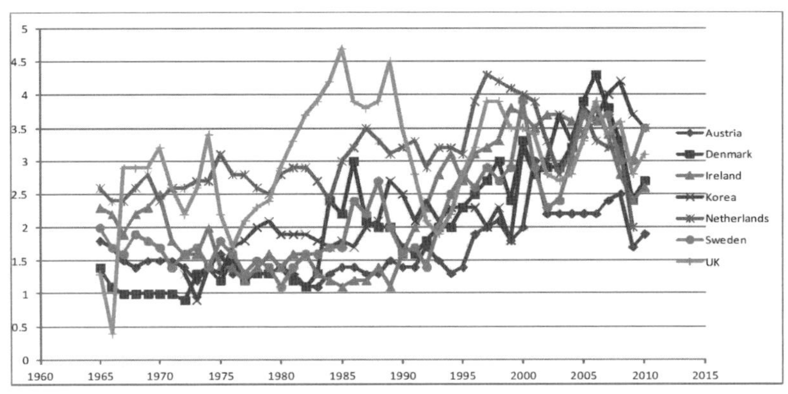

자료: OECD.Stat

〈그림 2-5〉 법인세가 GDP에서 차지하는 비율

문에 투자기금법은 기업 연이윤의 40%를 중앙은행이 관리하는 투자기금에 예치하도록 했다. 예치된 기금을 다시 투자할 경우에는 면세의 혜택이 주어졌다. 기업은 일정 기간이 지난 이후 기금을 투자에 활용할 수 있었는데 중앙은행의 허락을 받아야 했다. 중앙은행은 이 과정에서 기업이 기금을 자본재에 투자하도록 조정하는 한편 경기순환을 조절했다(Pontusson, 1992: 70; 안재흥, 2010). 이 외에도 다양한 법인세 감면제도를 통해 전략 산업 부문의 투자를 유도했다. 기업의 실질 이윤 중에서 실질 법인세의 비율이 명목상 법인세의 비율에 비해 지속적으로 감소했으며, 조세수입에서 법인세의 비율도 1955년에 11%였으나 1970년부터 1979년까지 약 3%에 머물렀다(Pontusson, 1992: 69-96; Södersten, 1993: 274-75). 그 결과 스웨덴의 법인세는 다른 서유럽 국가에 비해 상대적으로 낮았다(〈그림 2-5〉).

셋째, 신용시장을 통제했다. '이해관계자 모델'의 기업지배구조에서 기업은 자금조달을 부채 금융에 의존한다. 은행은 기업의 장기 투자를 선호한다. 로(Mark Roe)에 의하면, 사민당 정부는 기업이 주식시장 대신 부채 금융에 의존해 자본을 조달케 함으로써 장기 투자를 유도한다. 그럼으로써 고용을 증대하고 직업의 안전성을 제고시키고자 한다(Roe, 2003). 스웨덴 사민당 정부도 금융 및 조세정책으로 이해관계자 모델의 기업지배구조가 발달되도록 기업의 투자를 조정했다. 제2차 세계대전 이후 사민당 정부는 국제 금융시장으로부터 '금융고립' 정책을 고수했다(Jonung, 1994). 금융고립정책은 중앙은행이 공공저축을 매개로 신용시장에 충분히 영향력을 행사해 기업의 자금조달을 조정할 때 가능한 대안이다. 연대임금의 소득정책과 조세정책을 기반으로 공공저축을 증대했기 때문에 사민당은 금융고립정책을 실행할 수 있었다. 사민당은 1950년대 후반부터 연대임금제로 발생한 기업의 과대 이윤 일부를 AP펀드, 투자기금, 재생기금 등 일련의 공공저축에 흡수시켰다. 특히 AP펀드는 첨예한 정치적 갈등을 일으켰다. 1957년에 사민당은 사용자가 피고용인의 연금 납부액 전액을 '급여세'(payroll tax)의 형태로 부담토록 하는 '일반보충연금'(Allmänna tilläggspension: ATP) 안을 국회에 제안했다. 연기금을 위한 조세를 사용자가 전액 부담하는 안이었기에 우파 정당 및 사용자연합의 반발이 심했다. 결국 ATP는 1959년에 국민투표를 통해 입법되었다(Stråth, 1998: 55). 연금펀드(AP fund)는 주식 매입이 금지되었고 중앙은행이 허용하는 채권에만 투자—1975년에 펀드의 74%가 채권에 투자—할 수 있었다. 중앙은행은 채권 매입을 통해 기업의 자금조달을 조정하는 한편 상업은행이 이자율을 낮게 책정하도록 함으로써 기업이 부채 금융에 의존하도록 유도했다. AP펀드가 유동성시장에서 차지하는 비율은 매우 높았다. 예컨대, 1970년대 초반에 AP펀드는 전체 시중 채권의 40% 이상을 보유했으며, 총 신용 공급의 35%를 부담했다(Pontusson,

1992: 83; Jonung, 1994: 352; Herekson & Jakobsson, 2003: 82; 안재흥, 2010).

넷째, 주식시장을 위축시킴으로써 이해관계자 모델의 기업지배구조를 정착시키기 위한 정책 도구로 삼았다. 사민당 정부는 기업이 투자 자금의 조달에서 주식시장에 의존하는 대신 내부 유보 자금을 이용하도록 유도했고 이를 유인하는 수단으로 조세정책을 이용했다. 감가상각제가 대표적인 예다. 가속감가상각제는 1960년부터 1990년까지 실시되었는데 기업은 자본재에 투자할 경우 잔존 가치의 30%를, 또는 구매 가치의 20%를 매년 과세 대상에서 탕감받을 수 있었다. 또한 주식시장을 위축시키기 위해 사민당 정부는 부채금융이 신주발행을 통한 자금조달보다 유리하도록 조세제도를 운영하였다. 개인의 주식배당에 적용되는 세율을 두 배로 높였으나 기관보유 주식의 배당에는 이 세율을 적용하지 않았다. 내부유보 자금에 대한 세율도 신규 발행 주식에 대한 세율보다 낮게 책정했다(안재홍, 2010; Henrekson and Jakobsson, 2001: 339; Henrekson and Jakobsson, 2003: 80-1).

요컨대, 스웨덴 사민당 정부는 조세를 공공복지지출을 위한 정책 수단으로 삼았을 뿐만이 아니라 생산시장에서 투자와 고용을 증대하기 위한 정책 수단으로도 활용했다. 더 나아가 렌-마이드너 모델을 실천하는 과정에서 임노동자건 사용자건 노동으로 발생해 가계에 귀속되는 소득에는 매우 누진적인 세율을 매겼다. 반면 투자를 유인하기 위해 기업 및 자본소득에 대해서는 진보적이지 않은 세율을 적용했다. 마르크스주의에서 시작한 스웨덴의 사민당이 이와 같은 조세정책을 선택하게 된 기원은 어디에서 연유했는가? 사민주의 이념의 특징, 노사정 관계와 기업지배구조, 그리고 의회-행정부 관계의 순으로 질문을 풀어가도록 한다.

2. 사민주의 이념

스웨덴 사민주의 이념의 형성 과정은 사회적 평등과 정의라는 사회주의의 이상은 견지하되, 이를 자본주의 시장경제라는 현실과 조화시키기 위해 실험과 도전을 끊임없이 감행한 역사로 압축된다. 사민당은 마르크스주의에서 출발했으나 현실 정치에서 자본주의 시장경제 체제 자체를 거부한 적은 없었다. 스웨덴의 사민주의자들은 이런 아이러니를, 시간의 개념을 현재와 미래를 구분 지음으로써 사민주의의 담론에 담아낼 수 있었다. 자본주의 생산관계에서 생산(세)력이 충분히 '발전'(utveckling)한 이후에야 자본주의 정치경제는 위기를 맞이하며 이때 자본주의는 사회주의로 이행될 운명을 맞이하게 될 것이라고 스웨덴 사민주의자들은 굳게 믿었다. 이런 담론은 자본주의의 '운명에 대한 믿음'—ödestro—이라는 용어로 압축되었다. ödestro에는 현재는 사회주의를 위한 혁명이 불가하다는 의미가 함축되어 있었던 것이다(안재흥, 1995; Ahn, 1996).

'발전'을 중심으로 구성된 언술들의 논리적 체계, 즉 담론은 현재의 시점에서 스웨덴 사민당은 '민중의 현재적 관심'(interest)을 주도적으로 실천해야 한다는 전략으로 발전했다. 사민당은 1891년 제2차 전당대회에서 당수 브란팅(Hjalmar Branting)의 주장—"사회는 그 발전의 정도에 인도되어 … 계급 없는 사회로 진행된다는 역사적, 경제적 발전의 원칙에 기초하기 때문에 … 사민당은 노동계급의 현재적 관심을 고려하는 민중의 당"이 되어야 한다—을 받아들여 "민중의 의식 속에 성숙된 정치적, 경제적 요구들을 실현시킬" 필요가 있다는 결의문을 채택했다(Social-Demokraten 1891/5/23; SAP, 1891: 6-7, 10). 사실 스웨덴 사민당은 자본주의 사회에서 조합원의 이익 실현을 목표로 하는 노동조합운동의 정통성을 부정한 적이 없었다. 오히려 스웨덴 사민주의가 이런 점에서 독일 및 오스트리아의 사민주의와 다르다는 것을 부각시켰다. 1911년 전당대회를 통해 휴머니즘이 사민당의 목표와 다르지 않다는 점을 확인했다. 스웨덴의 사민당은 1917년 볼셰비키 혁명의 정당성을 인정하지 않았다. 사회주의로의 이행 조건이 성숙되지 않는 단계에서 강제된 사회주의 생산방식은 민중의 삶을 향상시킬 수 없으며, 혁명 또한 비민주적인 동원으로 추진되었다고 판단했기 때문이다(Tingsten, 1941: 76-9; Ahn, 1996).

1920년대에는 사민주의 담론의 초점이 미래의 위기라는 의미가 함축된 '발전'에서 벗어나 현재의 시점에서 민중의 관심을 충족시킬 수 있는 조건인 '성장'(tillväxt)으로 옮겨졌다. 이런 담론의 변화는 국가가 1920년 경제공황부터 1920~30년대 전반에 걸쳐 대규모로 실업구제정책을 실행하는 과정에서 진전되었다. 더 나아가 담론의 초점이 '성장'에서 '성장을 통한 복지'로 이동했다. 1928년에 한손(Per Albin Hansson)이 국회에서 행한 연설이 변곡점이었다. 한손은 국가는 '인민과 시민'의 "생존을 보장하는" '인민의 가정'(folkhem)—용어 자체가 복지국가로 번역되기도 함—이 되어야 한다는 점을 역설했다. 인민의 가정은 점차 복지국가의 틀 안에서 사회계급들이 공존할 수 있다는 의미를 함축한 상징적 용어로 자리를 잡았다(Hanson, 1982: 227, 233). 1938년 비그포르스(Ernst Wigforss)는 요테보리 증권거래소에서 정치권력을 장악한 노동운동은 이제 "민간 기업에 우호적인 조건을 제공할 필요성"이 있음을 주장했다(안재흥, 1998; Wigforss, 1954: 111).

스웨덴 사민당은 성장정책과 함께, 자유주의자들이 금과옥조로 삼았던 물가 안정도 지속적으로 추구했다. 소수정부를 이끈 1920년대 초부터 사민당은 물가 안정을 주요 정책 목표로 삼았다. 실제로 1920

년 경제공황을 디플레이션정책으로 대응했다. 사민당 소수 정부는 물가 안정을 위해 실업 구제 노동에 참여한 노동자들에게 노동시장의 임금보다 낮은 임금을 지급하는 정책을 실행에 옮겼던 것이다. 경제 정책에 관한 한 1920년대에 스웨덴 사민주의자들은 시장의 자율적 기능과 물가 안정을 강조했기 때문에 자유주의자들과 별반 차이가 없었다(Öhman, 1970: 76; Unga, 1976: 50-8). 사민당-농민당의 1933년 적녹연합 이후 사민당이 추진했던 일련의 '위기정책'은 최초의 케인지언정책으로 회자된다. 그러나 사민당 정부는 디플레이션에서 벗어나자 곧 물가 안정을 위해 적자 재정을 균형 재정으로 전환하였다. 앞에서 언급했듯이, 렌-마이드너 모델도 물가 안정을 위해 총수요의 억제를 정책 목표로 삼았다. 이런 면에서 보면, 사민당의 경제정책은 케인지언주의와 이념적 기초가 달랐다(안재흥, 2001; 안재흥, 2007; Erixon, 1995).

3. 역사적 대타협: 노사정 관계와 기업지배구조

노사정 관계와 기업지배구조는 상호 보완의 관계를 이루며 형성·발전했다(Höpner, 2005; Hall and Gingerich, 2009). 사민당 정부는 일련의 정책—소득정책·금융 및 조세정책·노동시장정책·연금정책 등—을 집행해 성장과 고용 증진을 도모하는 과정에서 노사 관계와 기업지배구조의 보완성을 강화했다. 로에 의하면, 사민당 정부는 고용 보호를 우선시하기 때문에 전문 경영진을 압박해 기업이 성장과 위험 회피 중심의 정책을 추진하도록 유도한다는 것이다. 동시에 사민당 정부는 전문 경영진을 파트너로 삼기 위해 이들과 소유주 사이의 관계가 소원해지도록 하는 전략을 선택한다. 예컨대, 소유주가 전문 경영진을 통제 또는 유인할 수 있는 기제인 스톡옵션, 주식가치 극대화 규범, 적대적 인수합병 등의 정책에 부정적이다(Roe, 2003: 제5장). 이러한 환경에 처하여 소유주들은 여러 기업으로 분산된 소유 구조보다는 대기업으로 집중된 소유 구조를 선택하게 된다는 것이다(안재흥, 2010; Roe, 2003: 23-4). 실제로 사민당 정부의 집권 시에 발렌베리(Wallenberg)를 비롯해 15대 소유주 가문은 거대 기업 피라미드를 구축했다(Hermansson, 1965). 사민당의 정책과 이념을 이끌었던 비그포르스는 궁극적으로 '소유주 없는 사회적 기업'으로 이행될 것이기 때문에 이런 기업지배구조를 지지했다. LO도 "하나의 강력한 소유주가 존재할 때 노동조합의 활동이 수월하며," 또한 내부 유보된 이윤도 자본 집약적 산업과 R&D에 투자될 것이기 때문에 피라미드 기업지배구조를 지지했다(Henrekson and Jakobsson, 2001: 337; Henrekson and Jakobsson, 2003: 79; Högfeldt, 2007: 540; 안재흥, 2010).

스웨덴의 노사정 관계, 기업지배구조 그리고 조세제도와 관련하여 1938년은 향후 지속적으로 영향을 미칠 의미와 상징이 배태된 역사적 시간이다. 1938년은 스웨덴의 노동과 자본과 좌우 정치 세력들이 갈등과 투쟁에서 타협과 상호 이해를 통해 사회적 이슈를 해결하기 시작한 원년이었다. 사민당은 1932년에 최초로 다수 정부을 구성하였고 1933년에 농민당과 '적녹연합'을 성사시킴으로써 정권의 기반을 다졌으며 1936년 선거에서 압승하였다. 1938년의 시점에 이르러서는 자본조차도 사민당의 장기 집권 가능성을 현실로 받아들였다(Söderpalm, 1980: 40). 1938년의 시점에서 제도적으로 주요한 변화가 있었다면, 이것은 계급 타협과 상호 이해가 정착된 맥락에서 형성된 것으로 보아야 할 것이다.

1938년에 첫째, LO와 SAF(Sveriges Arbetargivareförening: 스웨덴 사용

자 연합)는 살트쉐바덴(Saltsjöbaden) 협약을 체결하였다. 이로써 노동과 자본은 1909년 총파업 이래 지속해 온 대립을 접고 협의적 관계를 구축하기 시작했다. '역사적 대타협'으로 회자되는 이 협약에서 LO와 SAF는 국가 개입—입법을 통한 노사 관계의 규제를 의미함—을 배제하고 자율적으로 노사 문제를 해결하며 임금 협상 체계를 두 조직으로 단일화 및 중앙·집중화하는 데 합의했다. LO와 SAF가 주도하는 '중앙·집중화된 자율'의 노사 관계가 제도화의 길로 접어든 것이다(안재홍, 2010; Johansson, 1989: 135-49; Kjellberg, 1998: 79).

둘째, 의회는 조세제도를 개혁했다. 사민당 정부는 특별 재산세를 두 배로 증액하고 기업 이윤의 3%를 추가로 징세하는 등 자본에 대한 조세를 강화하는 안을 제시했다. 동시에 투자를 유인하기 위해 친기업적 조세제도의 틀을 잡았다. 사민당이 제출한 조세 개혁안은 법인세에 누진세율이 아니라 비례세율을 적용했으며 기계와 재고품의 감가상각에 면세를 허용했다. 특히, 감가상각에 대한 면세가 핵심 쟁점이었는데, 재무부 장관 비그포르스는 급진적인 사민주의 의원들의 반대를 무릅쓰고 조세 개혁안을 입법했다. 국회의사록도 이를 "자본의 주요한 승리"로 기록하고 있다. 법인세 개혁은 이후 스웨덴의 기업지배구조에 주요한 영향을 미쳤다. 기업, 주로 대기업은 감가상각 면세로 인하여 축적된 내부 유보 자금을 재투자해 주식시장에 대한 의존을 줄일 수 있었던 것이다(Wigforss, 1954, 94-7; Smångs, 2008, 904; Steinmo, 1993: 89; 안재홍, 2010).

셋째, 사민당 정부는 이해관계자 모델 기업지배구조를 발달시켜 고용의 안정을 도모했다. 사민당 정부는 1938년에 상업은행이 보유하고 있는 기업 주식 자산을 지주회사로 이전하는 것을 허용했다. 자본은 상업은행을 매개로 하여 거대 기업 피라미드를 구축했다. 사실 스웨덴의 상업은행들은 이미 1920년대 초와 1930년대 초에 발생한 경제공황 시에 기업이 부채를 유가증권으로 변제하도록 함으로써 상장사 주식의 상당 부분을 소유하고 있었다. 이에 사민당은 1934년에 은행법을 개정해 상업은행의 주식 소유를 금지했다. 그러나 스웨덴의 자본은 1938년 개정 은행법에 기초하여 새로운 금융-산업 관계를 구축했다. 은행이 '폐쇄형 펀드'로 운영되는 지주회사를 설립하고 주식자산을 이 투자회사에 이전하는 것이 허용되었기 때문이다. 그 결과, 소수—통상 15대 소유주 가문으로 통칭됨—의 자본이 상업은행-투자회사의 연계를 고리로 하여 거대 기업군을 통제하는 경로가 열렸다. 예컨대, 스톡홀름상업은행(Stockholm Enskilda Bank: SEB)을 보유하고 있던 발렌베리 가문은 지주회사로 투자회사 인베스터(Investor)를 설립하고 SEB가 보유한 상장 주식을 이 지주회사로 이전했다. 이로써 지주회사가 꼭짓점에서 거대 기업군을 지배하는 기업 피라미드가 형성되었다(Larsson and Lindgren, 1992: 346; Glete, 1994: 242-43; Smångs, 2008: 898-99; Högfeldt, 2007: 524-27; 안재홍, 2010). 사민당 정부는 금융권의 부채에 의존하는 거대 기업군이 형성될 수 있도록 함으로써 자본의 이해를 충족시키는 한편 안정적인 일자리가 정착되도록 함으로써 노동의 이해도 충족시켰던 것이다.

4. 의회-행정부 관계

스웨덴 사민당은 의회-행정부 관계에서 중도-우파 정당뿐만이 아니라 좌파 공산당과의 갈등을 극복하고 일관되게 사민주의의 이념적 지향을 정책에 반영했다. 스웨덴의 정당 체제는 1970년대 중반까지 5대 정당 체제였는데 이들 정당은 좌우 이념 스펙트럼상에서 공산당, 사민당, 농민당(중앙당), 자유당, 보수당 순으로 배열된다. 정당 체제는 두 개의 좌파 정당과, 세 개 또는 그 이상의 중도-우파 정당군으로 블록화되었다. 그러나 정당 체제가 온건 다당제임에도 스웨덴의 의회-행정부 관계는 다수제 모델에 가까웠다. 다수제 모델에서는 다수당이 내각을 구성하기 때문에 입법과정에서 정부가 의회를 지배한다. 선거제도와 정당 체제는 다수 정부의 구성에 유리한 단순 다수제와 양당제로 이루어져 있다(Lijphart, 1999). 그러나 스웨덴의 선거제도는 비례대표 선거제였으며 정당 체제는 온건 다당제였음에도 의회-행정부 관계는 다수제 모델에 근접했다(Bergman and Bolin, 2011).

어떻게 이처럼 의회-행정부 관계가 제도화될 수 있었는가? 첫째, 정당 체제가 좌우 이념 블록으로 나뉘었기 때문이다. 좌우 블록을 대표하는 정당은 블록 내 정당들과 연합하거나 아니면 이들의 지지를 기반으로 소수 또는 연립 정부를 구성했다. 입법과정에서 정당의 규율과 응집력은 다수제 모델의 전형인 영국에 근접할 정도로 강했다. 그 결과, 다당제였지만 좌파 블록과 우파 블록으로 나뉜 소위 '대안적 정당 체제'가 형성되었다. 대안적 정당 체제가 정부 구성에서는 양당 체제와 비슷하게 작동했던 것이다(안재홍, 2013: 179; Strøm et al., 2003: 663).

둘째, 사민당이 이념적 스펙트럼에서 중위 정당의 위치를 점유했으며 정부 구성에서 '중심축'(pivot)의 역할을 담당했기 때문이다. 사민당은 연립 정부의 구성과 입법과정에서 블록 내 정당뿐만 아니라 이념적으로 근접한 정당(들)을 동원했다. 그 결과, 의회-행정부 관계는 외관상 합의제 모델에 가까웠지만 내각은 입법과정에서 다수를 동원할 수 있었다(Lewin, 1998: 204; Strøm and Bergman, 2011: 20). 셋째, '네거티브 의회주의'를 채택했기 때문이다. 네거티브 의회주의에서는 내각의 형성 시에 임명식 투표가 요구되지 않는다. 야당이 불신임 투표에서 승리하지 않는 한 내각은 설령 주요 입법에서 실패했더라도 사임하지 않고 지속적으로 집권한다(Bergman, 1993). 따라서 사민당 소수 정부가 자주 등장했으며 사민당은 입법과정에서 내각 밖의 정당들을 상대로 "감춰진 다수"를 동원해야 했기 때문에 야당과 끊임없이 타협해야 했다. 레빈(Leif Lewin)은 이런 측면이 강한 스웨덴의 의회-행정부 관계를 '다수제적 합의민주주의'로 특징짓는다(안재홍, 2013: 180; Lewin, 1998: 204).

요약하면, 스웨덴의 의회-행정부 관계는 양당제를 근간으로 하는 다수제 모델에서처럼 정부가 입법과정을 통제했다. 정당 체제는 다당제였지만 좌우 블록으로 나뉜 대안적 정당 체제를 유지했다. 그러나 중심축 정당인 사민당은 타협을 통해 다수를 동원해야 했기 때문에 의회 민주주의는 합의 정치에 개방된 특성을 보였다. 사민당은 이러한 의회-행정부 관계에 기초하여 자본 및 우파 정당들—예컨대, 누진적 소득세—과 LO—예컨대, 간접세 중심의 조세수입—의 반발에도 불구하고 렌-마이드너 모델의 실행을 위한 조세정책을 입법하고 집행할 수 있었던 것이다.

5. 소결

1950~70년에 사민당 정부는 조세정책을 수단으로 삼아 노동 소득 계층 내의 재분배를 도모하는 한편 물가와 투자와 고용을 조정했다. 이러한 현상이 발생한 정치·사회적 맥락을 살펴보면, 첫째, 사민당이 사회주의에서 성장과 복지로 이념적 지향을 선회했다. 둘째, 노사가 중앙·집중화된 자율의 관계를 형성했고 사민당은 금융 및 조

세정책을 통해 이해관계자 모델의 기업지배구조를 구축했다. 셋째, 사민당이 중위 정당의 위치를 점유하고 중심축 정당으로서 의회의 다수를 동원해 입법과정을 통제함으로써 이념적 지향을 정책에 반영했다.

V. 정치경제 레짐의 변동과 조세 개혁

스웨덴의 정치에서 조세는 탈정치적 이슈이며 전문적 · 기술적 영역으로 취급되었으나 정치경제의 성과에 대한 사후적 처방을 시도하는 과정에서 정치적 이슈로 등장했다(Elvander, 1972: 69; Steinmo, 1993: 124). 1980년대 이후 사민당이 스웨덴 모델에 내재된 문제점들을 금융자유화와 신자유주의로 극복하고자 하는 단계에서 조세제도의 개혁이 정치적 이슈로 등장했다. 먼저 조세 개혁의 내용을 살펴보고, 스웨덴 모델의 와해 과정에서 드러난 사민주의 이념, 노사정 관계 및 기업지배구조, 그리고 의회-행정부 관계 등 일련의 변화를 중심으로 조세 개혁의 배경을 설명하고자 한다.

1. 조세 개혁

1980년대 초부터 스웨덴 조세제도의 문제점이 정치권의 주요 이슈로 부상했다. 서유럽 국가 중에서도 가장 높은 한계세율이 논쟁의 핵심이었다(앞의 〈표 2-3〉 참조). 미르달(Gunnar Myrdal)은 이미 1978년에 학술지인 『경제 논쟁』에서 높은 한계세율 때문에 스웨덴이 조세 회피를 위해 '거짓말하는 나라'로 전락했으며 부자들이 각종 세금공제를 이용하기 때문에 재분배도 실행되지 않는다고 한탄한 바 있다. 1981년에 중앙당(구 농민당), 자유당, 그리고 당시 야당이었던 사민당이 극적으로 합의해 국회는 1982년—실제 적용은 1985년부터—에 '소규모' 조세 개혁을 단행했다. 최고 한계세율을 70%로 인하했으며 세금공제 일부를 축소했다. 대신 분배에 미치는 영향을 완화시키기 위해 아동수당을 인상했다. 축소된 조세수입을 확충하기 위해 소득과 소비에 대한 조세 범위를 확대했고 소비세와 사회보장세를 인상했다. 개혁 이후에도 조세제도가 저축을 축소시켜 비생산적 투자를 증대시키며, 가속감가상각을 이용하기 위한 이윤의 사내유보는 산업 구조조정을 지연시킨다는 비판이 제기되었다. 1988년에 사민당 정부의 재무부 장관 펠트(Kjell-Olof Feldt)와 차관 오사브링크(Erik Åsabrink)도 높은 한계세율을 근본적으로 개혁할 필요성을 주장하고 나섰다. 심지어 말음(Stig Malm) LO 의장도 조세제도가 부패했다고 지적하기에 이르렀다. 사민당 정부의 집권기인 1989년에 사민당과 자유당은 조세 개혁의 큰 틀에 합의하고 구체적인 작업에 들어가기로 합의했다(Södersten, 1993: 271; Steinmo, 1993: 186-89; Björklund, Palme and Svensson, 1995: 231-33).

1991년에 중도-우파 연립정부는 드디어 '세기의 조세 개혁'으로 회자되는 일련의 조세정책을 입법했다. 조세의 진보성을 약화시킴으로써 경제의 효율성을 증대하자는 것이 조세 개혁의 핵심이었다. 1991년과 1994년에 단행된 조세 개혁의 내용을 구체적으로 소개하면 다음과 같다. 첫째, 노동 소득에 대한 한계세율을 대폭 인하했다. 비록 노동 소득에는 여전히 누진적인 세율을 부과했으나 기초 한계세율은 30%로, 최고 한계세율은 50%로 낮추었다. 근로소득자의 약 85%는 기초 한계세율이 적용되는 지방세만을 납부하도록 했다. 20%

가 추가 부과된 국민소득세, 즉 국세는 연봉이 18만 5천 크로나(미화로 환산하면 3만 3천 5백 달러에 해당) 이상인 소득자들에게만 부과하도록 했다(Agell et al., 1995: 10; Agell et al., 1996: 645).

둘째, 자본소득에는 비례세율 30%를 일괄해 부과했다. 1985년 조세 개혁 이후에도 조세제도가 비생산적 투자—특히, 서로 다른 자산에 대한 조세부담의 차이로 인해 물가 상승 시에 저축보다는 내구재 및 주택 구입이 유리함—를 증대시키며, 가속감가상각 면세로 발생한 이윤의 사내유보로 인해 산업의 구조조정이 지연되고 있다는 비판이 제기되었다. 또한 금융 부채로 세율이 낮은 자산을 구입하면서 동시에 이자를 징세에서 탕감받는 현상이 만연했다. 이에 감가상각 면세제도를 폐지하는 한편 각종 자본소득에 대한 세율을 30%로 균일화한 것이다. 이전에는 개인소득세로 처리했던 양도소득세에도 비례세율이 부과되었는데, 양도소득세율은 1992년에 30%에서 25%로, 1994년에는 12.5%로 인하했다. 법인세율은 57%에서 30%—1994년에는 28%—로 낮춘 대신 감가상각 및 투자기금에 대한 감세제도는 폐지했다. 부유세는 원칙적으로 폐지하도록 했으나 1992년의 경제 위기 대응을 위한 정파 간 타협에서 폐지 시기가 연기되었다(Agell et al., 1995: 5-6; Agell et al., 1996: 646; Norrman and McLure Jr., 1997: 111; Andersson and Mutén, 1998: 342).

셋째, 소득세율의 인하로 인한 손실은 새로운 자본소득세, '과세 표준'(tax base)의 확대, 조세 회피 차단 등으로 충당하고자 했다. 소득세의 감세로 조세수입이 GDP 대비 6~7%가 감소할 것으로 전망되었다. 조세수입의 감소는 자본소득세에 재산세와 주택세를 포함시킴으로써 40%가, 간접세의 과세 표준을 확대함으로써 30%가 보충될 것으로 예상했다. 간접세에서는 부가가치세(23.46%)를 모든 상품과 서비스—이전에는 상품과 서비스의 약 40%가 감세 또는 면세 처리되었음—에 적용했다. 법인세율을 인하한 대신 감가상각 및 투자기금 면제제도를 폐지했다. 또한 연기금도 과세했는데, 평균 한계세율이 주식배당의 경우 9.4%, 공채와 같은 채무 상품 수익에는 3.6%였다(Andersson and Mutén, 1998; Södersten, 1993: 285-87; Agell et al., 1995: 9-10; Norrman and McLure Jr., 1997: 113).

1991년과 1994년에 단행된 스웨덴의 조세 개혁의 특징은 '이원적 소득세'(dual income taxation)로 개념화되고 있다. 이원적 소득세는 덴마크, 스웨덴, 노르웨이 등과 같은 개방경제에서 세계화 시대에 공공복지지출을 위해 높은 조세수입을 거두면서도 자본의 유출을 저지하는 조세제도로 정당화되고 있다. 이 제도에서는 모든 소득을 자본소득—기업 이윤, 주식 배당, 자본소득, 이자, 지대 등—과, 노동소득—임금, 부가급여, 연금소득, 사회보장 수급 등—으로 나누고 자본소득에는 누진세 대신에 비례세율을 일괄 부과하는 반면 노동소득에는 누진적인 세율을 적용한다. 이처럼 자본소득을 분리 과세하여 기존의 누진 구조에서 제외함으로써, 세계화 시대에 자본의 유출을 막고 자본의 유입을 촉진하는 한편 임금 소득 계층 간 분배의 정의도 실천할 수 있다는 것이다. 덴마크에서 먼저 시작되어 1990년대 초부터 스칸디나비아의 모든 국가들이 이원적 소득세제도를 실행하고 있다(Nielsen and Sørensen, 1997; Cnossen 1999).

요컨대, 렌-마이드너 모델이 실행되었던 1950~70년대에 스웨덴은 조세를 "사회·경제적 공학 및 소득의 재분배"의 수단으로 삼았으나 1980년대 중반부터는 조세의 '중립성'을 강화했다. 조세의 기능이 재분배와 투자의 촉진에서 수평적 형평성과 경제적 중립성으로 전환된 것이다(Norrman and McLure Jr., 1997: 122).[3] 그렇다면 이와 같은 변화는 어떠한 정치·사회적, 그리고 정책적 맥락에서 발생했는가?

2. 정책 조합의 피드백 효과와 노사정 관계의 변화, 그리고 제3의 길

스웨덴이 조세 개혁에 착수한 1980년대 초중반은 렌–마이드너 모델의 정책 조합—연대임금의 소득정책, 적극적 노동시장정책, 금융 및 조세정책 등—이 낳은 피드백 효과로 인해 노사정 관계가 변혁을 겪은 시기였다. 렌–마이드너 모델은 1960~70년대에 경제성장과 완전고용에 기여했다. 그러나 작업 환경의 악화 및 단기적 실업, 임금 억제로 인한 노동조합의 불만—이는 비공인 파업으로 표출됨—의 증가, 기업의 과대 이윤 축적 및 거대화 등의 문제를 유발했다. 이에 LO는 상향평준화 방식의 연대임금을 강화하는 한편 사민당과 연대해 노사 관계 관련 법안들을 입법했다. 법안의 내용을 구체적으로 보면, 노동조합 운동 내의 불만을 해소하기 위해 단위 노조의 위상을 강화했고, 실직의 위험을 줄였으며, 노조의 경영 참여를 보장했다. 특히, 임노동자기금 입법안이 노사 갈등의 핵심 쟁점으로 부상했다. 1976년 LO 총회가 승인한 임노동자기금안에 의하면, 종업원 수가 50인 이상인 기업은 매년 이윤의 약 20%에 해당하는 만큼 신규 주식을 발행하고 이를 산별노조가 관장하는 기금에 넘겨주어야 했다(Schiller, 1988: 87-90; 신정완 1999; 안재홍 2001). LO는 비그포르스가 제안한 바 있는 '소유주 없는 사회적 기업'의 이상을 구현하고자 했던 것이다(Johansson and Magnusson, 1998: 제4장).

---

3) 중립성은 조세가 "서로 다른 재화의 상대적 가격 또는 생산 요소 및 자금조달의 방법을 왜곡시키지 않아야 한다"는 규범이다.

SAF는 특히 임노동자기금안의 입법을 격렬하게 반대했다. SAF는 1979년 총선 캠페인을 기점으로 살트쉐바덴 협약 이래 지켜오던 정치적 중립의 전통을 깨고 본격적으로 임노동자기금안 반대를 위한 정치적 동원에 나섰다. 더 나아가 1980년대에는 산하 엔지니어링협의(VF)의 산업별 임금 협상을 용인함으로써 중앙임금 협상을 와해시켰으며, 1990년대에 들어서는 렌-마이드너 모델 정책들의 의사결정 체계, 즉 노사정 협의의 코포라티즘 자체를 와해시키는 수순을 밟았다(Stråth, 1998: 179-203; 안재흥 2010).

사민당은 1970년대 후반부터 LO의 강경 노선과 거리를 두기 시작했으며 1982년에 재집권에 성공하자 신자유주의로 우 클릭하기 시작했다. 이후 사민당은 1991년 총선에서 패할 때까지 렌-마이드너 모델의 정책 조합에 신자유주의를 결합시킨, 소위 '제3의 길'정책을 실행했다. 사민당 정부는 금융시장의 자유화, 중앙임금 협상, 국내 소비의 억제를 연계하는 정책 조합을 구축해 물가 안정과 완전고용을 재현하고자 했다. 국내 수요를 축소시키는 대신 크로나(krona)화의 평가절하로 수출을 증대함으로써 해외 수요를 창출한다는 것이다(Ryner 2002, 148; Jonung 1994, 360-3; Stråth, 1998: 244; 안재홍, 2013: 282). 렌-마이드너 모델에 비해 뚜렷하게 다른 점은 과거에는 공공저축으로 기업의 투자를 조정했는데 반해 제3의 길에서는 공공저축보다는 해외 자본의 유입으로 투자를 촉진시키고자 했다는 것이다(다음 절 참조).

사민당의 이념 및 정책 노선의 변화에는 경제적 요인과 정치적 요인이 모두 작용했다. 1970년대 두 차례 오일쇼크의 영향으로 인해 경제 지표—인플레이션, 재정적자, 정부부채, 국제수지 적자, 실업 등—가 1970년대 후반에 급속히 악화되었다(Jonung, 1994: 362-64). 경제적인 요인 못지않게 정치적인 요인도 중요하게 작용했다. 무엇보다도 임노동자기금안의 반대를 위한 SAF의 정치적 동원이 성공했는데, 이로 인해 사민당은 정책 노선을 수정해야 한다는 압박을 받았다. 1978년 여론조사에 의하면, 유권자의 58%가 기업 행위의 자유에 찬성했으나 임노동자기금안에 대한 찬성은 23%에 그쳤다. 더구나 이후에도 임노동자기금안에 대한 반대 여론이 증가했다(Stråth, 1998: 179; Gjlliam, 1988: 31-7). 당시 야당이었던 사민당 내에서는 펠트(Kjell-Olof Feldt)를 중심으로 한 근대파들이 여론의 변화를 반영해 연금, 임노동자기금 등 일련의 정책에서 기존 입장을 바꾸기 시작했다(Stråth, 1998: 180, 243-44).

스웨덴이 조세 개혁에 착수한 시점은 사민당이 이념 노선을 선회한 시점과 일치했다. 사민당은 1981년 전당대회에서 노선을 선회해 공공 부문의 축소 및 산업 투자의 확충을 주장하는 한편 공적 사회지출의 증가를 유발하는 수요촉진정책을 비판하고 나섰다(Pedersson, 1991: 40). 또한 임노동자기금안도 수정했는데, 기업 이윤의 20% 대신 급여세율의 1%를 인상해 신규 주식 대신 기발행주식을 매입하도록 했다(Ryner, 2002: 143). 1980년에 중도−우파 연합 정부가 기여금 전액을 사용자의 급여세로 충당하는 연금제도를 개혁하려 하자 사민당도 내부적으로 연금 개혁을 위한 작업에 착수했다(Lundberg, 2003: 2-3장). 1982년에 사민당 정부는 재집권에 성공한 이후 1991년까지 위에서 언급한 '제3의 길' 노선을 선택했다. 재무부 장관 출신인 펠트가 이끄는 사민당 정부는 더 나아가 1985년을 전후하여 금융시장에 대한 규제를 전면 철폐하여 '규범에 기초한' 통화주의 금융정책의 틀을 잡았다. 1985년까지는 신용의 배분 및 물가에 대한 규제를 철폐했으며 그 이후에는 금융시장의 개방에 주력했다(안재홍, 2013: 282; Jonung, 1993: 360-363; Svensson, 2001: 50-8). 금융 개혁과 함께 펠트의 사민당 정부는 조세 개혁을 통해 시장의 효율성을 제고하고자 했다. 이에, 위에서 언급했듯이, 한계세율을 낮추고, 불필요한 세금 감면제도를 폐기하고, 조세제도를 단순화시킬 것을 주장했던 것이다.

3. 기업지배구조의 변화

스웨덴이 이원적 소득 조세를 도입하는 한편 법인세율을 인하하고 자본소득에 비례 세율을 적용한 것은 세계화로 인해 기업의 투자 전략 및 자금조달 방식, 즉 기업지배구조의 환경이 변화된 것에서도 기인되었다. 앞에서 언급했듯이, 고임금과 저임금의 폭을 양방향에서 압축하는 연대임금제는 1970년대에 본래의 취지에서 벗어나 상향평준화 방식의 연대임금제로 변질되었다. 이에 스웨덴의 기업들은 1980년에 '대규모 직장 폐쇄'로 대응했으나 이것이 실패로 마감되자 투자 거점을 대거 해외로 이전시켰다. 그 결과 다국적기업의 해외 고용 비율이 1962년 12%에서 1987년에 37%로 증가했다(Ryner 2002; Henreksson and Jakobsson, 2003: 94). SAF는 1983년에는 중앙임금 협상을 자체를 와해시켰다.

중앙임금 협상의 해체와 해외투자의 증가는 곧 기업이 임금 연대를 통해 투자 자금을 조달하는 전략을 포기한다는 것, 더 나아가 국가가 금융시장 개입을 통한 신용 규제로 기업의 투자 자금을 조정하는 체제에 더 이상 의존하지 않겠다는 것을 의미했다. 세계화 이전에 사민당 정부는 중앙임금 협상을 통한 연대임금제로 기업이 과대 이윤을 축적했기 때문에 이 중 일부를 AP펀드, 투자기금, 재생기금 등 일련의 공공 저축으로 흡수시킬 수 있었다. 국가는 공공 저축을 수단으로 삼아 중앙은행과 상업은행에 개입했으며 기업이 부채 금융에 의존해 장기 투자를 하도록 유도했었다. 그러나 1980년대에 들어 SAF와 중도-우파 정당들은 연대임금제가 상향평준화되자 기여금의 전액을 사용자가 부담하는 일반보충연금제도의 개혁을 본격적으로 주장하기 시작했다. 더구나 연기금 자체도 고갈되었다. 이런 상황에서 사민당 정부는 1980년대 중반부터 금융고립정책을 포기하고 금융시장의 자유화를 선택할 수밖에 없었다. 해외 자본의 유입 및 주식시장의 활성화를 통해 기업의 투자를 증진시키고자 했던 것이다(Ryner, 2002: 제7장; Jonung 1994). 실제로 주식시장이 기업의 자금조달에서 주요 공급원으로 부상했다. 주식시장의 거래량이 1980년도엔 70억 크로나였으나 1999년에는 2조 6천억 크로나로 폭증했다. 주식 거래량의 규모 면에서 보면, 1990년과 1999년 사이에 24배가 증가했다(Reiter 2003, 113; Henrekson and Jakobsson 2003, 74, 92; 안재흥 2010).

요약하면, 1980년대에 들어 연대임금의 소득정책을 허브로 하여 투자와 고용을 연계시키고자 했던 일련의 정책 조합이 와해되었다. 사민당은 공공 저축을 통한 자본시장 통제의 정책을 접었고 그 대안을 금융의 세계화에서 찾았다. 자본은 노동조합과 이해 조정과 타협을 통해 투자와 이윤을 늘리는 정책에서 선회해 시장의 효율성의 제고와 해외투자의 대안을 모색했다. 이런 맥락에서 사민당과 중도-우파 정당들은 자본에 대한 조세율과 한계세율을 낮추는 조세 개혁에 합의할 수 있었던 것이다.

4. 의회-행정부 관계의 변화

정부가 의회에서 다수를 확보하지 못해 입법과정을 통제할 수 없게 되면 이익집단들은 행정부의 코포라티즘을 통해 정치적 교환을 하기

보다는 각자 의회에 대한 로비를 강화한다(Christiansen and Rommetvedt 1999). 반면 정부가 의회에서 다수를 확보하여 입법과정을 효율적으로 통제하는 합의제 모델의 정치 체제에서 이익집단들은 정부의 정책 결정 과정에 참여하고자 하기 때문에 코포라티즘이 강화된다(안재흥 2013).

렌-마이드너 모델에 대한 이익집단의 갈등은 의회의 입법과정에 대한 사민당 정부의 통제가 약화된 시점과 비슷한 시기에 심화되었다. 1969년 정치 개혁으로 사민당의 입법과정에 대한 통제가 약화되기 시작했다(Immergut and Jochem, 2006: 105). 1969년에 사민당은 자유당의 요구를 받아들여 첫째, 비례대표 선거제의 비례성을 '극단적으로' 높인 '수정 상뜨-라기'(Sainte-Laguë) 방식을 채택하기로 했으며, 둘째, 의회제를 양원제에서 단원제로 전환하기로 했다.[4] 그동안 거대 정당으로 군림해 온 사민당은 선거법 개정으로 인해 득표율이 1970년 선거부터 감소하더니 1976년 선거에서는 드디어 집권 44년 만에 중도-우파 연합에 패배했다. 1970~98년 사이에 사민당의 득표율이 약 5% 하락한 반면 군소 정당의 득표율은 증가했다(Bergman and Bolin, 2011: 252-53). 5개 정당으로 구성된 정당 체제는 1988년부터 녹색당과 기민당이 출현하여 7개 정당 체제로 파편화되었다(안재흥 2013, 290). 전통적으로 입법과정에서 '부정적 거부점'(negative veto point)으로 작용했던 상원이 폐지됨에 따라 사민당 정부의 입법 통제력은 더욱 약화되었다(Immergut and Jochem, 2006: 104-5).

1982년에 재집권한 이후에도 사민당은 지속적으로 소수 정부를 구성해야 했다. 야당의 힘이 강해져서 입법과정에서 야당의 동의를

---

4) 개정된 선거법은 1970년 선거에 적용되었다. 단원제 의회제는 1971년 1월부터 실행되었다. 선거법과 단원제는 1975년 1월 1일부터 발효된 신헌법에 반영되었다.

사전에 구해야 하는 사례가 증가했다. 그 결과, 입법과정에 대한 사민당의 통제가 현저히 약화되었다. 공산당(후일 좌파당)과 녹색당은 의석 수가 증가되자 심하게 경쟁했고 그 결과 좌파 블록에 대한 사민당의 통제 또한 과거처럼 작동되지 않았다. 심지어 좌파 블록 내에서 좌파공산당이 중심축의 위치를 점유하고자 했다. 코포라티즘의 정책 형성 기능이 급속히 약화된 시점도 입법과정에 대한 사민당의 통제 역량이 약화된 1980년대 후반부터였다(안재홍, 2013: 293-4; Ruin, 1996: 62-4; Christiansen and Damgaard, 2008: 48-50; Bergman and Bolin, 2011: 252-52; Christiansen et al. 2010).

입법과정에 대한 사민당 정부의 통제력이 약화된 반면 중도-우파 정당들의 역량이 강화된 결과 신자유주의적 요소가 조세 개혁에 강력하게 반영될 수 있었던 것이다. 그러나 조세 개혁은 연금 개혁처럼 기존 정당들이 개혁의 필요성에 공감했기 때문에 이루어진 측면도 작용했다. 연금 개혁에서처럼 1987년 조세개혁위원회—개인조세위원회(RINK)와 간접세위원회(KIS)—는 이익단체 대표들을 배제한 채 사민당을 비롯해 중도-우파 정당들만을 초청했다.[5] 조세 개혁 자체가 선거의 이슈로 등장하는 것을 회피했던 것이다. 조세개혁위원회는 1988년 9월 총선을 고려해 정치적으로 민감한 이슈들, 예컨대 세율 및 조세 감소에 대한 재정적 보충 방안은 다루지 않았다. 개혁의 최종 단계에서도 1991년 9월 총선을 감안해 1991년 전반기 회기에 국회가 입법을 마무리할 수 있도록 무리수를 두면서 보고서 제출의 일정을 조율했다. 좌우 정당들은 위원회 구성을 통해 책임 소재를 모호

5) 1991년에 중도-우파 연합 정부는 '연금실무위원회'에 LO와 SAF를 비롯해 이익단체를 배제한 채 5개 정당만을 초청했다. 연금실무위원회는 연금 개혁이 총선에서 쟁점화 되는 것을 회피하기 위해 1994년 선거 이전에 서둘러 최종 보고서를 발표했다(Lundberg, 2003: 제2~3장).

하게 하는 '비난 회피'의 전략을 구사했던 것이다(Pierson 1996). 사민당과 자유당이 사전에 공식적인 합의 없이 '세기의 조세 개혁'안을 입법과정에 던졌던 것은 이런 정치적 맥락에서 이루어진 것이다(Lundberg, 2003: 제2~3장; Salsbäck 1993).

5. 소결

노사정은 렌-마이드너 모델의 정책 조합이 유발한 피드백 효과로 인해 갈등의 소용돌이에 휘말려 들었다. 특히 SAF를 위시한 자본 세력은 LO의 급진적 대응에 반발했으며, 사민당의 소득·금융·조세정책에 의존해 투자 자본을 축적하기보다는 세계화에 편승해 주식시장 및 국제금융시장으로부터 자금을 조달하기 시작했다. 더구나 공공 저축이 고갈됨에 따라 사민당 정부는 과거처럼 금융시장에 강도 높게 개입할 수 없게 되었다. 정당 체제의 다당화로 인해 사민당 정부는 의회-행정부 관계에서도 과거처럼 입법과정을 통제할 수 없게 되었다. 이에 펠트의 사민당 정부는 렌-마이드너 모델의 정책 조합에 신자유주의를 접목시키고자 했다. 이런 정치·사회·정책적 맥락에서 조세 개혁은 시장에 대한 조정과 재분배보다는 경제적 중립성을 지향했다. 조세정책에 관한 한 사민당과 중도-우파 정당들은 입장은 다소 달랐지만 개혁의 필요성에 공감했고 비난 회피의 전략을 구사해 세기의 조세 개혁을 단행했다.

Ⅵ. 결 론

스웨덴 사민주의 복지자본주의 정치경제 레짐에 내재된 특징은 국가의 조정과 계급 타협을 통해 성장과 복지의 선순환을 실현했다는 데에 있다. 타협과 조정의 정치경제는 행위자들이 공공이익의 증진을 위해 자발적으로 집단행동에 참여할 때 가능하다. 스웨덴의 사민당 정부는 조세를 계급 간 이해와 타협이라는 집단행동을 유인하는 정책수단으로 삼았다. 사민당 정부가 이처럼 계급 간의 이해를 조정할 수 있었던 근본적인 이유는 첫째, 사민주의 이념이 현실적 이익과 미래 지향적 이념을 절충했기 때문이다. 둘째, 사민당이 의회-행정부 관계에서 입법과정을 주도함으로써 계급 간의 갈등적 이해를 효과적으로 조정할 수 있었기 때문이다. 사민당은 조세를 완전고용을 위한 투자를 유인하는 정책으로, 그리고 보편적 복지의 실현을 위한 재정 수입의 수단으로 이용하였다. 투자 유인을 위하여 조세정책을 활용했다는 점에서, 그리고 높은 소득세와 간접세를 수단으로 삼아 복지재원을 충당했다는 점에서 사민당의 조세정책은 전혀 진보적이지 않았다. 그러나 한계세율을 높게 책정했다는 점에서, 그리고 투자로 전환되지 않는 기업의 소득에 대해서는 엄중하게 과세했다는 점에서 스웨덴의 조세정책이 자유주의적이라거나 보수적이라고 특징지을 수는 없다.

1950~70년대에 성장과 복지의 선순환을 이끌었던 스웨덴의 조세정책이 현재에도 유효한 대안이 될 수 있는가? 금융 세계화의 시대에 적용하기에는 여러 가지 점이 고려되어야 할 것이다. 1980년대 중반 이후 스웨덴은 렌-마이드너 모델에서 이탈하기 시작하였다. 내생적 요인과 외생적 요인이 상호작용한 결과였다. 대외 의존형 정치경제에

서 조정과 타협을 통한 정치경제 레짐은 경제위기에 대한 대응으로서는 유효한 대안이지만 경제의 안정기에는 내생적으로 갈등을 유발한다(안재흥 2013). 작은 국가로서 스웨덴은 제2차 세계대전 이후 조정과 타협을 통하여 이해관계자 모델의 기업지배구조·완전고용·복지사회를 추구하였다. 그러나 완전고용은 실현되었으나 기업의 거대화와 기업지배구조의 집중화가 심화된 1970년대 초부터 스웨덴식 복지자본주의는 내생적인 갈등에 휘말려들었다. 또한 선거제도 개혁의 결과 그동안 조정의 정치경제를 이끌었던 사민당이 의회-행정부 관계를 과거처럼 통제할 수 없게 되었다. 사민당이 조정의 역할을 효과적으로 수행할 수 없게 된 상황에서 공공 부문의 팽창과 노노 갈등은 복지에 대한 사회적 수요를 폭발적으로 증대시켰다.

세계화는 렌-마이드너 모델의 지속을 가로막은 결정적 장애 요인이었다. 렌-마이드너 모델의 핵심은 사민당 정부가 연대임금제와 조세정책을 활용하여 연금펀드, 투자기금 등 공공 저축을 형성하였고 이를 통해 신용시장을 통제·조정함으로서 가능했다. 그러나 1980년대 중반에 이르러서는 투자기금이 고갈되어 사민당 정부가 더 이상 신용시장을 통제할 수 없게 되었다. 신용시장을 통제할 수 없는 상황에서 조세는 더 이상 자본의 투자를 이끌어낼 수 있는 매력적인 대안이 될 수 없었다. 또한 조세감면제도는 투자와 상관없이 다양하고 복잡한 조세 회피의 '구멍'을 조성했다. 1980년대에 사민당과 중도-우파 정당 그리고 자본은 조세를 통한 투자 자본의 축적보다는 조세 개혁을 통하여 시장경제의 효율성을 제고하는 데에 이해가 맞아떨어진 것이다. 그 결과는 '세기의 조세 개혁'으로 나타났다. 사민당 정부는 금융의 자유화를 선택하여 해외 자본의 유치와 주식시장의 활성화로 고용을 위한 투자를 유인하고자 했던 것이다.

그렇다면, 스웨덴의 조세제도가 세계화의 영향으로 인하여 영미형 제도로 전환될 것인가? 그렇지는 않을 것이다. 조세제도는 복지국가의 근간이다. 스웨덴 복지국가의 두드러진 특징은 높은 소득세와 간접세에도 불구하고 조세 저항이 심하지 않다는 점이다(Svallfors 1989). 스웨덴의 블루컬러 임노동자와 대부분의 화이트컬러 노동자들은 복지수혜자다. 이들은 선거에서 경제의 효율성 제고를 위한 복지지출의 축소에 동의하지 않을 것이다. 따라서 사민당이건 중도-우파 정당이건 복지 축소에 초점을 맞추어 조세제도를 개편하는 무리수를 두지 않을 것이다. 향후 스웨덴의 조세제도는 계급 갈등의 전개, 기업지배구조의 변화, 의회-행정부 관계의 변화 등 여러 변수의 영향을 받겠지만 복지국가 축소의 방향으로만 개혁되지는 않을 것이다.

참고문헌

신정완. 1999. "임노동자기금논쟁을 통해 본 스웨덴 사민주주의의 딜레마," 서울대학교 경제대학원 경제학 박사학위 논문.

안재흥. 1995. 개혁주의에 대한 스웨덴 사민주의자들의 논쟁에 표상된 '민주의 관심.' 1886-1911, 『산업노동연구』, 1 (1).

_____. 1998. 전간기 스웨덴 노동계급의 집단행동과 정치체제 변동. 『국가전략』, 4 (1).

_____. 2001. 스웨덴모델의 형성과 쇠퇴: 노동운동을 중심으로 한 통시적 비교. 『국가전략』, 7 (1).

_____. 2007. 2006년 스웨덴 총선 결과의 해석 : 스웨덴 모델의 특성과 '신정치'의 아이러니. 『미래전략』 4.

_____. 2010. 정책과 정치의 동학, 그리고 제도의 변화: 스웨덴 기업지배구조의 사례. 『한국정치학회보』, 44 (4).

_____. 2012. 정치대표체계와 기능대표체계 연계 제도의 동학: 실증적 분석, 스웨덴과 덴마크 비교사례연구. 『한국정치학회보』, 46 (2).

_____. 2013. 『복지자본주의 정치경제의 형성과 재편: 서유럽 강소・복지 5개국의 경험과 한국의 쟁점』, 서울: 후마니타스.

Agell, Jonas N. et al. 1995. Svensk skattepolitik i teori och partik. 1991 års skattereform. Bilaga 1 till SOU 1995:104, ISSN ISBN 91-38-20066-X. Stockholm: Fritzes.

_____. 1996. Tax Reform of the Century - The Swedish Experiment. National Tax Journal, 49 (4).

Ahn, Jae-Hung. 1996. Ideology and Interests: The Case of Swedish Social Democracy, 1886-1911. Politics & Society, 24 (2).

Alvarez, R. Michael & Geoffrey Garrett & Peter Lange. 1991. Government Partisanship, Labor Organization, and Macroeconomic Performance. American Political Science Review, 85 (2).

Andersson, Krister and Lief Mutén. 1998. "Sweden." in Ken Messere (ed.) The Tax Systems of Industrialized Countries. Oxford: Oxford

University Press.

Bergman, Torbjörn. 1993. Formation Rules and Minority Governments. European Journal of Political Research, 23 (1).

Bergman, Torbjörn and Nilas Bolin. 2011. "Swedish Democracy. Crumbling Political Parties, Feeble Riksdag, and Technocratic Power Holders?" in Bergman and Kaare Strøm (eds.) The Madisonian Turn. Political Parties and Parliamentary Democracy in Nordic Europe. Ann Arbor: University of Michigan Press.

Björklund, Anders, Mårten Palme, and Ingemar Svensson. 1995. Tax Reforms and Income Distribution: An Assessment Using Different Income Concepts. Swedish Economic Policy Review, 2 (2).

Boix, Charles. 2001. Democracy, Development, and the Public Sector. American Journal of Political Science, 45 (1).

Bretschger, Lucas and Frank Hettich. 2002. Globalisation, Capital Mobility and Tax Competition: Theory and Evidence for OECD Countries. European Journal of Political Economy, 18 (4).

Christiansen, Peter M. and Hilmar Rommetvedt. 1999. From Corporatism to Lobbyism? Parliaments, Executives, and Organized Interests in Denmark and Norway. Scandinavian Political Studies, 22 (3).

Christiansen, Flemming J. and Erik Damgaard. 2008. Parliamentary Opposition under Minority Parliamentarism: Scandinavia. The Journal of Legislative Studies, 14 (1/2).

Christiansen, Peter M. et al. 2010. "Varieties of Democracy: Interest Groups and Corporatist Committees in Scandinavian Policy Making." *Voluntas* 21 (1).

Cnossen, Sijbren. 1999. Taxing Capital Income in the Nordic Countries: A Model for the European Union? Finanzarchiv, 56.

Cusack, Thomas R. and Pablo Beramendi. 2006. Taxing Work. European Journal of Political Research, 45.

Damgaard, Erik. 1994. "The Strong Parliaments of Scandinavia: Continuity and Change of Scandinavian Parliaments." in Gary W. Copeland & Samuel C. Patterson (eds) Parliaments in the Modern World: Changing Institutions. Ann Arbor: University of Michigan Press.

Elvander, Nils. 1972. The Politics of Taxation in Sweden 1945-1970: A

Study of the Functions of Parties and Organizations. Scandinavian Political Studies, 7.

______. 1988. Den svenska modellen. Stockholm: Tiden.

Erixon, Lennart. 1995. "A Swedish Economic Policy. A Revindication of the Rehn-Meidner Model." Institutet för arbetslivsforsking, Working Paper Series No. 22.

Garrett, Geoffrey. 1998. Partisan Politics in the Global Economy. Cambridge: Cambridge University Press.

Garrett, Geoffrey and Deborah Mitchell. 2001. Globalization, Government Spending and Taxation in the OECD. European Journal of Political Research, 39.

Gjlliam, Mikael. 1988. Svenska folket och löntagarfonderna. Lund: Studentlitteratur.

Glete, Jan. 11994. Nätverk i näringslivet: Ägande och industriell ombandling i det mogna industri-samhället 1920-1990. Stockholm: SNS.

Gould, Andrew C. and Peter J. Baker. 2002. Democracy and Taxation. Annual Review of Political Science, 5.

Hagen Kåre P. and Peter Birch Sørensen. 1998. "Taxation of Income from Small Businesses: Taxation Principles and Tax Reforms in the Nordic Countries." in Sørensen, ed., Tax Policy in the Nordic Countries. UK: Palgrave Macmillan.

Hagen, Kåre P, Erik Norrman and Peter B. Sørensen. 1998. "Financing the Nordic Welfare States in an Integrating Europe." in Sørensen (ed.) Tax Policy in the Nordic Countries. UK: Palgrave Macmillan.

Hall, Peter A. and Daniel W. Gingerich. 2009. Varieties of Capitalism and Institutional Complementarities in the Political Economy: An Empirical Analysis. British Journal of Political Science, 39 (3).

Hallerberg, Mark and Scott Basinger. 1998. Internationalization and Changes in Tax Policy in OECD Countries: The Importance of Domestic Veto Players. Comparative Political Studies, 31.

Hansson, Per Albin. 1982. "Folkhemmet, medborgarhemmet," Anna Lisa Berkling, Från Fram till folkhemmet. Falköping: Metodica Press.

Hatje, A-K. 1974. Befolkningsfrågan och välfärden. Uddevalla: Bohusläningens AB.

Heclo, Hugh 1974. Modern Politics in Britain and Sweden: From Relief to Income Maintenance. New Haven: Yale University Press.

Hedborg, Anna and Rudolf Meidner. 1984. Folkhems modellen. Stockholm: Tiden.

Henrekson, Magnus and Ulf Jakobsson. 2001. Where Schumpeter Was Nearly Right: The Swedish Model and Capitalism, Socialism and Democracy. Journal of Evolutionary Economics, 11.

______. 2003. The Transformation of Ownership Policy and Structure in Sweden: Convergence towards the Anglo-Saxon Model? New Political Economy, 8.

Hermansson, Carl-Henrik. 1965. Monopol och storfinanns: De 15 famijerna. Stockholm: Rabén och Sjögren.

Hibbs, Douglas Jr. 1977. Political Parties and Macroeconomic Policy. American Political Science Review, 71 (December).

Hinnfors, J. 1991. Familjepolitik. Stockholm: TA-Tryck AB.

Högfeldt, Peter. 2007. "The History and Politics of Corporate Ownership in Sweden." in R. K. Morck, ed., A History of Corporate Governance around the World. Chicago: University of Chicago.

Höpner, Martin. 2005. What Connects Industrial Relations and Corporate Governance? Explaining Institutional Complementarity. Socio-Economic Review, 3.

Immergut, Ellen M. and Sven Jochem. 2006. The Political Frame for Negotiated Capitalism: Electoral Reform and the Politics of Crisis in Japan and Sweden. Governance, 19 (1).

Johansson, Anders L. 1989. Tillväxt och klassamrbete-- en studie av den svenska modellens uppkomst. Stockholm: Tiden.

Johansson, Anders L. and Lars Magnusson. 1998. LO andra halvseklet. Stockholm: Atlas.

Jonung, Lars. 1994. "The Rise and Fall of Credit Controls: The Case of Sweden, 1939-89." in MD Bordo and F. Capie (eds.) Monetary Regimes in Transition. Cambridge: Cambridge University Press.

Kangas, O. and J. Palme, eds. 2005. Social Policy and Economic Development in the Nordic Countries. London: Palgrave.

Kjellberg, Anders. 1998. "Sweden: Restoring the Model?" in Anthony Ferner and Richard Hyman (eds) Changing Industrial Relations in Europe. Oxford: Blackwell.

Korpi, Walter. 1981. Unofficial Strikes in Sweden. British Journal of Industrial Relations, XIX (1).

Krasner, Stephen D. 1983. "Structural Causes and Regime Consequences: Regimes as Intervening Variables." in Krasner (ed.) International Regimes. Ithaca, NY: Cornell University Press.

Larsson, Mats and Håkan Lindgren. 1992. "The Political Economy of Banking: Retail Banking and Corporate Finance in Sweden, 1850-1939." in Y. Cassis (ed.) Finance and Financiers in European History, 1880-1960. Cambridge: Cambridge University Press.

Lewin, Leif. 1992. Samhället och de organiserade intressena. Stockholm: Norstedts.

______. 1998. Majoritarian and Consensus Democracy: The Swedish Experience. Scandinavian Political Studies, 21 (3).

Lijphart, Arend. 1999. Patterns of Democracy. New Haven: Yale University Press.

LO. 1953. Trade Unions and Full Employment. Stockholm: Arbetarnes Trickeri.

Lockhart, Charles. 2003. American and Swedish Tax Regimes: Cultural and Structural Roots. Comparative Politics, 35 (4).

Lundberg, Urban. 2003. Juvelen i Kronan. Stockholm: Hjalmarson & Högberg Bokförlag.

Mares, Isabela. 2006. Taxation, Wage Bargaining and Unemployment. New York: Cambridge University Press.

Meltzer, Allan H. and Scott F. Richard. 1981. A Rational Theory of the Size of Government. Journal of Political Economy, 89 (5).

______. 1983. Tests of a Rational Theory of the Size of Government. Public Choice, 41.

Nielsen, Søren B. and Peter B. Sørensen. 1997. On the optimality of the Nordic system of dual income taxation. Journal of Public Economics, 63.

Norrmann, Erik and Charles E. McLure Jr. 1997. "Tax Policy in Sweden."

in R. B. Freeman et al. eds., The Welfare State in Transition. Chicago: University of Chicago Press.

OECD. OECD.Stat.

Olsson, Gunnar. 1997. "Introduction to Taxes and Tax Administration in Sweden." in Mihály Högye (ed.) Local and Regional Tax Administration in Transition Countries. LGI Books: Budapest.

Olsson, Sven E. 1986. "Sweden." in P. Flora (ed.) 1986 Growth to Limits. Volume 1. New York: Walter de Gruyter.

Olsson, Sven E. 1990. Social Policy and Welfare State in Sweden. Lund: Arkiv.

Pedersson, Svante. 1991. LO-Facken och socialdeokratin. Ska samverkan fördjupas eller avvecklas. Jönköping: Småland.

Pierson, Paul. 1993. When Effect Becomes Cause. Policy Feedback and Political Change. World Politics, 45 (July).

Pontusson, Jonas. 1992. The Limits of Social Democracy. Ithaca: Cornell University Press.

Regeringskansliet. 1998. "1990-—91 års skatte reform-en värderin." www.regeringen.se/content/1/c4/36/28/1a937a7f.pdf

Rehn, Gösta. 1988. Full sysselsättning utan inflation. Stockholm: Tiden.

Reiter, Joakim. 2003. Changing the Microfoundations of Corportism: The Impact of Financial Globalization on Swedish Corporate Ownership. New Political Economy, 8.

Reynolds, Alan. 2012. http://www.econlib.org/library/Enc/MarginalTaxRates.html

Roe, Mark. 2002. Political Determinants of Corporate Governance: Political Context, Corporate Impact. Oxford: Oxford University Press.

Roemer, John E. 2001. Political Competition: Theory and Applications. Cambridge, MA: Harvard University Press.

Rose, Richard and Guy Peters. 1982. Can Governments Go Bankrupt? New York: Basic Books.

Ruin, Olof. 1996. "Sweden: From Stability to Instability." Blondel and Cotta (eds.)

Rynen, J. Magnus. 2002. Capitalist Restructuring, Globalisation and the Third Way. Lessons from the Swedish Model. London: Routledge.

Salsbäck, Johan. 1993. "The Tax Reform Process in Sweden." Nordic Council for Tax Research, ed., Tax Reform in the Nordic Countries: 1973-1993. Uppsala: Instus

SAP(Sveriges Socialdemokratiska Arbetarepartiet). 1891. Protokoll.

Schattschneider, E. E. 1935. Politics, Pressure, and the Tariff. New York: Prentice Hall.

Schiller, Bernt. 1988. Samarbete eller konflikt. Stockholm: Arbetsmiljöfonden.

Skocpol, Theda. 1992. Protecting Soldiers and Mothers: The Political Origins of Social Policy in the United States. Cambridge: Belknap Pres of Harvard University Press.

Smångs, Mattias. 2008. Business Groups in 20th-Century Swedish Political Economy. A Sociologycial Perspective. American Journal of Economics and Sociology, 67 (5).

Social-Demokraten.

Skatteverket. 2013. Skatter i Sverige. Skattestatistisk årsbok 2011.

Steinmo, Sven. 1993. Taxation and Democracy. Swedish, British and American Approaches to Financing the Modern State. New Haven: Yale University Press.

Steinmo, Sven. 2002. Globalization and Taxation. Challenges to the Swedish Welfare State. Comparative Political Studies, 35 (7).

Steinmo, Sven and Caroline J. Tolbert. 1998. Do Institutions Really Matter? Taxation in Industrialized Democracies. Comparative Political Studies, 31 (2).

Stråth, Bo. 1998. Mellan två fonder. Stockholm: Författaren.

Strøm, Kaare. et al. 2003. "Dimensions of Citizen Control." in Strøm et al. (eds.) Delegation and Accountability in Parliamentary Democracies. Oxford: Oxford Univeristy Press.

Strøm, Kaare. and Torbjörn Bergman. 2011. "Parliamentary Democracies under Siege?" in Bergman and Strøm (eds)

Svallfors, Stefan. 1989. Vem älskar välfärdsstaten? Lund: Arkiv.

Svensson, Torsten. 2001. Marknadsanpassningens politik. Den svenska modellens förändring 1980-2000. Uppsala: Statvetenskapliga föreningen.

Swank, Duane, 1998 Funding the Welfare State: Globalization and the Taxation of Business in Advanced Market Economies. Political Studies, 46 (4).

Swank, Duane and Sven Steinmo. 2002. The New Political Economy of Taxation in Advanced Capitalist Democracies. American Journal of Political Science, 46 (3).

Swenson, Peter A. 1989. Fair Shares. London: Adamantine Press.

Söderpalm, Sven Anders. 1980. Arbetsgivarna och Saltsjöbadspolitiken. Stockholm: SAF.

Södersten, Jan. 1993. "Sweden." in Dale Jorgenson and Ralph Landau (eds.) Tax Reform and the Cost of Capital. An International Comparison. Washington, D.C.: The Brookings Institution.

Sørensen, Peter Birch. 2009. "Dual Income Taxes: A Nordic Tax System." Paper presented at the Conference on New Zealand Tax Reform-Where to Next? at the Victoria University of Wellington 11-13 Februrar.

Tilton, Tim. 1990. The Political Theory of Swedish Social Democracy. Oxford: Clarendon Press.

Tingsten, Herbert. 1941. Den svenska socialdemokratiens utveckling II. Stockholm: Tiden.

Unga, Nils. 1976. Socialdemokratin och arbetsöshetsfrågan. Stockholm: Arkiv.

Wigforss, Ernst. 1954. Minnen III 1932-1949. Stockholm: Tiden.

Åmark, Klas. 1988. "Sammanhållning och intressepolitik." in Klaus Misgeld et al. (eds.) Socialdemokratins samhälle. Stockholm: Tiden.

Öhman, Bernt. 1970. Svensk arbetsmarknadspolitik 1900-1949. Stockholm: Prisma.

www.skatteverket.se.

제3장

독일 복지국가의 조세정책과 조세 개혁

제3장 독일 복지국가의 조세정책과 조세 개혁*

김상철(한세대학교)

I. 서 론

한때 독일은 '유럽의 환자'라는 불명예스러운 이름으로 조롱을 당하는 위치에 있었으나, 최근 통독의 후유증을 극복하고 글로벌 경제위기의 승자로 새로운 조명을 받고 있다. 이러한 독일 경제의 부상은 독일 정부가 고용의 경직성 완화와 경기침체를 극복하기 위한 실업급여 축소 등의 하르츠 개혁을 비롯한 일련의 개혁을 슈뢰더 정부 이후 지속적으로 추진한 결과로 평가되고 있다.[1)]

독일은 최근의 하르츠 개혁, 연금 개혁 등의 개혁과 함께 사회보험에 기초해 계층화를 온존하는 전통적인 비스마르크 모델과 결별하고

---

* 본 논문은 2012년 10월 12일 "2012년도 사회정책연합 공동학술대회"에서 발표한 "독일 복지국가의 조세 정치와 조세개혁"을 기반으로 『정책연구』 2013년 봄 호에 게재된 "독일 복지국가의 조세정책과 조세개혁"을 수정한 것이다.

1) 한편으로 하르츠 개혁은 복지 혜택을 축소하고 대량의 저임금부분 노동자를 양산함으로써 저소득계층의 삶의 질 저하를 초래하였고, 나아가 독일의 사회국가의 원칙을 전면적으로 수정한 전후 최악의 사회개혁이라는 평가도 받고 있다.

있다는 주장이 제기되기도 한다(Schmidt, 2012). 독일의 복지 체계는 노동시장의 지위가 사회보장에 직접적으로 투영되고, 전통적인 부양자 모델에 기초해 형성되었다는 특징을 가진다. 한편으로 독일의 복지국가는 중간 정도의 사회보장, 낮은 재분배, 평균 이하의 고용률 등으로 묘사되고 있다.

이러한 독일 복지국가의 형성과 발전 과정에서 조세 체계는 커다란 역할을 하였다. 일반적으로 독일의 가장 큰 특징은, 독일의 조세부담률이 일본과 미국, 캐나다를 포함한 서유럽의 중간에 못 미치고, 사회보험기여금은 가장 높은 수준의 나라에 속한다는 것이다. 독일은 조세부담률과 사회보험기여금을 합한 국민부담률이 OECD 평균을 약간 상회하는 나라이지만 독일의 복지지출은 OECD 국가의 평균을 훨씬 상회하고 스웨덴에 약간 못 미치는 수준이다. 따라서 독일은 중간 정도의 부담으로 중상위 이상의 복지 혜택을 누리는 국가로 볼 수 있다.

제3장의 목적은 독일 복지국가 조세 체계의 근원을 규명하고 최근 변화의 양상을 추적하는 것이다. 이를 위해 우선, 중간 규모의 국민부담률을 유지하면서 관대한 복지를 제공하는 독일 복지국가의 재정구조와 조세 체계의 특징이 어떠한가를 살펴볼 것이다. 둘째로, 독일의 비스마르크식 보수주의적 조세 체계의 구조가 형성된 역사적 배경을 고찰한다. 마지막으로 독일의 조세 체계의 변화 양상과 이에 영향을 미친 요인은 어떤 것이지를 살펴보려한다.

II. 이론적 배경

Esping-Andersen은 복지자본주의를 사민주의 복지국가, 자유주의 복지국가 및 보수주의 복지국가로 분류하였고, 독일을 프랑스, 오스트리아 등 유럽 대륙 국가와 함께 보수주의-조합주의 복지국가 유형으로 분류하였다(Esping-Andersen, 1990). 보수주의적 복지국가는 조합주의적 조직화와 국가주의가 유별나게 두드러진 체제이고, 사회보험을 중심으로 직업별·계층별로 다른 종류의 복지급여를 제공하기 때문에 사회적 지위에 있어서 차이가 그대로 유지되는 행태를 보인다.

Wagschal(2001)은 OECD 21개국의 조세 체계를 분석하여 4개의 조세국가 타입을 제시하였다. 그는 이를 위해 개별 국가의 조세 체계 가운데 조세 구조, 조세부담 및 특정한 조세 시스템의 특성 등의 3가지 차원을 비교하였다. Wagschal은 Esping-Andersen과 유사한 결론을 도출하였는데, 서로 차별되는 4가지의 조세 레짐(Besteurungswelten, tax regimes)을 제시하였다.[2] 자유-보수 조세 레짐(A Liberal-Conservative tax regime)은 스위스, 미국, 일본, 영국, 오스트레일리아, 뉴질랜드 등이 해당하고, 사회민주주의-스칸디나비아 조세 레짐(A Social Democratic-Scandinavian tax regime)에는 핀란드, 스웨덴, 덴마크 등이 포함되었다. 기독교 민주주의-유럽 대륙 조세 레짐(A Christian Democratic-Continental European tax regime)에는 벨기에, 독일, 네덜란드, 오스트리아, 프랑스가 포함되었고, 주변부-잔여 조세 레짐(A Peripheral-Residual tax regime)에는 이탈리아, 스페인, 그리스, 포르투갈, 아일랜드, 노르웨이가 포

2) Christian Lammert(2004)도 Wagschal과 유사한 결론을 도출하였으나, 네 번째 범주인 주변부-잔여적 군집은 제외하였다.

함되었다. Wagschal(2001, 2005)은 과세 수준과 과세 원칙에 따라 조세 레짐을 〈표 3-1〉과 같이 정식화하였다.

이 분류에 따르면 첫째, 사회민주주의와 자유－보수 조세 레짐에서는 응능과세원칙이 강하게 작용하고, 이에 반해 기독교 민주주의와 주변부－잔여 조세 레짐에서는 응익과세원칙이 관철되고 있다. 둘째, 사회민주주의와 기독교 민주주의 조세 레짐에서는 국민부담률이 높고, 자유－보수와 주변－잔여 조세 레짐에서는 국민부담이 낮은 특성을 가진다.

한편, 개별 조세 레짐은 다음과 같은 특징을 가진다(Wagschal, 2001, 2005; Schmidt, 2011). 첫째, 자유－보수 조세 레짐에서는 개인, 기업 및 재산에 대한 직접세의 비중이 높게 나타난다. 이에 비해 사회보험료와 소비세는 상대적으로 낮다. 둘째, 기독교 민주주의 조세 레짐에서는 다양한 조세 형태를 통한 광범위한 조세 개념이 존재한다. 직접세는 평균 이하의 비율을 차지하고, 사회보험이 국민부담에서 높은 비율을 차지한다. 하지만 직접 소득세와 사회보험의 합은 노동 요소에 많은 부담을 지운다. 셋째, 사회민주주의 조세 레짐에서는 높은 소득세와 평균 이상의 소비세를 통하여 국민부담이 가장 크게 나타난다. 이에 비해 사회보험료의 비중은 낮다. 넷째, 주변－잔여 조세 레

〈표 3-1〉 조세 레짐의 구조

		과세 수준	
		고	저
과세 원칙	응능원칙 ability-to-pay principle	사회민주주의－스칸디나비아 조세 레짐	자유－보수 조세 레짐
	응익원칙 benefit principle	기독교 민주주의 조세 레짐	주변-잔여 조세 레짐

자료: Uwe Wagschal(2001, 2005).

짐에서는 기독교 민주주의 조세 레짐과 유사한 특징이 나타나고 이에 수렴하는 것으로 파악되었다.

III. 독일 복지국가 조세 체계의 특징

1. 독일 복지국가의 지출 구조

독일 복지국가의 조세 체계의 특징을 파악하기 위해서 먼저 재정 지출 부분을 살펴보고자 한다. 독일 일반 정부의 총지출이 GDP에서 차지하는 비율은 2013년 현재 45.3%로 OECD 평균인 41.7%를 상회하고 있지만, 유로지역의 48.5%에는 미치지 못하고 있다. 스칸디

〈표 3-2〉 주요국의 일반 정부 총지출의 변화(1994~2013) (단위: GDP 대비 %)

	1994	1995	1996	1997	1998	1999	2000	2001	2002	2003	2004	2005	2006	2007	2008	2009	2010	2011	2012	2013
프랑스	54.1	54.4	54.5	54.2	52.7	52.6	51.6	51.6	52.8	53.4	53.3	53.6	52.9	52.6	53.3	56.9	56.8	56.1	56.1	54.9
독일	48.0	54.8	49.0	48.2	48.0	48.3	45.1	47.5	47.9	48.4	47.2	47.0	45.3	43.5	44.1	48.1	48.0	45.7	45.7	45.3
일본	34.6	35.6	36.2	35.2	42.0	38.0	38.5	38.0	38.2	37.8	36.6	36.4	36.0	35.8	37.0	41.9	40.8	42.8	43.3	42.7
한국	20.6	20.4	21.2	21.8	24.1	23.2	22.4	23.9	23.6	28.9	26.1	26.6	27.7	28.7	30.4	33.1	30.1	30.1	30.0	29.7
스웨덴	68.3	64.9	62.9	60.7	58.8	58.1	55.1	54.5	55.6	55.7	54.2	53.9	52.7	51.0	51.7	54.9	52.5	51.3	52.2	51.3
영국	44.6	44.1	42.2	40.6	39.5	38.8	36.5	39.8	40.9	42.3	43.1	44.0	44.2	43.9	47.9	51.1	50.4	49.1	48.7	47.4
미국	37.1	37.1	36.6	35.4	34.6	34.2	33.9	35.0	35.9	36.3	36.0	36.3	36.1	36.9	39.1	42.7	42.5	41.7	40.5	39.8
유로 지역	50.9	53.0	50.5	49.2	48.5	48.1	46.2	47.2	47.5	48.0	47.5	47.4	46.7	46.0	47.2	51.3	51.1	49.4	49.2	48.5
OECD 전체	41.9	42.7	41.6	40.3	40.7	39.7	38.8	39.8	40.3	40.0	39.3	39.4	39.1	39.2	41.0	44.5	44.0	43.2	42.5	41.7

주: 데이터는 일반 정부 부문 기준으로 중앙정부, 주/지방정부 및 사회보장기금 등을 포함하며, 동 데이터는 공기업의 순 운영 수입 포함
자료: OECD Economic Outlook 91database, 조세연구원(http://www.kipf.re.kr/TaxFiscalPubInfo/TaxFiscalStat-View/OECD의 주요 재정 통계/10046).

나비아국가인 덴마크(57.6%)와 스웨덴(51.3%)은 물론 벨기에(53.3%), 프랑스(54.9%), 영국(47.4%)보다 정부의 규모가 작은 것이다.

1960~2012년 사이의 독일의 정부지출 규모를 보면, 1960년 32.9%에서 1970년 38.5%로 증가하였다가, 1975년 이후에는 1995년의 54.9%를 제외하고는 45% 전후를 기록하고 있다. 독일의 정부지출 규모의 변화를 연방정부, 주정부, 기초지자체등의 지역적 공동체와 법적 사회보험으로 나누어 살펴보면, 사회보험의 비중이 정부지출에서 차지하는 비중이 1960년에서 1970년까지는 30% 초반이었으나, 1992년에는 41%로 증가하였고, 2000년에는 47%까지 증가하였다.[3] 2000년 이후에는 사회보험이 정부지출에서 차지하는 비중이 점차 줄어들어 2012년에는 43%까지 감소하였으나, 독일의 정부지출은 지역

---

3) 독일에는 다양한 임무를 수행하는 다양한 사업 주체(Träger)가 있다. 독일에서 재정정책과 사회정책을 담당하는 공적인 사업 주체는 지역적 공동체(Gebietskörperschaften)와 법적 사회보험(gesetzliche Sozialversicherungen)으로 구분할 수 있다. 지역적 공동체는 연방정부, 주정부, 기초지자체 및 각 단체에 속하는 재단, 지방자치단체가 특정한 목적을 수행하기 위한 목적 단체(Zweckverband)와 공기업을 포함하는데, 그 사이에는 위계질서적 관계가 존재하지만, 동시에 상호 간에 특정한 비종속 관계가 존재하기도 한다. 연방국가인 독일은 연방뿐만 아니라 주정부에도 자치고권과 법률제정권한(hoheitliche und gesetzgeberische Kompetenzen)을 부여하였다. 그리고 지자체는 지자체의 자체행정권을 갖는다. 법적 사회보험은 실업보험을 담당하는 연방고용공단(Arbeitsagentur), 건강보험금고, 산재보험금고, 장기요양보험금고(건강보험금고에 위탁), 연금보험공단 등으로 구성된다.

재정정책의 많은 분야는 다양한 사업 주체에 의해 동시에 수행되기도 한다. 예를 들면 Hartz-IV 법의 주된 사업 주체는 연방고용공단이지만, 많은 지자체도 Hartz-IV 법의 범위 안에서 사업을 분담하고 있다(Leibiger, 2010).

독일에서 재정정책과 사회정책의 사업주체의 구조는 역사적으로 형성된 것으로 다른 나라와는 차별성을 가진다. 특히 법적인 사회보장 부문(soziale Sicherung)은 사회적 준정부(Sozialfisci)로서, 독립적인 공법상의 법인으로서 공적 사회보험의 주체인데, 그 구성원의 보험료(Abgabe)로 재정을 조달하지만, 또한 지역적공동체의 틀 내에서 조세에 의한 보조에 의해 운영되기도 한다. 공적인 사회보험에는 자치행정(Selbstverwaltung)의 원칙이 적용되지만, 완전한 독립을 의미하는 것은 아니다. 사회보험에 관련된 기본 토대는 연방정부에 의해 결정된다.

〈표 3-3〉 독일의 정부지출 변화(1960~2013) (단위: GDP 대비 %)

	정부지출(A)	지역적 공동체(B)	사회보험(C)	C/A
1960	32.9	21.7	11.2	0.34
1965	37.1	25.4	11.6	0.31
1970	38.5	26.1	12.4	0.32
1975	48.8	31.2	17.7	0.36
1980	46.9	29.6	17.3	0.37
1985	45.2	27.8	17.4	0.38
1990	43.6	27.3	16.4	0.38
1995	54.6	34.6	20.0	0.37
1995	48.1	28.1	20.0	0.42
2000	44.7	24.1	20.6	0.46
2005	46.1	25.9	20.2	0.44
2006	44.6	25.3	19.3	0.43
2007	42.7	24.3	18.4	0.43
2008	43.5	25.0	18.4	0.42
2009	47.4	27.1	20.4	0.43
2010	47.2	27.5	19.7	0.42
2011	44.6	25.8	18.8	0.42
2012	44.2	25.4	18.8	0.43
2013	44.3	25.4	19.0	0.43

주: 1995년은 구동독으로부터의 부채를 포함하지 않은 수치임.
자료: Bundesministerium der Finanzen(BMF)(2014): Monatsbericht des BMF Oktober(2014).

적 공동체보다 사회보험 부문의 증가에 의해 이루어진 비중이 더 높음을 볼 수 있다.

한편으로 1950년대 초에 연방, 주정부, 지자체의 비율은 50:30:20이었는데, 최근에는 40:37:23 정도이다. 여기에 공적 사회보험의 지출이 GDP에서 차지하는 비율은 2013년의 경우 19.0%로서 연방정부의 비율보다 높게 나타난다. 따라서 1949년 이후의 독일에서 정부부분의 성장은 대부분 연방에 책임이 있는 것이 아니라 사회보험과 주정부에 기인하는 것이다.

독일은 1950년대 괄목할 만한 경제성장을 이룩하였고, 이를 바탕으로 재정지출에서도 건전재정을 확립할 수 있었다. 하지만 1970년대 이후 독일은 정부지출 및 사회 이전 지출의 확대로 재정수지가 큰 폭의 적자를 기록하였고, 국가채무는 증가하기 시작했다. 독일에서 국가채무가 급속하게 증가한 시기는 경제 위기에 의한 1973/74년, 통일로 인한 1990년, 경제 위기인 2007년이다(Wagschal, 2007; Beck & Prinz, 2012). 정부부채가 GDP에서 차지하는 비율은 1970년(18.6%) 20% 이하였으나, 1980년에는 31.7%로 증가하였고, 통일되기 전해인 1989년에는 41.8%로 증가하였으며, 2010년에는 82.5%에 도달하였다. 정부부채의 대부분은 연방정부(61.6%)가 부담하고 있고, 주정부는 31.0%를 부담하고, 지방정부도 7.4%를 담당하고 있다(Schmidt, 2011). 적자의 규모가 연방정부에서 가장 크게 나타나는 것은 거시적 경기순환에 대한 대응을 주로 연방재정이 담당하고 있는 것에 기인한다(이명현, 2011: 35). 경기순환에 민감한 노동시장 관련 대책과 사회보장기금의 적자가 발생하는 경우 적자 보전을 해주는 부분에 주정부는 경미한 반면 연방정부는 지출의 50% 정도를 담당하고 있다.

Wagschal & Wenzelburger(2008: 161)의 연구에 따르면 독일은 1980~2005년 사이의 국제비교를 통한 연구에서 스위스와 함께 재정안정화정책이 발견되지 않은 나라로 나타났다. 2005년의 연방하원의원 선거를 계기로 재정정책적인 테마가 정치의 중요한 의제로 논의되었다. 2005년의 실질 GDP 성장률은 0.9%에 머물렀고, 실업률은 역사상 최고인 10.6%에 도달했다(OECD, 2009). 국민부담률은 34.76%로 1975년 이후 가장 낮은 수치를 기록했다. 그럼에도 경제발전전문위원회(SVR, 2005: 392)는 독일의 조세부담률과 사회보험료율로 인하여 독일의 생산 입지(Standort)의 매력이 위협을 받는다는 의견을 제출하였다. 또한 채무 상태도 1억 5,920억 유로에 달하였는데, 이는 GDP의 67.8%에 해당하는 수치였다.

공공재정의 안정화는 2011년에 뚜렷한 성과를 나타내었고, 2012년에 계속될 전망이다. 적자 비율은 1.1%에서 0.7%로 감소하였다. 개별 조세의 수입은 재통일 이후 가장 높은 증가를 나타내었다. 2011년의 재정 부채 비율은 경기의 호전으로 감소하였으나 여전히 80%를 상회하고 있다. 최근의 국가채무 증가는 복지의 확대 및 개혁에 기인한 측면이 많다. Wagschal 등에 의하면 1990~2005년 사이 OECD 국가의 국가 비교에서 정부지출과 국가채무비율의 상관관계는 그다지 높지 않았음에 비해, 사회복지지출과 국가채무비율의 상관관계가 높게 나타났다(Wagschal et al., 2009: 205). 독일의 경우 1990년대 까지는 사회보험료율의 인상을 통해 증가하는 복지의 재원을 마련하였으나, 이것도 한계에 이른 상황이고, 독일 정부는 감세의 기조를 이어가고 있기 때문에 조세의 증세 여력도 없는 상황이다. 이를 정부부

〈표 3-4〉 주요국 정부부채비율의 변화 (단위: GDP 대비 %)

	1980	1985	1990	1995	2000	2005	2009	2010	2011	2012	2013	2014
독일	30.3	39.5	41.3	55.6	60.2	68.5	74.5	82.5	80.5	81.7	80.8	78.4
그리스	22.5	48.3	71.7	97.9	104.4	101.2	129.7	148.3	170.6	176.7	188.4	188.9
프랑스	20.7	30.6	35.2	55.4	57.4	66.7	79.2	82.3	86.0	90.0	92.7	93.8
스웨덴	39.4	61.0	41.2	72.8	53.9	50.4	42.6	39.5	38.4	37.4	36.2	34.1
영국	52.3	51.4	33.0	51.0	41.1	42.2	67.8	79.4	85.0	88.7	93.1	95.1
EU	-	-	-	-	61.9	62.9	74.6	80.2	83.0	86.8	88.5	88.6
일본	50.7	66.7	67.0	91.2	140.1	186.5	210.2	215.3	233.2	240.6	249.5	250.8
미국	42.6	56.2	64.4	71.6	55.1	68.2	90.1	99.2	103.5	109.6	112.3	113.3

자료: EU-Kommission(2012), Bundesministerium der Finanzen(BMF)(2013): Monatsbericht des BMF Januar(2013) 재구성.

채를 통해 해결하고 있는 것이다. 독일의 국가부채 80%는 국제비교를 통해 보면 정부부채규모와 순이자부담비율은 OECD 국가의 중간 정도이다. 독일은 국가채무를 기준으로 보면 중병에 걸린 정도는 아니지만 그렇게 건강하지도 않은 것이다.

OECD SOCX 데이터를 이용하여 1980년에서 2012년 사이의 사회복지지출이 GDP에서 차지하는 비율을 비교하면, 독일의 사회복지지출은 OECD 평균을 훨씬 능가하는 수준으로 미국과 영국에 비해서 높고, 스웨덴에 약간 못 미치는 수준이다. 한편 사회복지지출의 총계가 아닌 순계를 이용할 경우 독일의 순위는 대폭 상승하였다. 2007년의 경우 총계 기준으로는 OECD 국가 가운데 7위를 차지하였는데, 순계 개념으로 전환할 경우 독일은 프랑스와 벨기에 다음으로 3위에 랭크되었다. 스웨덴과 덴마크는 새로운 기준에서는 각각 2위와 3위에서 4위와 9위로 하락하였다(Adema, Fron & Ladaique, 2011: 33).

독일 사회보장예산의 제도별 구성을 통해서 독일 복지제도의 특성을 볼 수 있다. 독일 정부의 기준에 따른 독일의 사회보장예산이 GDP

〈표 3-5〉 **주요국의 사회복지지출의 변화** (단위: GDP 대비 %)

	1980	1990	2000	2005	2009	2010	2011	2012
프랑스	20.8	25.1	28.6	30.1	32.1	32.2	32.1	32.1
독일	**22.1**	**21.7**	**26.6**	**27.3**	**27.8**	**27.1**	**26.2**	**26.3**
스웨덴	27.1	30.2	28.4	29.1	29.8	28.3	27.6	28.2
영국	16.5	16.7	18.6	20.5	24.1	23.7	23.9	23.9
미국	13.2	13.6	14.5	16.0	19.2	19.9	19.7	19.4
한국	-	2.8	4.8	6.5	9.6	9.2	9.2	9.3
OECD평균	15.5	17.6	18.9	19.7	22.1	22.0	21.7	21.7

주: 2010-2012는 예상치임.

자료: OECD StatEstras (http://stats.oecd.org/Index.aspx?datasetcode=SOCX_AGG, 2013년 3월 13일 접속).

에서 차지하는 비율은 1960년 18.3%에서 계속 증가하여 1975년에는 26.3%에 도달하였다가 1980년대에는 감소세로 돌아서 1990년에는 24.1%까지 하락하였다. 그러나 통일을 계기로 사회복지지출이 급증하게 되었고, 이후 다시 증가하여 2009년에는 31.5%까지 증가하였고, 2010년과 2011년에는 약 30%를 유지하고 있다. 사회보장예산에는 직접적 사회보장급여 외에 소득공제와 같은 조세지출방식의 복지급여도 포함되는데, 조세지출방식의 복지급여는 1970년 GDP의 3.1%를 기점으로 하락하여 최근에는 1.5% 이하에 머물고 있다(BMAS, 2012). 스웨덴, 노르웨이 등의 스칸디나비아 국가에서는 인적소득공제 항목이 존재하지 않는 반면에, 자유주의 유형에 속하는 국가들의 경우 소득세제 내 다양한 공제제도를 통해 자녀와 인원 등에 따라 납세액을 줄여주는 조세지출 방식의 복지급여를 폭넓게 제공하고 그 비중도 크다(권혁진 · 신우진, 2010: 329). 이에 비해 독일의 경우는 소득세 감면, 질병에 의해 발생한 비용, 주택비용 및 유지 보수, 자녀 교육과 훈련비 등에 조세지출 방식이 적용되지만 그 비중은 미국에 비해 낮은 수준이다.

한편 독일의 사회보장예산에서 연금, 건강보험, 실업보험, 장기요양보험, 상해보험 등의 사회보험급여가 차지하는 비율은 사회서비스나 공적부조 등을 압도하고 있다. 사회보험이 사회보장예산에서 차지하는 비율이 1991년에는 64.7%였는데, 1995년과 2000년에는 66.7%와 66.3%로 증가하였고, 그 후 조금씩 감소하여 2011년에는 62.2% 정도이다(BMAS, 2012). 이를 통해서 독일은 전형적인 사회보험 국가임을 확인할 수 있다. 사회보험 이외의 구직자 기초 보장과 사회부조를 포함하는 촉진과 공적부조제도, 농민을 위한 고령자보장 등의 특별제도, 공무원연금 등의 공공서비스, 고용주지원제도, 보상제도에는

〈표 3-6〉 독일의 제도별 사회보장예산(1991~2011, 정부의 보조 기여금 포함)

	GDP 대비 비율(%)							사회보장예산대비 비율(%)						
	1991	1995	2000	2005	2009	2010	2011	1991	1995	2000	2005	2009	2010	2011
사회보장예산	25.9	28.3	29.7	30.1	31.5	30.9	29.9	100	100	100	100	100	100	100
사회보험	16.5	18.6	19.4	19.2	19.6	19.0	18.3	64.7	66.7	66.3	64.2	62.8	62.2	62.2
연금보험	8.7	10.0	10.6	10.8	10.5	10.2	9.9	32.0	33.2	33.8	33.8	32.0	31.7	32.0
건강보험	6.0	6.6	6.5	6.4	7.1	7.0	6.9	22.3	22.0	20.5	20.0	21.6	21.7	22.2
요양보험	-	0.3	0.8	0.8	0.9	0.9	0.9	-	0.9	2.6	2.5	2.6	2.7	2.7
상해보험	0.5	0.6	0.5	0.5	0.5	0.5	0.5	1.8	1.8	1.7	1.6	1.5	1.5	1.5
실업보험	2.3	2.6	2.4	2.0	1.7	1.5	1.1	8.6	8.7	7.7	6.2	5.1	4.5	3.7
특별제도	0.2	0.3	0.3	0.3	1.0	1.0	1.0	0.9	0.8	0.9	1.0	3.1	3.1	3.2
공공서비스	2.3	2.3	2.5	2.5	2.4	2.4	2.4	8.6	7.8	8.0	7.8	7.4	7.4	7.6
고용주지원	2.8	2.7	2.6	2.5	2.7	2.7	2.6	10.4	8.9	8.3	8.0	8.1	8.2	8.4
보상제도	0.6	0.5	0.3	0.2	0.1	0.1	0.1	2.1	1.7	1.0	0.6	0.4	0.4	0.4
촉진과 공적부조	3.6	4.3	4.9	5.9	6.0	6.0	5.7	13.4	14.1	15.6	18.4	18.2	18.6	18.3
아동수당 및 가족부담조정	0.7	0.6	1.6	1.7	1.7	1.7	1.6	2.5	2.0	5.1	5.2	5.0	5.2	5.2
양육수당/부모수당	0.2	0.2	0.2	0.1	0.2	0.2	0.2	0.8	0.7	0.6	0.4	0.6	0.6	0.6
구직자 기초보장(실업급여 II)	-	-	-	2.0	1.9	1.9	1.6	-	-	-	6.2	5.9	5.8	5.2
실업부조 등	0.6	0.9	0.7	0.1	0.0	0.0	0.0	2.2	3.1	2.3	0.3	0.1	0.1	0.1
직업교육 촉진	0.1	0.1	0.0	0.1	0.1	0.1	0.1	0.3	0.2	0.1	0.2	0.3	0.3	0.3
사회부조	1.2	1.5	1.3	1.0	1.0	1.0	1.0	4.3	5.0	4.0	3.1	3.2	3.2	3.3
아동/청소년부조	0.7	0.8	0.8	0.9	1.0	1.0	1.1	2.6	2.7	2.7	2.7	3.0	3.2	3.4
주택수당	0.2	0.2	0.2	0.1	0.1	0.1	0.1	0.6	0.6	0.7	0.2	0.2	0.2	0.2
조세지출방식급여	1.8	2.0	1.9	1.6	1.4	1.3	1.2	-	-	-	-	-	-	-

주: 1) 특별제도(Sondersysteme)는 농민을 위한 고령자보장, 부양 • 원호제도, 민간연금, 민간건강보험, 민간요양보험이 해당.
2) 공공서비스(System des Öffentlichen Dienstes)는 공무원연금, 가족추가수당 및 원조로 구성.
3) 고용주지원제도는 질병시 급여 계속 지불, 기업 노후부양, 추가부양, 기타 고용주 급여로 구성.
4) 보상제도는 사회적보상, 부담 조정, 전쟁희생자 부양 등으로 구성.
5) 2010년은 잠정치, 2011년은 예상치.

자료: BMAS(Bundesministerium für Arbeit und Soziales)(2012), Sozialbudget(2011)(2012년 5월 기준).

사회보장예산의 35% 정도가 지출되고 있고, 이 가운데 고용주지원 제도등을 제외한 대부분은 공공에 의해 재원이 조달되고 있다.

2. 독일 복지국가의 조세 구조

독일은 조세 체계에서 다른 나라와 상당한 차이를 보이고 있다. 앞에서 본 바와 같이 Wagschal의 분류에 의하면 독일은 벨기에, 프랑스, 네덜란드, 오스트리아와 함께 "기독교 민주주의-대륙형 조세국가"에 속한다. 이들 국가들은 다양한 조세 종류에 기인한 넓은 조세 개념을 채용하고 있는데, 이는 상대적으로 안정된 조세수입을 가져오는 역할을 하기도 한다. 한편 직접세가 전체 조세수입에서 차지하는 비율은 평균 이하이며, 이에 비해 사회보험료는 높은 비율을 차지하고 있다. 또한 특이한 것은 사적인 소득 혹은 영업소득에 대한 한계세율부담(Grenzsteuerbelastung)과 근로소득세율(tariflichen Steuersätze)은 높은데 비하여, 평균 조세부담률에 대한 영향은 협소한 과세표준(Bemessungsgrundlage)에 의해 축소된다는 것이다(Wagschal, 2005: 113; Schmidt, 2011: 351).

독일의 조세 체계는 이러한 "기독교 민주주의-대륙형 조세국가"의 전형을 보여주고 있다. 2012년 독일의 조세부담률은 2012년 22.0%로서 OECD 평균인 24.6%에 미치지 못하는 수준이다. 1965년에는 23.1%로 OECD 평균인 20.9%를 상회하였고, 프랑스와 비슷한 수준으로 OECD 국가 가운데 중상위권에 속했으나, 2010년에는 그리스, 일본, 스페인, 미국을 제외하면 중간 이하에 위치함을 볼 수 있다. 특히 독일(-1.1%)은 미국(-2.9%), 아일랜드(-1.2%)와 함께 1965년보다 2010년에 조세부담률이 감소한 경우에 속한다.

〈표 3-7〉 주요국 조세부담률의 변화(1965~2010, 사회보험료 제외) (단위: %)

	1965	1975	1985	1990	1995	2000	2007	2009	2010	2010~1965 격차[1]
덴마크	28.8	38.2	44.8	45.6	47.7	47.6	47.9	46.7	46.6	17.8
독일	**23.1**	**22.6**	**22.9**	**21.8**	**22.7**	**22.8**	**22.9**	**22.9**	**22.0**	-1.1
프랑스	22.5	21.1	24.3	23.5	24.4	28.4	27.5	25.8	26.3	3.8
일본	13.9	14.5	18.7	21.0	17.6	17.3	18.1	15.9	16.3	2.4
한국	-	14.8	15.8	17.5	17.6	18.8	21.0	19.7	19.3	4.5
스웨덴	**29.2**	33.2	35.6	38.0	34.4	37.9	35.0	35.2	**34.1**	4.9
미국	21.4	20.3	19.1	20.5	20.9	22.6	21.4	17.7	18.5	-2.9
영국	25.7	28.8	30.4	29.5	28.0	30.2	29.2	27.4	28.2	2.5
OECD 평균	20.9	22.8	24.9	25.4	25.4	26.3	26.3	24.5	24.6	3.7

주1) 한국은 2010-1975년 격차.
주2) 1965~1990의 독일은 서독 자료.
자료: OECD Revenue Statistics, Paris(2012).

사회보험을 포함한 국민부담률을 보면 1965년에 독일은 31.6%로 OECD 평균인 25.5%를 훨씬 상회하여 프랑스(34.2%), 오스트리아(33.9%), 스웨덴(33.3%), 네덜란드(32.8%)에 이은 상위권에 속했으나, 2010년에는 36.1%로, OECD 국가의 평균인 33.8%를 약간 넘는 수준이다. 2010년과 1965년 사이의 격차를 보더라도, 독일은 35년간 국민부담률이 4.5% 증가하는 데 그쳐, 미국(0.1%), 아일랜드(2.7%) 다음으로 낮은 수치를 보여주고 있다.

1965년에서 2010년 사이의 기간에 독일의 조세부담률이 23.1%에서 22.0%로 감소했음에도 불구하고, 국민부담률이 증가한 것은 사회보험료의 증가와 1994년부터 도입된 장기요양보험 때문이다. 1965년에서 2010년 사이에 사회보험료의 수입이 GDP에서 차지하는 비율이 8.5%에서 14.1%로 증가하였다. 특히 1965년에서 1990년 사이에 조세부담률이 23.1%에서 21.8%로 1.3% 하락하였음에도

〈표 3-8〉 주요국 국민부담률의 변화(1965~2010) (단위: %)

	1965	1975	1985	1990	1995	2000	2007	2009	2010	2010~1965 격차[1]
덴마크	30.0	38.4	46.1	46.5	48.8	49.4	48.9	47.7	47.6	17.6
독일	**31.6**	**34.3**	**36.1**	**34.8**	**37.2**	**37.5**	**36.1**	**37.3**	**36.1**	**4.5**
프랑스	34.2	35.5	42.8	42.0	42.9	44.4	43.7	42.5	42.9	8.7
일본	17.8	20.4	26.7	28.6	26.4	26.6	28.5	27.0	27.6	9.8
한국	-	14.9	16.1	19.5	20.0	22.6	26.5	25.5	25.1	10.2
스웨덴	33.3	41.3	47.4	52.3	47.5	51.4	47.4	46.6	45.5	12.2
미국	24.7	25.6	25.6	27.4	27.8	29.5	27.9	24.2	24.8	0.1
영국	30.4	34.9	37.0	35.5	34.0	36.4	35.8	34.2	34.9	4.5
OECD 평균	25.5	29.3	32.5	33.8	34.5	35.2	35.1	33.7	33.8	8.3

주1) 한국은 2010-1975년 격차.
주2) 1965~1990의 독일은 서독 자료.
자료: OECD Revenue Statistics, Paris(2012).

불구하고, 동 기간에 국민부담률은 31.6%에서 34.8%로 증가하였고, 사회보험료의 GDP 대비 비율은 8.5%에서 13.0%로 급속하게 증가하였다. 이는 1970년대와 1980년대의 국민부담률의 증가가 사회보험료의 증가에 기인하고 있음을 보여준다.

독일의 사회보험 기여금의 GDP 대비 비율은 2009년의 경우 14.5%로 OECD평균인 9.2%를 훨씬 상회하고 있고, 한국(5.7%)이나 미국(6.5%)보다 월등하게 높다. 또한 주요 선진국 가운데 프랑스의 16.7% 다음으로 높고, 스칸디나비아 국가인 스웨덴의 11.4%보다 높은 수준이다.

독일의 사회보험 재정은 기본적으로 피용자와 고용주가 절반씩 부담하는 보험기여금에 의해 조달된다. 고용주가 전적으로 부담하는 산재보험을 제외한 독일의 사회보험 기여율은 95년의 39.21%에서 1998년 42.14%까지 증가하였고, 그 후 2006년까지는 40% 초반을

〈표 3-9〉 독일의 GDP 대비 사회보험 기여금의 국제비교 (단위: %)

연도	2000	2001	2002	2003	2004	2005	2006	2007	2008	2009	2010
독일	14.6	14.4	14.3	14.5	14.2	14.0	13.7	13.2	13.4	14.5	14.2
프랑스	16.0	16.0	16.1	16.4	16.2	16.3	16.4	16.2	16.2	16.7	16.6
한국	3.8	4.2	4.4	4.7	4.9	5.1	5.3	5.5	5.8	5.8	5.7
스웨덴	13.6	14.1	13.8	13.4	13.2	13.1	12.3	12.3	11.5	11.4	11.4
미국	6.9	6.9	6.8	6.8	6.7	6.6	6.6	6.5	6.5	6.6	6.5
OECD평균	8.9	9.0	9.0	9.0	8.9	8.9	8.8	8.8	9.0	9.2	-

자료: OECD(http://stats.oecd.org), 이명현(2011: 15)에서 재인용.

유지하다가, 2010년에는 38.65%까지 감소하였으나, 2011년 다시 상승하였고, 2012년에는 39.15%를 나타내고 있다. 사회보험 가운데 2012년 기준으로 연금보험의 기여율이 19.6%로 가장 높고 건강보험(14.6%), 실업보험(3.0%), 장기요양보험(1.95%)의 순이다. 한편 독일의 사회보험에서 피용자와 고용주의 기여금으로 재정이 충당되지 않는 부분을 국가가 지원하고 있다. 2010년의 경우 사회보험의 국가지원 의존도를 보면, 실업보험(33.27%), 연금보험(32.05%), 건강보험(9.59%), 산재보험(5.29%)의 순으로 나타나고 있다(이명현, 2011; Bundesministerium für Arbeit und Soziales, 2011).

독일의 조세 체계에서 조세 재원을 살펴보면 직접세와 간접세의 비율은 2012년을 기준으로 50:50으로 나타나고 있다(BMF, 2012b). 전체 조세수입에서 기업에 부과되는 법인세와 영업세가 차지하는 비율은 낮고, 소득세와 부가가치세가 중심을 이루고 있다. 2010년의 경우 총 조세수입에서 소득세가 차지하는 비율은 34.1%였고, 부가가치세의 비율은 33.9%였다(BMF, 2011). 법인세의 비율은 2.3%였고, 기업의 사업소득에 부과되는 영업세는 6.7%였다.[4] 법인세와 소득세

4) 독일에서는 법인 기업에 법인세와 비슷한 수준으로 영업세가 부과되며, 그 외에 법

〈표 3-10〉 독일의 사회보험 기여율 (단위: %)

연도	연금보험	건강보험	실업보험	장기요양보험	합계
95.1.1	18.60	13.11	6.50	1.00	39.21
96.1.1	19.20	13.40	6.50	1.70	40.80
96.12.1	19.20	13.65	6.50	1.70	41.05
97.1.1	20.30	13.38	6.50	1.70	41.88
98.1.1	20.30	13.64	6.50	1.70	42.14
99.1.1	20.30	13.60	6.50	1.70	42.10
00.1.1	19.30	13.57	6.50	1.70	41.07
01.1.1	19.10	13.54	6.50	1.70	40.84
02.1.1	19.10	14.00	6.50	1.70	41.30
03.1.1	19.50	14.31	6.50	1.70	42.01
04.1.1	19.50	14.22	6.50	1.70	41.92
05.1.1	19.50	14.19	6.50	1.70	41.89
06.1.1	19.50	13.28	6.50	1.70	40.98
07.1.1	19.90	13.92	4.20	1.70	39.72
08.1.1	19.90	13.88	3.30	1.70	38.78
09.1.1	19.90	14.60	2.80	1.95	39.25
09.7.1	19.90	14.00	2.80	1.95	38.65
10.1.1	19.90	14.00	2.80	1.95	38.65
11.1.1	19.90	14.60	3.00	1.95	39.45
12.1.1	19.60	14.60	3.00	1.95	39.15

자료: Bundesministerium für Gesundheit. Daten des Gesundheitswesens(2012).

및 연대세(Solidaritätszuschlag)[5)]를 포함한 소득에 부과되는 조세가 총 조세수입에서 차지하는 비율은 38.5%정도였다. 이는 2000년에 비해

인 형태가 아닌 개인 기업에도 영업세가 부과된다. 따라서 전체적으로 정부 부문에서 영업세는 법인세보다 세수 비중이 더 높게 나타난다.

5) 독일은 통일 이듬해인 1991년 개인소득세와 법인세의 7.5%를 1년 기한으로 추가 징수했다가 1992년 폐지했다. 하지만 이 세금을 1995년 다시 도입해 지금까지 시행하고 있다. 세율은 1998년부터 소득세나 법인세의 5.5%로 낮아졌다. 만약 소득세율이 25%라면 여기에 연대세율 5.5%를 추가 부담한다. 결국 최종 소득세율은 26.375(%)가 된다. 독일은 통일 이후 20년 동안 옛 동독지역에 1조 유로(1741조원) 이상의 예산을 지원했으며 이 중 1850억 유로는 통일연대세를 통해 거둬들인 것이다.

5% 정도, 1990년에 비해서는 8%가량 줄어든 수치이다. 2000년에 소득세가 차지하는 비율은 36.1%였고, 법인세는 5.1%였다. 10년 사이에 법인세의 비중이 절반 이상 감소한 것을 볼 수 있다. 이에 비해 부가가치세는 2000년의 30.0%보다 2010년에 4%가량 증가하였고, 1990년에 비해서는 7%가량 증가한 것이다. 영업세는 2000년 5.8%에서 2007년에는 7.5%로 증가하였다가 2010년에는 6.7%를 기록하였다. 이러한 변화를 통해 최근 독일 조세 체계의 흐름이 소득세와 법인세율은 인하되고 부가가치세율은 인상되고 있음을 확인할 수 있다.

독일의 소득세는 유럽의 다른 나라에 비해 복잡한 구조를 가지고 있다. 기본적으로 소득세의 과세는 과세표준이 되는 소득의 수준에 따라 다섯 가지의 구간으로 나누어지는데, 2013년의 경우 8,130유로의 기본공제구간(Grundfreibetrag)(1구간)이 설정되고, 8,130유로에서 13,469유로사이의 소득에 적용되는 경과구간(2구간), 13,470유로에서 52,881유로 사이의 소득에 적용되는 선형누진적구간(3구간), 52,882유로에서 250,731유로까지 적용되는 높은 비례세율구간(4구간), 그리고 마지막으로 250,731유로 이상의 소득에 적용되는 부자세구간(5구간)으로 구분된다.

1990년대 후반부터 지속적으로 인하되어 오던 법인세율은 2008년 1월 1일을 기해 법정비율이 25%에서 15%로 인하되었다. 이와 함께 영업세의 법정 기준율이 5%에서 3.5%로 낮추어졌고, 법정비율은 12.98%수준이다. 독일 기업들의 법인의 과세소득에 부과되는 총 조세부담은 법인세, 영업세, 그리고 법인세의 5.5%가 부과되는 연대세로 인한 종합적인 유효세율(평균세율)을 계산하면 과거의 38.65%에서 28.81% 수준으로 인하된 것이다.

현재 독일의 부가가치세는 1993년에 제정된 법에 기초하고 있다.

그 후 수차에 걸친 개정의 결과 오늘에 이르고 있다. 그 외에 1996년의 부가가치세 기본통칙이 독일의 부가가치세의 주요 연원이다. 독일의 부가가치세법은 1999년 4월 1일부터 시행에 들어간 1999/2000/2002년 조세부담경감법(Steuerentlastungsgesetz)에 의하여 상당한 변화가 있었다. 2004년에는 소폭의 부가가치세법의 개정이 있었고 2007년에는 부가가치세율이 19%로 상향 조정되었다.

〈표 3-11〉은 2011년의 기업에 부과하는 조세율, 소득세율, 부가가치세율의 국제비교를 나타내고 있다. 독일은 법인세율은 15%이지만 영업세 및 연대세를 합한 기업에 부과하는 조세율은 29.83%로 OECD 국가의 평균을 약간 상회하는 수준이다. 한편 소득세 최고세율은 47.48%로 OECD 평균 수준이고, 부가가치세율도 19%로 평균 수준을 나타내고 있다.

〈그림 3-1〉에서는 1958년 이후의 소득세와 부가가치세의 변화를

〈표 3-11〉 주요국의 법인세율, 기업에 부과하는 조세율, 소득세율, 부가가치세율 비교(2011)

(단위: %)

	법인세율	기업에 부과하는 조세율	소득세 최저세율	소득세 최고세율	부가가치 세율
벨기에	33	33.99	26.75	53.5	21
덴마크	25	25	36.54	51.5	25
독일	15	29.83	14	47.48 (연대세 2.48%포함)	19
프랑스	33.3	34.43	12.99	50.7	19.6
이탈리아	27.5	31.4	24.15	47.15	21
일본	30	39.55	15	50	5
스웨덴	26.3	26.3	51.6	56.6	25
미국	35	39.62	16.22	43.35	-
영국	26	26	20	50	20

자료: BMF(Bundesministerium der Finanzen). Die Wichtigsten Steuern im internationalen Vergleich (2011, 2012).

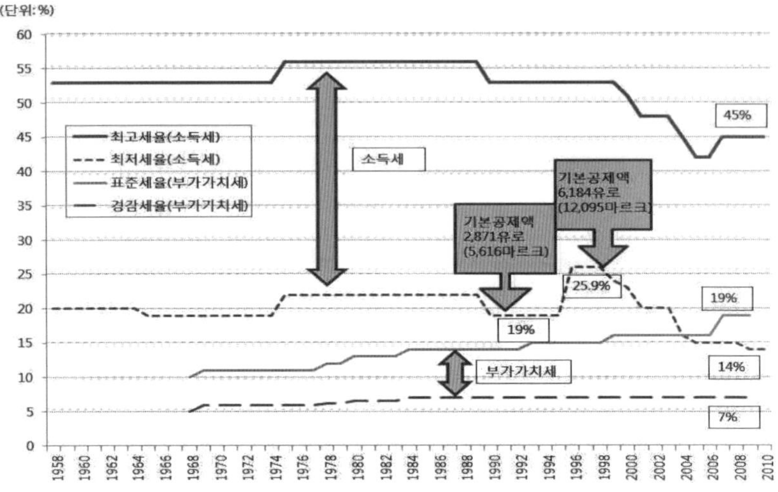

자료: Wikipedia.

〈그림 3-1〉 1958년 이후의 독일의 소득세와 부가가치세율 추세

보여주고 있다. 이를 통해서 독일에서 소득세의 최고 한계세율의 감소가 부가가치세의 인상을 통해 이루어지고 있음을 볼 수 있다.

3. 독일 복지국가의 조세 체계의 특징

이러한 독일의 조세 체계의 특징은 다른 국가들과 상당한 차이를 보이고 있다. 앞에서 살펴본 바와 같이 독일의 조세부담률은 1965년과 2012년이 거의 비슷한 수준이다. 이에 반해 사회보험료는 급격하게 증가하였고, 임금에서 차지하는 비율이 1950년대의 20%에서 1996년에 40%를 넘어섰고, 2012년에는 39.15%를 기록하였다. 2008년의 경우 직접세가 GDP에서 차지하는 비율이 약 11%임에 비해서, 간접세는 12% 정도로 직접세의 비중보다 높았고, 사회보험료는 16% 이상을 차지하였다(Peichl et al., 2012: 3).

이러한 맥락에서 독일은 "조세국가[6])이면서 사회보험국가"이다. 독일의 사회정책에서 보험을 통한 재정 조달이 지배적이다. 독일에서는 전적으로 혹은 일부 정부의 지원이 있더라도 사회보험기여금에 의해 재정이 충당될 경우 사회보험으로 인정된다. 따라서 독일의 복지국가를 "사회보험국가"로 일컬을 수 있는 것이다(Jochem, 1999: 6). 이러한 독일의 특징은 소위 '기독교-대륙국가적인 조세국가'로 자격을 부여하는 결정적 요소이다. '사회민주적인 스칸디나비아 조세국가'와 달리 사회보험을 통한 재정 조달의 비중이 높고, 고율의 소득세와 소비세는 억제되는 특징을 가지는 것이다.

독일의 조세 체계에서 사회보험의 중요성이 높아진 것은 연방정부가 자신이 해야 할 임무를 공적 예산이 아닌 사회보험의 기금으로 전가하면서 재정적 부담을 경감하려한 것에 그 원인이 있다. 이를 통해 독일의 조세 체계와 복지국가 재정의 연관을 해명할 수 있다. 우선 복지국가의 비용을 사회보험으로 충당함으로써 연방정부의 역할이 감소되었다. 한편으로 지속적으로 상승한 사회보험요율은 조세의 상승을 억제하는 역할도 하였다. 이 결과 독일의 조세 체계는 계속해서 조세로 재정이 조달되는 부분이 감소하고 역진성이 강화되는 결과를

---

6) 조세국가(Steuerstaat)란 국가 재정 수입의 대부분을 원칙적으로 조세수입에 의존하는 국가이다. 자본주의에서는 국가가 스스로 자본이나 재산을 소유하여 기업 수입이나 재산 수입을 얻는 것을 원칙적으로 거부하고, 사유화된 자산이나 재산의 과실 등에 대하여 공권력적 강제를 통하여 얻는 수입, 즉 '조세수입'에 의하여 경비를 마련한다. 조세국가라는 개념은 제1차 세계대전으로 발생한 전쟁 부채를 해결하기 위한 방법을 둘러싸고 Rudolf Goldscheid 와 Joseph Schumpeter 의 학문적인 논쟁으로 발생하였다. 이 논쟁에서 Goldscheid는 전쟁 부채를 해결하기 위해서 국가가 기업가가 되어야 한다는 국가자본주의를 주장한 반면, Schumpeter는 조세국가의 역사적 탄생조건, 의의 및 한계 등을 조명하였다(정규백, 2001: 홍성방, 2009).

초래하는 것이다.

독일의 조세 체계의 특징은 유럽의 다른 국가에 비해 많은 구간에 누진율이 차별적으로 적용되는 소득세의 소득재분배 효과가 높은 간접세비율과 사회보험요율에 의해 상실된다는 점이다. 이러한 독일의 조세 체계 및 이전지출 체계가 소득재분배에 미치는 영향을 살펴보면, 먼저 독일의 소득세는 중간 정도의 누진율로 비교적 높은 재분배 기능을 수행하고 있다. 2011년의 경우 상위 10%의 소득자가 납부한 소득세는 전체의 54.6%에 달하고 있다(BMF, 2012b). 한편으로 다섯 구간에 적용되는 누진 구조는 유럽에서도 특별한 형태를 가지고 있다. 이와 같이 독일의 소득재분배는 유럽 차원에서 양호한 것으로 나타난다. Oxford Handbook of Economic Inequality에 의하면 독일의 조세와 이전지출은 스칸디나비아 정도로 소득불평등을 감소시키는 것으로 나타나기도 하였다(Schmidt, 2012: 183). 하지만 이는 근본적으로 시장소득의 불균형이 상대적으로 큰 것에 기인하는 것으로 해석될 수 있다. 이에 비해 사회보험체계는 불평등구조를 악화시키는 작용을 하였고, 독일은 유럽에서 가장 역진적인 국가로 나타났다(Peichl u.a., 2012: 3). 왜냐하면 사회보험료에는 선형적 세율이 적용되고, 공제제도의 적용이 없고, 강제 가입에 소득 상한선이 존재하는 이유로 오직 근로자의 소득에서 징수되기 때문이다(Scharpf, 2004: 12).[7] 기본적으로 역진적인 소비세의 경우도 독일은 높은 부가가치세율로 역진

7) 예를 들어 독일의 공적 건강보험제도는 전 국민을 대상으로 하는 것이 아니라, 일정 소득 이하의 계층에게만 가입을 의무화하고 있다. 일정 수준 이상의 소득 계층은 민간 의료보험을 선택할 수 있도록 허용하고 있다. 2011년 독일에서 건강보험 미가입자는 전체 인구의 0.2%에 해당하는 137,000명 정도이다.
https://www.destatis.de/DE/PresseService/Presse/Pressemitteilungen/2012/08/PD12_285_122.html;jsessionid=ABD2F01F9C8973769A1A73A96D1E0C41.cae2

성이 강한 나라에 속한다. 반면에 독일의 이전지출 체계는 소득재분배의 개선에 기여하는 것으로 나타났다. 다차원의 누진 구조를 가진 소득세와 역진성이 강한 사회보험기여금이 독일 조세 체계의 중심을 이루는 구조에서 또 하나의 문제는 중간의 소득 계층이 평균 비율 이상으로 부담을 진다는 사실이다.

이를 종합하면 독일의 조세 체계는 그 진보성에 있어서 유럽의 중간에 위치한다고 할 수 있다. 결국 독일은 아직까지 비교적 관대한 복지국가의 형태를 유지함에도 불구하고 동시에 재분배효과가 크지 않은 나라의 하나가 된 것이다(Manow, 2004: 29).

독일 복지국가의 조세 체계에서 사회보험의 비중이 비대하기 때문에 생기는 또 다른 문제는 복지 개혁 혹은 확대에 많은 제약을 초래한다는 것이다(Schmidt, 2012). 우선, 교육과 같은 많은 시간과 비용을 필요로 하는 분야에 대한 지출을 억제하는 작용을 한다. 사회복지의 재원이 사회보험에 대부분 의존하고 있는 구조에서 사회보험의 인상이 요구되는 경우, 상원의 동의를 필요로 하지 않기 때문에, 그다지 어렵지 않게 보험료를 인상할 수 있다. 하지만 독일에서 사회복지 외의 정부지출은 대부분 조세를 재원으로 하고 있고, 많은 경우에 조세 인상을 필요로 한다. 하지만 조세 인상은 유권자의 지지를 받기 어렵고, 또한 연방상원의 동의가 있어야 가능하다. 이는 조세를 기반으로 하는 공공 영역의 공간을 제약하게 되고 나아가 전체 정치 영역을 재정적으로 소홀하게 하는 결과를 초래하게 된다.

다음으로 전체 사회복지지출의 60% 이상을 사회보험에 의해 조달하고 사회보험료가 임금과 국민소득에 과다한 비중을 차지하게 됨으로써, 고용을 억제하고 경제성장을 저해하며 복지국가 수입의 기초를 축소시키는 결과를 초래할 수 있다. 이는 한편으로는 기업으로 하여금 노동절약형 투자를 유도하는 작용도 하게 된다. 최근 독일은 고용률이 계속 증가하여 2012년에는 72.5%로 2001년의 65.8%에 비해 6.7%나 증가하였다. 〈그림 3-2〉에서 볼 수 있는 바와 같이 2000년에서 2011년 사이의 고용률 변화를 다른 선진국과 비교하여도 독일은 예외적으로 2005년 이후 지속적으로 고용률이 증가하고 있고, 특히 OECD 회원국 중 독일은 글로벌 금융위기 이후 고용률이 4년 연속 오른 유일한 국가이기도 하다. 하지만 이러한 고용률의 증가는 독일 기업이 국제경쟁력을 회복한 것에 기인하기보다는, 하르츠 개혁으로 인한 미니잡(mini-job), 시간제 근로, 파트타임의 증가 등에 따른 것이라 할 수 있다. 한편으로 취업자의 숫자는 증가하였으나 전체의 노동시간은 오히려 줄어 든 것으로 나타났다. 2011년의 경우 고용률은 72.5% 이었으나, 전체 노동시간은 580억 시간으로, 고용률이 67.8%였던 1991년의 601억 시간에 미치지 못하고 있다(DGB, 2012). 하지만 복지 재정과 관련하여 문제가 되는 것은 취업자 가운데 사회보험

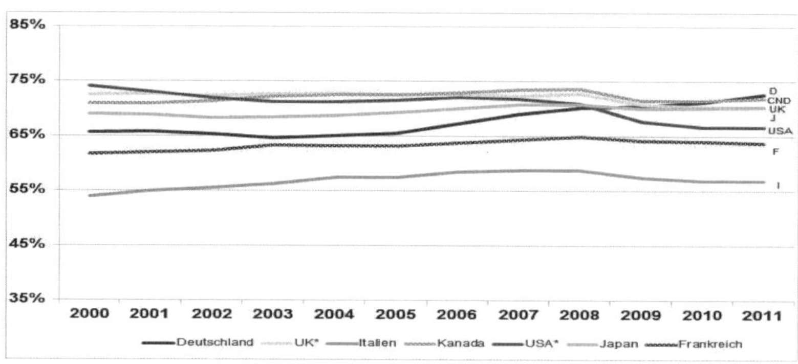

자료: OECD Employment Outlook, http://www.iza.org/de/webcontent/charts/showChart#pos, 2013년 5월 20일 접속.

〈그림 3-2〉 G7 국가의 고용률 변화(2000~2011)

에 가입한 비율이 경향적으로 감소하고 있다는 것이다. 1992년에는 취업자 가운데 76.8%가 사회보험에 가입하고 있었는데 비해, 2009년에는 그 비율이 69%까지 하락하였다. 이는 사회보험의 보호를 받는 취업자가 줄어든 것과 함께 사회보장시스템의 재정적 토대가 약화되었다는 것을 의미한다. 이 결과 사회보험의 재정을 위한 근로소득의 중요성은 약화되었고, 조세에 의한 재원조달의 비중이 증가되고 있다. 이와 같이 사회보험을 복지의 주된 재원으로 하는 시스템은 역으로 제대로 된 고용의 증가를 억제하는 작용을 하고, 이로 인하여 사회보험을 중심으로 하는 복지국가의 조세 체계를 지탱하기 어렵게 만들고 있는 것이다.

Ⅳ. 독일 복지국가 조세 체계의 형성과 발전

1. 독일 복지국가 조세 체계의 형성

한 국가의 사회보장시스템의 재정 조달 방식과 크기는 사회보장제도를 구성할 때 사회보험, 부양(Versorgung) 혹은 공적부조에 어느 정도의 비중을 부여하느냐에 결정적인 영향을 받는다. 독일은 비스마르크 모델에 따라 보험 원칙이 지배적인 복지의 재정 조달 방식으로 자리 잡게 되었다. 원래 비스마르크는 정부가 부담하는 보험 방식을 계획하였다. 비스마르크는 당시 국가가 독점했던 담배에서 나온 수입을 새로운 사회 프로그램의 재원으로 사용하려 하였으나, 제국의회에서의 오랜 토론의 결과 제국의 보조금에 의해 재정이 조달되는 보험 방식의 도입은 주정부의 완강한 반대로 인하여 실패로 귀결되었다. 왜냐하면 비스마르크의 적대자들은 이를 지나치게 중앙집권화된 방식이라고 비판했기 때문이다(Pilz, 2009: 103).

당시의 독일제국은 1871년의 헌법에 따라 중앙집권화된 입법권을 소유하였으나, 행정집행의 책임은 주정부에 위임하였다. 그 결과 중앙정부는 주정부와 협의를 통해 주정부에게 정책 거부권을 보장하게 되었다. 정책집행의 책임이 주정부에게 있다는 것은 대부분의 조세수입이 주정부에게 있다는 것이고, 제국은 제대로 된 재원을 가지지 못하였다. 제국은 국가 소유인 우체국, 관세 및 설탕이나 소금 등의 간접세의 수입만 가졌기 때문에 지출을 충당하기 위해서는 주정부의 분담금에 의존할 수밖에 없었다(Manow, 2004: 10).

이러한 상황에서 비스마르크는 새로운 사회보장을 중앙정부가 담당함으로써 직접세의 재원을 확충할 수 있으리라고 생각하였다. 하지만 복지국가의 제도 설계에서 재정 부분은 다시 제국과 주정부의 협의로 결정되었다. 이 결과 독일 복지국가의 재정 조달에서 중앙정부에 의한 조세를 통한 방식은 결정적 역할을 할 수 없게 되었고, 사회보험료가 수입의 주된 재원이 된 것이다.

한편 독일제국의 연방제적 성격으로 인하여 복지정책에서 연방정부와 주정부는 역할을 구분하게 되었다. 연방정부는 노동자를 위한 사회보험을 위주로 노동정책을 담당하게 되었고, 주정부와 지방자치제는 전통적인 사회부조정책인 빈민정책을 담당하게 되었다. 이렇게 독일에서 새로운 사회보험은 빈민법의 전통과 결별하였다(Manow, 2004: 11). 사회보장제도는 전적으로 산업화로 인하여 발생한 사회적 위험과 예상 밖의 변화에 초점을 두어 기본적으로 임노동자를 주 대상으로 하였고, 지자체는 전통적인 방식으로 빈민을 돌보도록 하였다. 지자체에 의해 충당되는 사회부조와 사회보험의 하층을 자의적으로 구분하는 이러한 이중구조는 장기 실업의 경우 큰 쟁점이 되었고 최근까지 독일의 복지국가에서 논쟁점으로 남아 있다. 결론적으로 독일의 복지국가의 제도는 연방정부와 주정부의 타협이라는 특징을 가지고, 이러한 특징이 그 후 복지국가의 발전에 지속적인 영향을 미치고 있다.

1883년 건강보험, 1884년 산재보험, 1889년 근무장애 및 노후연금보험 등의 사회입법이 보험료에 의한 사회보험방식으로 제국의회에서 제정되었다. 비스마르크의 사회입법은 기본적으로 사회정책의 재정과 급여 수준이 임금노동에 의존하게 되었다. 이렇게 독일의 복지국가는 압도적으로 노동자와 사용자에 의해 재정이 조달되는 방식을 채택하게 된 것이다(Alber, 1989: 117).

국가 재정에 의해서 재정이 충당되고 특정한 조건을 충족하는 자에게 제공되는 부양(Versorgung)은 공무원, 군경이나, 그 미망인에게 적용되었다(Schmidt, 1998: 24). 독일에서 공공부조의 원칙이 적용되고 조세로 재정이 충당되는 사회정책은 제1차 세계대전까지는 빈곤정책에 제한되었다. 이러한 결과 독일에서 교육, 주택정책과 공공보건서비스, 공무원 부양제도, 아동수당, 사회부조 등 국가가 조세로 재원을 마련하는 복지정책은 1983년의 경우 전체의 40% 정도의 수준에 머물러있다(Alber, 1989: 120). 사회 예산의 직접적인 복지급여에서 정부의 비중은 27%였고, 노동자와 사업자의 보험료에 의해 충당되는 비율은 68%였다. 사회보장에서 정부의 비율은 지속적으로 하락하였다. 1950년에서 1980년 사이에 그 비율은 38%에서 29%로 하락하였다. 정부 부문의 하락은 보험료의 인상과 함께 국가보조금의 삭감에 기인하는 것이다. 반면에 사회보험의 보험료율은 반복적으로 인상되었다(Alber, 1989: 121).

2. 독일 복지국가 조세 체계의 변천

독일의 현재 조세 체계는 1913년을 기점으로 형성되었고, 3가지의 주요한 발전단계를 거쳤다(Koester, 2007). 첫째, GDP 대비 조세수입은 1913년에서 1932년 사이에 세 배가량 증가하였다. 1932년에 조세수입은 이미 GDP 대비 20.1%를 차지하였는데, 이 비율은 1950년 이후 평균치인 23%에 유사한 것이다. 둘째, 1950년에 전체 조세수입의 24%를 차지한 중요한 조세인 일반판매세의 도입이다. 0.1%가 부과되었던 특별판매세는 1916년에 도입되었고, 이는 1918년 일반판매세로 확대되어 0.5%의 세율이 부과되었다. 셋째, 20세기 독일 조세정책의 역사에서 중요한 것 중의 하나로서, 현대 독일 조세 체계의 기초를 형성한 1920/21년 실시된 "에르츠베르그(Erzberg) 개혁"이다. 이에 따라 기존에 분산되어 있던 조세법이 연방 차원에서 단일화된 체계를 갖추게 되었다. 1933년에서 1945년 사이 나치 정권 아래에서 독일의 조세 체계는 별다른 변화가 없었다.

1950년 이후 독일의 조세수입은 상대적으로 안정적인 상태를 유지하였다. 1950년에 GDP 대비 19.3%를 차지했던 조세수입은 1969년 24.6%까지 증가하였으나, 23% 정도를 유지하였다. 1950년대에는 기민당/기사련(CDU/CSU) 정부가 연합국에 의해 높게 책정되어 있던 조세 수준을 저하시켰고 조세감면의 기회를 확대하였다. 이 시기에 조세정책은 기본적으로 성장정책이었다. 1960년대 초반에 조세정책은 '구조정책적 목표'를 지향하게 되었다. 1960년대 중반에 불경기를 계기로 하여 경기 안정화(Konjunkturstabilisierung) 목표가 추가되었다. 사민당/자민당(SPD/FDP)의 연합정부시기인 1969년에는 '전면적인 소득배분의 평균화'가 등장하였지만, 1970년대 중반부터는 다시 경제성장을 촉진하는 정책이 중심을 차지하였다. 1981/82년경에 조세정책은 재정 건전성을 위한 정책의 하위에 위치하게 되었다. 1980년대의 중반에 조세부담을 줄이는 소득세 개혁이 이루어졌다(Muscheid, 1986: 200).

독일의 통일은 재정정책의 전환점이 되었다. 1982년에 집권한 기민당/자민당 연정은 공공 부문 적자 및 부채 확대 문제를 해결하고자 하였다. 하지만 1990년 이전에 Kohl 정부는 정부 규모의 축소를 추구하였으나, 이 정책은 통일을 계기로 더 이상 유지될 수 없었고, 통일 비용의 재정 조달에 재정정책의 우선권이 부여되었다. 이러한 이유로 당시 기민당/기사련－자민당(CDU/CSU-FDP) 연합정권은 정부 규모의 확대를 받아들일 수밖에 없었다. 정부 규모의 확대는 주로 국가 채무의 확대, 사회보험과 '통일연대세'라는 명목으로 부가된 추가 조세에 의해 이루어졌다. 이 시기에 독일 정부는 통일로 인한 재정을 증세로 충당하는 것에 소극적이었다. 세계화 속에서 독일의 경쟁력 강화를 위해서 소득세, 법인세 감세를 추진하였고, 증세는 소비세와 통일연대세의 부과에서만 나타난 것이다(이명현, 2011: 8). 국민부담률은 1990년 34.8%에서 1995년 37.2%까지 증가하였다.

그런데 보수 정권을 이어받은 사민당/녹색당(SPD/Grüne)의 적녹연정은 예상과 달리 2000년부터 조세 경감을 중심으로 하는 조세 개혁을 단행하였다. 제2차 세계대전 이후 최대의 조세감면 개혁인 2000년 조세 개혁은 1998년부터 시작하여 2005년에 완료되었다. 2000년 조세 개혁은 2000년 7월 6일 독일 연방의회에서 조세감면법(Steuersenungsgesetz)의 통과를 통해 이루어졌으며, 동 법은 2001년 1월 1일부터 시행되었다. 2000년 조세 개혁의 핵심은 소득세의 최저 한계세율과 최고 한계세율의 인하, 기본공제액의 인상 및 기업의 부담 경감이었다. 이에 따라 1998년 25.9%였던 소득세 최저 한계세율은 15%로 인하되었고, 53%(1974년까지, 1990년 이후)와 56%(1975~1989년)에 달했던 소득세 최고 한계세율을 2005년까지 42%로 인하하기로 결정되었다(Schratzenstaller, 2013: 18).

2000년 조세 개혁은 '어젠다 2010'과 맞물려 진행되었다. 어젠다 2010의 핵심은 경제성장과 실업 문제를 해결하기 위한 노동시장의 유연화, 소득세 부담 완화 및 사회보험 관련 재정 부담의 완화이다(김상철, 2014). 사민당-녹색당 연정에 의한 의료 개혁 및 연금 개혁으로 사회복지지출은 감소되었고, 조세 개혁에 의해 저소득층의 소득이 고소득층에 전이되는 역진적인 소득재분배가 이루어졌다. 1999년에 독일 정부는 독일 역사상 최대 규모의 긴축재정정책을 통과시켰는데, 감소된 재정 규모는 150억 유로 정도로, 이는 실업대책비용의 1/3에 해당하는 규모이다(Dietmar Henning, 2002).

그런데 조세 개혁은 1998년 사민당과 녹색당이 체결한 연정 협약으로부터 시작한 것이었다. 다만 애초 협약에서 제시한 소득세 인하율은 2000년의 조세 개혁과는 조금 달랐는데, 1999/2000/2002년의 3단계 조세 개혁은 2002년까지 완료하여 최고 한계세율은 1998년 53%에서 48.5%로, 최저 한계세율은 1998년 25.9%에서 19.9%로 인하하기로 합의되었다(BMF, 2003). 1998년 연방하원 선거에서 사민당은 최고 한계세율 49%와 최저 한계세율 15%를 선거 공약으로 내세웠다. 사민당의 선거 공약과 연정 협약의 최고 한계세율이 다른 이유는 녹색당이 사민당보다 낮은 최고 한계세율을 제시하였기 때문이었다. 선거 후인 2000년 독일 정부에 의해 제안되고 연방하원을 통과한 조세 개혁안에서는 최고 한계세율과 최저 한계세율이 각각 45%와 15%로 인하되도록 제안되었으나, 야당이 다수를 차지하고 있었던 연방상원에서 부결되었다. 당시에 독일의 주정부도 조세 개혁이 단행되면 상당한 조세수입의 감소가 예상되었다. 이러한 상황에서 주정부의 연합체로 구성된 연방상원의 양보를 얻기 위해서 재무부장관인 한스 아이헬(Hans Eichel)은 양도소득세의 면세 시행을 2002년 1월 1일로 1년간 유예하였다. 당시의 라인란트 팔츠(Rheinland-Pfalz) 주의 사민당과 연정파트너였던 자민당도 최고 한계세율의 대폭 인하를 주장하였다. 이는 정부가 제안하고 연방하원에서 결정된 세율보다 3% 낮은 42%에 해당하였다. 이와 동시에 재정적으로 어려움을 겪었던 베를린(Berlin, 사민당/기민당 대연정), 브란덴부르크(Brandenburg, 대연정), 브레멘(Bremen, 대연정)과 메클렌부르크포어포메른(Mecklenburg-Vorpommern, 사민당/민사당 연정)에서도 조세 개혁안에 반대하였다. 독일 연방정부는 조세 개혁에 반대하는 개별 주정부의 재정적 요구 사항을 수용하였고, 이 결과 2000년 7월 14일 연방상원에서 이들 주정부의 찬성을 얻어 조세 개혁안이 통과되었다. 이와 같이 2000년의 조세 개혁은 조세 경감이라는 큰 방향에는 별 이견이 없었으나, 감세의 폭에 있어서는 각 정당의 주장과 주정부의 이해가 맞물린 가운데 타협과 주정부에 대한 재정적 수단까지 동원되어 합의가 도출되었다(Wikipedia, http://de.wikipedia.org/wiki/Steuerreform_2000_in_Deutschland).

이와 함께 기업의 부담 완화를 위한 조세정책이 도입되었다. 특히 법인세율은 1977년 56%에서 1990년 50%, 1994년에 45%, 1999년에 40%로 지속적으로 인하되었는데, 2001년부터 25%로 인하되었다(Schratzenstaller, 2013: 20).

소득세 부담 완화를 중심으로 하는 조세 개혁에 의해 저소득층도 조세부담을 경감하게 되었지만, 환경세의 도입에 의한 휘발유와 난방용 유류 가격의 인상과 담뱃세 인상 등 여러 가지 간접세 인상을 통해 상쇄되었다. 하지만 조세 개혁으로 인하여 가장 큰 영향을 받은 계층은 도시 근로자들이다. 조세 개혁으로 2005년까지 지자체의 소득세는 14%, 250억 유로가량, 법인세는 40%에서 25% 정도 감소할 것으로 예상되었다.8) 이런 상황에서 지자체는 사회부조, 청소년부조 및 교육 예산을 대폭 감소할 수밖에 없게 되었다. 조세 개혁은 지자체에서 이루어지는 대부분의 사회지출에 부정적인 영향을 미쳤고, 이 결과 제2차 세계대전 이후 처음으로 보수 정권에서도 없었던 하층에서 상층으로의 재분배가 발생하게 되었다.

2005년 집권에 성공한 메르켈 수상은 슈뢰더 정부가 추진했던 어젠다 2010의 기조를 이어나갔다. 대연정 기간 재정정책의 기본 목표는 기민당과 사민당의 연정 협약과 같이 국가 재정을 지속적으로 안정화하는 것이었다(Grasl & König, 2010: 228). 따라서 메르켈이 주도하는 대연정은 지난 사민당/녹색당 정부와 질적으로 별다른 차이점을 보이지 않았다. 하지만 슈뢰더 정부와 달리 2005년부터 2009년까지 기민당/사민당의 대연정은 부가가치세의 인상(16%에서 19%)과 연금보험요율의 인상(19.5%에서 19.9%) 등으로 조세를 인상하였다. 2008년 가을까지 독일은 비교적 높은 경제성장과 그 영향으로 발생한 실업의 감소, 늘어난 고용, 조세와 사회보험료 수입의 증가로 인하여 사회복지정책은 양호한 환경이었다(Schmidt, 2010: 313). 한편으로 경제성장과 임금 상승으로 실업급여 및 사회부조 등의 사회복지급여의 수요도 감소하였고, 사회보험료 수입과 재정 수입의 증가로 정부가 보험료율을 인하할 수 있는 여지가 마련되었다. 하지만 메르켈 정부는 국가부채의 증가와 과거 감세정책으로 인한 세수 감수를 보충하기 위하여

---

8) 독일의 주요 조세인 소득세, 법인세 및 부가가치세는 연방, 주정부와 지자체의 공동세로 운영된다.

2007년부터 부가가치세율을 16%에서 19%로 인상하였고, 이와 함께 연금보험, 건강보험 및 장기요양보험의 보험료를 인상하였다. 연정 협약서에 합의한 바와 같이 대연정은 2006년 11월부터 연금보험요율을 0.4% 증가한 19.9%로 인상하였고, 공적 건강보험도 평균 0.6% 인상하였고, 2009년 1월 1일부터는 건강보험료도 15.5%로 인상하였다. 장기요양보험율도 2008년 7월 1일부터 0.25% 인상하였다. 한편 2006년과 2008년 사이에 독일 정부는 노동비용의 인하를 위해 실업보험료율을 인하하였다. 2007년에는 기존의 6.5%에서 4.2%로 인하하였고, 2008년부터는 다시 3.3%로 인하하였다. 실업보험료율의 인하는 연방고용공단(BA)의 예산 절감과 부가가치세의 인상에 의해 가능하게 되었다.

이러한 조세의 인상과 사회보험요율의 인상은 독일의 기민당/사민당 대연정정부가 기존의 조세국가와 사회보험국가를 강화하고, 확대한 것으로 해석할 수 있다(Schmidt, 2010: 314).

2008년 하반기의 세계적 경제 위기에 직면하여 독일 정부는 두 차례(2008년 10월, 2009년 1월) 정책 패키지를 통한 확장적 재정정책을 실시하였다(이명현, 2011: 10). 1차 패키지에서는 사회보험 관련 부담의 경감과 투자 관련 조세부담 경감이 주된 정책수단이었고, 이와 관련하여 법인에 대한 명목 세부담을 38.7%에서 30%로 인하하였다. 경기 대책 II에서는 공적 건강보험료율은 2009년 7월 1일부터 14.9%로 인하하였다.

독일 정부는 2013년과 2014년 소득세의 조정을 계획하였는데, 2013년부터 총 약 61억 유로의 조세 경감을 계획하였다. 정부의 계획안은 두 구간에서 조세의 기본 면세액을 총 350유로로 증가시키는 것이었다. 하지만 집권당인 기민당/자민당이 계획하고 있는 조세 인하는 처음부터 실패했다. 독일의 야당은 조세 개혁안을 연방상원에서 부결하였다. 상원에서는 하원에서 3월 말에 결정된 법안이 다수결을 획득하지 못하였는데, 그 이유는 사민당, 녹색당과 좌파당이 연정에 참여한 주정부들이 동의하지 않았기 때문이다(focus, 2012.05.11.).[9] 야당은 정부 금고의 고갈을 이유로 법안을 반대하였고, 재정 조달의 대안이 없는 조세 인하는 외상(auf Pump)이라고 비판하면서, 조세 인하를 사회적으로 신중하게 고려하지 않은 것으로 평가하였다. 사민당과 기민당의 거대 연정이 구성된 메클렌부르크포어포메른(Mecklenburg-Vorpommern) 주의 주지사인 에르빈 셀레링(Erwin Sellering, 사민당)은 예상할 수 없는 위험이 상존하는 위기의 시대에 채무를 줄이는 것 대신에 조세를 인하하는 것은 무책임한 행위이며, 공공 재정의 안정화가 정책의 상위에 위치해야 한다고 주장하였다.[10] 사민당과 녹색당은 정부안에 대한 동의 조건으로 고소득층의 최고 세율을 인상할 것을 요구하였다. 사민당과 녹색당은 채무로 조달된 조세 인하와 기민당/자민당 정부의 채무 국가(Schuldenstaat)로의 행진을 막을 것을 강조하였다.

---

9) http://www.focus.de/politik/deutschland/blockade-im-bundesrat-opposition-verhindert-steuerreform-von-schwarz-gelb_aid_751189.html, 2012년 9월 5일 접속.

10) http://www.spd.de/aktuelles/72194/20120511_bundesrat_stoppt_politik_auf_pump. html;jsessionid=DFDD707DC964849DC2AEDBB44941F703, 2012년 9월 5일 접속.

V. 독일 복지국가 조세 체계의 결정 요인

앞에서 살펴본 바와 같이 독일은 다른 나라들과 조세국가의 발전에서 상당한 차이를 보이고 있다. 독일의 조세부담률이 1960년대는 OECD 국가의 중상층에서 2010년 중하층으로 떨어졌으나 국민부담률은 중상층을 유지하고 있다. 이에 반해 사회보험료는 급격하게 증가하였다. 독일이 다른 선진국과 비교하여 차별적인 발전을 한 원인에 대해서 정당과 비토 세력의 영향을 중심으로 살펴본다.

1. 정당과 조세정책

정당의 좌우 차이가 조세정책에 미치는 영향에 대해서는 연구자의 입장에 따라 상이한 결과가 제시되어 있다. 집권 정당의 정치적 성향이 조세정책에 밀접한 영향을 미친다는 주장과, 극단적으로는 좌우에 관계없이 모든 정당이 유사하다는 주장이 혼재되어 있다(Kirchheimer, 1965; Agnoli, 1974; Hettich & Weiner, 1988; Castles, 1999).

독일에는 두 개의 거대 복지국가 정당인 기민당/기사련(CDU/CSU)과 사민당(SPD)이 경쟁하고 있다. 사민당은 보다 급진적인 사회주의적 복지국가를 옹호하는 정당이고, 기민당은 중도 우파 정당으로, 독일에는 영미 국가와 달리 보수적이고, 시장친화적인 거대 정당은 존재하지 않는다. 기민당/기사련과 사민당 모두 독자적으로 집권한 적은 없고, 소수 정당 혹은 양대 거대 정당 간의 연합으로 정부를 구성하였다. 상대적으로 작은 자유주의 정당인 자민당(FDP)이 시장주의와 경쟁 질서를 정책 이념의 근간으로 표명하지만 이러한 빈틈을 메우지 못하였다.

하지만 거대 양당의 차이도 뚜렷하게 존재한다. 사민당은 대부분의 경우 기민당보다 보편적인 복지정책을 지향한다. 또한 평등주의를 지향하며, 사회복지정책을, 근로자와 노조친화적인 노동세계의 구성을 포함하여, 안정된 민주주의의 불가결한 기초로 파악한다. 이에 반해 기민당/기사련의 사회정책은 무엇보다도 가톨릭 사회 교리와 가톨릭 노동운동에 의해 특징지어진다. 이들 정당은 평등한 국민 부양보다 노동자 중심적인 "사회보험국가"를 선호한다. 사민당과 달리 기민당/기사련은 노동조합과 거리를 두고 노동 세계를 사회정책적으로 구성하려고 하지도 않는다. 이는 기민당/기사련이 중산층, 자영업자, 기업, 매니저 및 노조에 의해 보호되지 않는 근로자 및 공무원을 대변해야 하기 때문이다(Schmidt, 2011). 하지만 기민당의 노동자 분파는 노조와 밀접한 연관 관계를 가지며, 그 영향이 사회정책에 반영되고 있다(Dingeldey, 2011: 418).

독일에서 사민당이 정권에 참여한 시기에 정부지출은 확장적이었다. 사민당이 정권에 참여하고 있는 주정부는 적자재정의 규모가 기민당/기사련 정권보다 많았다. 하지만 연방 차원에서는 사민당이 집권할 때뿐만 아니라 기민당/기사련이 집권한 시기도 정부부채가 증가하였다. 국가 재정에 좌파 정당의 효과에 확장적인 기독교민주당의 효과가 더해졌다. 특히 1960년대 독일 통일기에, 그리고 2008년부터의 불안정한 재정 시장 상황 등에 그러했다. 이것은 또한 국가 재정의 증가에도 기여하였다. 왜냐하면 기민당/기사련 또한 사회국가 정당(Sozialstaatsparteien)으로 규정되었고, 관대한 사회정책을 통하여 사회적 경제적 위험을 경감하고, 정치적 이익을 획득하기 위해서 노력하였기 때문이다. 경제적 자유를 추구하는 정당인 자민당조차도 오랜 기간 동안 관대한 지출 행위에 동참하였다. 비록 정권 교체와 연결된 두 가지의 극적인 예외를 제외하고는—1966년에 자민당은 재정정책에 관한 논란으로 기민당/기사련과 결별하였고, 1982년에는 역시 재정정책적인 갈등으로 사민당과의 연정에서 결별했다.— 녹색당(Grünen)의 정권 참여도 국가 재정의 증가 경향에 별 영향을 미치지 못하였다(Schmidt, 2011: 316).

Wagschal(2005: 390)이 서구의 21개 국가를 비교한 연구에 따르면 정당 정치의 변수는 조세정책에 별다른 역할을 하지 못하는 것으로 나타났다. Ganghof(2004: 20)는 소득세의 분석을 통해서 독일의 정당은 기본적으로 유사한 구상을 추구하고 있다고 보았다. Traub(2006: 22)도 2003~2006년 사이의 조세 개혁의 구상을 분석한 결과 동일한 결론에 도달하였다.

독일의 대연정은 지난 정부 시기에 비해 재정정책의 개혁에서 눈에 띄는 열의를 나타내지 않았다. 대연정의 시작 시기에는 기민당과 사민당이 프로그램적으로 유사하다고 볼 수는 없었다. 하지만 정책 목표는 2005년에 선거를 통해 연정에 참여하는 정당 사이에서 두드러진 차이를 보이지 않았다. 2005년부터 2009년 사이의 대연정에서도 재정정책적 관점에서는 연정 협약서에 사민당의 입장이 강하게 관철되었다(Grasl & König, 2010: 209). 따라서 대연정의 정책 결정에서 좌파적 경향이 두드러질 것이 예상될 수 있다. 이와 관련하여 Manow(2004: 28)는 독일은 1949년 이후의 모든 중요한 복지개혁은 집권당이 기민당이었거나 사민당이었거나 관계없이 거대 야당의 지지를 받아 이루어졌다고 주장하였다.

2. 비토 세력의 역할

다양한 비토 세력과 복지국가의 전환 혹은 복지정책의 개혁에 관해서는 Tsebelis(1995), Schmidt(2000), Ganghof(1999), Colomer(1996) 등의 연구가 있다. 이 이론의 중심은 집권 정부와 의회 내의 행위자들 간의 상호작용이다. 독일의 복지국가의 발전과 조세정책의 변화에서 비토 세력에 의한 개혁의 차단은 오랜 전통을 가지고 있고, 이에 대한 많은 연구가 진행되었다(Wildenmann, 1969; Lehmbruch, 1976; Scharpf, 1985; Katzenstein, 1987, Dingeldey, 2011).

독일에서는 다양한 비토 세력이 존재한다. 독일의 헌법은 연방제, 강력한 중앙은행, 헌법재판소 및 양원제 등을 보장하고 있다. 이 가운데 개혁의 논의에서 중심을 차지하는 것은 연방하원의회(Bundestag) 혹은 연방상원의회(Bundesrat)이다.[11] 왜냐하면 많은 개혁 입법들이 차단되거나, 지연되거나 무력하게 되었기 때문이다(Wagschal, 2005: 199). 특히 연방상원의회는 동의가 필요한 조세정책에서 가장 중요한 역할을 수행한다(Zohlnhöfer, 2003: 208). 특정 정당 혹은 연합 정당이 하원의 다수를 차지하고 있다 하더라도, 주정부의 대표로 구성된 상원이 소수입장에 처할 경우 혹은 다수를 차지하더라도, 개별 주정부 간의 이해가 상충될 경우, 조세 개혁은 연방과 주정부, 그리고 주정부들 간의 유효한 협의를 전제로 이루어지게 된다.

오늘날 독일은 연방제로 편성되어 있고 중요한 과업을 사회보험과

---

11) 독일의 의회는 연방하원의회와 연방상원의회의 양원제로 구성되어 있다. 연방하원의회는 다수 대표 선거제가 가미된 비례대표 선거법에 따라 선출된다. 이에 반해 연방상원은 투표를 통해 선출되는 것이 아니라 소속된 주정부에 의해 임명된다. 주정부는 연방상원의원을 통해 연방의 입법과 행정 업무에 참여한다.

연방고용공단이 담당하고 있다. 따라서 비용과 편익에 관한 예산정책적 결정과 그 대안을 총괄할 수 있는 전체국가적 예산은 존재하지 않는다. 오히려 다양한 이해를 가진 다수의 재정정책의 행위자가 존재하는 것이다. 예를 들어 연방의 부담을 줄이는 정책이 연방재무부의 재정 문제를 완화할 수는 있겠지만, 지자체(증가하는 사회지출), 사회보험(수입 결손), 연방고용공단(실업급여와 노동시장정책을 위한 지출)은 더 높은 비용을 부담하게 된다.

1949년 이후의 독일은 재정헌법(Finanaverfassung)[12]에 의해 연방과 주정부가 자율적이고 독립적인 동시에, 연방, 주정부 및 기초지자체 등의 지역적 공동체, 사회보험 및 연방고용공단 예산의 조세와 지출이 밀접하게 연계되어 있는 구조를 가진다. 연방, 주정부 및 기초지자체에게는 조세수입에 대해 동일한 권리가 부여되며, 보충적으로 재정조정(Finanzausgleich)제도를 통해 연방과 주정부는 상호 밀접하게 연관되어 있다. 연방과 주정부의 연결망과 재정조정제도는 1950년대와 60년대 그리고 통일 후 더욱 강화되었다. 연방과 주정부와 기초지자체는 수평적 재정 조정과 수직적 재정 조정으로 복잡한 구조를 가지고 있다. 예를 들어 독일의 세입 분배는 연방세, 주정부세, 기초자치단체세와 공동세로 구성되는데, 조세수입의 2/3 정도를 차지하는 소득세, 법인세, 부가가치세 및 영업세는 연방, 주정부 및 기초지자체가 공동으로 운영하는 공동세(Gemeinschaftsteuer)에 해당한다(정재각, 2011).

이러한 연방, 주정부 및 기초지자체의 수직적인 분절화와 예산의

12) 독일의 재정 헌법은 국가의 임무와 그 임무에서 발생하는 재정 부담의 배분, 재정조정 규정의 범위와 밀도를 규정하고 있다(권형둔, 2012). K. Stern에 의하면 재정 헌법을 "공적 재정 관리, 즉 연방국가의 분배를 포함하는 국가적 재정고권, 전체 경제의 평형에 대한 의무를 포함하는 국가예산제도 및 조세제도의 기본질서에 관련된 제 헌법규범의 총체"로 정의하고 있다(홍성방, 2009: 296).

재정정책적인 연결망은 다양한 결과를 가져왔다. 자율적인 지출과 수입정책은 연방, 주정부 및 기초지자체에게 허용되지 않았다. 반대로 수입과 지출정책은 연방과 주정부 그리고 주정부 사이의 높은 정도의 협력과 협조의 자세를 요구한다. 독일 연방이든, 주정부이든, 기초지자체이든지 국가의 어떠한 부분도 다른 부분의 동의 없이는 재정정책적으로 커다란 일을 행할 수 없다. 재정헌법의 권력분점은 상황의 변화에 따른 신속한 반응을 어렵게 하고, 압도적 다수당에 의한 정책을 저해한다. 이는 거대한 전환의 차단기 역할을 하였고, 케인즈주의적 재정정책의 방해물이 되었다.

이러한 환경에서 조직적으로 단일한 형태의 재정정책은 가능하지 못하였다. 독일 연방주의에서 역할과 재정의 책임은 일치하지 않았고, 명백하게 분리된 형태로 나타나는 것도 아니었다. 이러한 구조는 정책적 불투명성과 재정적 무책임을 야기하는 원인으로 작용하기도 하였다. 독일의 경우 위에서부터 공적 사회보험이 지역적인 급여의 많은 부분을 부담하고 있기 때문에 연방과 주정부는 재정정책에서 긴밀하게 서로 결합되어 있다.

독일은 사회복지의 재정이 사회보험료를 우선하여 이루어진다는 특징을 가진다. 이러한 재정 방식은 국가가 조세로 재원을 마련한 분야보다 사회보험료로 재원을 조달한 국가의 과업을 우선하도록 하는 역할을 한다(Schmidt, 2011: 393). 사회보험료의 인상은 대부분 단지 연방하원의 동의만 있으면 가능한 것이고, 정치적으로 보다 까다로운 연방상원의 동의는 요구하지 않는다.

Ⅵ. 결 론

독일의 조세 체계는 항상 개혁을 필요로 하지만, 개혁을 실행하기 어려운 구조를 가지고 있다. 독일의 의사 결정 과정은 매우 복잡하고 상황 변화에 대한 신속한 반응이 어렵다.

앞에서 살펴본 바와 같이 독일은 다른 선진국과 비교할 때 중간 정도의 조세국가이면서 상대적으로 큰 사회보험국가로 분류된다. 많은 선진국가들이 조세가 대부분을 차지하고 사회보험료는 부차적인 역할을 하는 데 비해서, 독일의 조세수입은 미국 정도이고, 다른 유럽국가보다 낮다. 그럼에도 사회보험료의 부담은 다른 나라와 비교할 때 대단히 높게 나타난다. 이러한 독일의 특징은 비스마르크가 조세로 사회보험의 재정을 조달하려는 시도가 실패한 이후 역사적으로 고착된 것이다.

앞의 논의를 바탕으로 몇 가지의 결론을 정리해 보고자 한다.

첫째, 독일의 국민부담률의 증가가 조세부담률의 인상이 아닌 사회보험요율의 인상에 의해 주로 이루어진 것은 독일의 다양한 비토 세력, 특히 양원제의 존재에 기인하는 측면이 강하다. 이에 반해 정당의 차이는 조세정책에 별다른 영향을 미치지 못하였다.

둘째, 독일은 소득세의 소득재분배 효과가 역진적인 소비세부분과 사회보험료로 인하여 상쇄됨으로써 재분배 효과가 크지 않는 나라에 속한다.

셋째, 독일의 사회복지의 재원이 주로 사회보험료로 충당됨으로써, 사회복지 이외의 조세를 기반으로 하는 교육과 같은 공공 영역의 축소를 초래하게 된다.

넷째, 사회보험을 사회복지의 주된 재원으로 하는 시스템은 역으로 제대로 된 고용의 증가를 억제하는 작용을 하고, 이로 인하여 사회보험을 중심으로 하는 복지국가의 조세 체계를 지탱하기 어렵게 만들고 있다.

국제비교를 보면, 독일의 소득세와 법인세를 통한 세수는 평균 이하에 머물고 있다. 이는 스칸디나비아 국가는 말할 것도 없고, 영미 국가보다 낮은 상황이다. 하지만 지난 시기에 독일의 조세 개혁에 대한 논의에서 소득세나 법인세 비율을 인상시키자는 논의는 드물었고, 대신에 담세자의 부담 경감에 관한 논의가 주를 이루었다. 마찬가지로 사회보험료의 인하에 대한 토론도 활발하지 못하였다.

사민당과 녹색당의 연정으로 구성된 슈뢰더 정부는 독일 기업의 경쟁력 강화를 위하여 소득세와 법인세의 인하를 중심으로 조세 개혁을 단행하였고, 슈뢰더 정부를 계승한 메르켈 정부는 기본적으로 슈뢰더의 정책을 계승하였다. 특히 이 시기 이루어진 조세의 인상과 사회보험요율의 인상은 독일의 기민당/사민당 대연정 정부가 기존의 조세국가와 사회보험국가를 강화하고, 확대한 것으로 해석할 수 있다. 하지만 기민당과 자민당의 보수 연합 정부에서도 이전의 정부가 남겨놓은 구조적 문제는 여전히 미해결 상태로 남아있다. 독일의 복지국가는 최근의 노동시장 개혁, 연금 개혁 및 부모수당의 도입 등을 통해 의미 있는 변화가 진행되고 있다. 그러나 조세국가의 측면에서는 높은 사회보험료를 이유로 고용에 대해서 비친화적인 재정 방식이 여전히 존속 또는 강화되고 있는 것이다.

참고문헌

권형둔. 2012. 독일의 통일과정에서 재정헌법의 역할과 발전. 『공법연구』, 41(2).

권혁진・신우진. 2010. 조세지출의 이전지출로의 전환효과-가족복지를 위한 소득세제의 인적공제를 중심으로. 『사회보장연구』, 26(4).

김상철. 2014. 독일 아젠다 2010 평가와 전망. 『질서경제저널』, 17(2).

김유찬・이유향. 2009. 『주요국의 조세제도.독일편』, 한국조세연구원

윤석진・이준서. 2008.『2006년 개정 독일기본법의 주요내용 연구』. 한국법제연구원

이명현. 2011.『독일의 재정제도』, 한국조세연구원

이필우. 1992. "독일의 재정정책", 김동건・김수근・곽태원・이필우 (편). 『주요국의 재정정책』. 대영문화사.

정규백. 2001. 조세국가의 위기이론과 재정사회학에 관한 소고-Schumpeterian System을 중심으로-. 『조세연구』창간호.

정재각. 2011. 『독일연방제도에 관한 연구』, 한국행정연구원

홍성방. 2009. 독일 기본법상의 재정제도. 『서강법학』, 11(1).

Adema, W., P. Fron & M. Ladaique. 2011. Is the European Welfare State Really More Expensive?: Indicators on Social Spending, 1980-2012: and a Manual to the OECD Social Expenditure Database(SOCX). OECD Social, Employment and Migration Working Papers, No. 124, OECD Publishing.
http://dx.doi.org/10.1787/5kg2d2d4pbf0-en

Agnoli, Johannes. 1974. Die Transformation der Demokratie. Frankfurt a.M.

Alber, Jens. 1989. Der Sozialstaat in der Bundesrepublik 1950-1983. Frankfurt am Main: Campus.

Beck, Hanno & Aloys Prinz. 2012. Staatsverschuldung. Ursachen, Folgen, Auswege. bpb.

BMAS(Bundesministerium für Arbeit und Soziales). 2011, 2012.

Sozialbudget.
BMF(Bundesministerium der Finanzen). 2003. Steuerreform 2000 im Überblick. im August 2003.
BMF(Bundesministerium der Finanzen). 2011. Struktur und Verteilung der Steuereinmahmen. Monatsbericht.
______. 2011. Struktur und Verteilung der Steuereinmahmen. Monatsbericht.
______. 2012a. Die Wichtigsten Steuern im internationalen Vergleich.
______. 2012b. Datensammlung zur Steuerpolitik.
Castles, Francis G.. 1999. Comparative Public Policy. Patterns of Post-War Transformation. Cheltenham.
Colomer, Josep M.. 1996. "Introduction" in Colomer, Josep M (ed.) Political Institutions in Germany. London.
DGB. 2012. arbeitsmarktaktuell, 2.
Dingeldey, Irene. 2011. Der aktivierende Wohlfahrtsstaat-Goverance der Arbeitsmarktpolitik in Dänemark, Großbritannien und Deutschland. Franlfurt/New York: Campus Verlag.
Esping-Andersen, Gosta. 1990. The Three Worlds of Welfare Capitalism. Cambridge.
Ganghof, Steffen. 1999. Steuerwettbewerb und Vetospieler: Stimmt die These der blockierten Anpassung?. PVS, 40.
Ganghof, Steffen. 2004. Wer regiert in der Steuerpolitik? Einkommenssteuerreform zwischen internationalen Wettbewerb und nationalen Verteilungskonflikten. Frankfurt am Main/New York: Campus.
Grasl, Maximilian & Markus König. 2010. "Von außen getrieben. Die Finanzpolitik der Großen Koalition" in Christoph Egle & Reimut Zohlnhöfer (eds.) Die zweite Große Koalition. Eine Bilanz der Regierung Merkel 2005-2009. Wiesbaden: VS Verlag.
Hacke, Constanze. 2012. Der Zehnte- ein Streifzug durch die Steuergeschichte.bpb. http://www.bpb.de/izpb/147073/der-zehnte-ein-streifzug-durch-die-steuergeschichte?p=all, 2014년 10월 4일 접속.
Henning, Dietmar. 2002. Die rot-grüne Steuerreform: Weg in eine sozialen Katastrophe World Socialist Web Site. http://www.wsws.org/ de/articles/2002/08/steu-a27.html, 2013년 6월 20일 접속.
Hettich, W. & Stanley L. Winter. 1988. Economic and political

Foundation of Tax Structure. The American Economic Review, 78(4).
Huber, Evelyne & John Stephens. 2001. Development and Crisis of the Welfare State: Parties and Policies in Global Markets. Chicago: University of Chicago Press.
Jochem, Sven. 1999. Sozialpolitik in der Ära Kohl: Die Politik des Sozialversicherungsstaates. ZeS-Arbeitspapier 12. Zentrum für Sozialpolitik Bremen.
Katzenstein, Peter J. 1987. Policy and Politics in West Germany. The Growth of a Semisovereign State, Philadelphia.
Kirchheimer, Otto. 1965. Der Wandel des westeuropäischen Parteiensystems. PVS, 6.
Koester, Gerrit B. 2007. The political economy of tax reforms, Baden-Baden: Nomos.
Lammert, Christian. 2004. Modern Welfare States under Pressure: Determinants of Tax Policy in a Globalizing World., IRPP Working Paper Series, no. 2004-01.
Lehmbruch, Gerhard. 1976. Parteienwettbewerb im Bundesstaat. Stuttgart: Kohlhammer.
Leibiger, Jürgen. 2010. Reclaim the Budget. Staatsfinanzen reformieren. Köln: Papyrossa.
Liebert, Nicola. 2011. Steuergerechtigkeit in der Globalisierung. Westfälisches Dampfboot.
Manow, Philip. 2004. Federalism and the Welfare State: The German Case. ZeS-Arbeitspapier. Universität Bremen: Zentrum für Sozialpolitik.
Muscheid, Jutta. 1986. Die Steuerpolitik in der Bundesrepublik Deutschland 1949-1982. Berlin.
OECD. 2009. Economic Outlook 85, Paris, June 2009.
Peichl, Andreas, Nico Pestel, Sebastian Siegloch. 2012. Ist Deutschland wirklich so Progressiv? Einkommensumverteilung im europäischen Vergleich. IZA Standpukte, 53.
Pilz, Frank. 2009. Der Sozialstaat: Ausbau-Kontroversen- Umbau. bpb.
Sachverständigenrat zur Begutachtung der gesamtwirtschaftlichen entwicklung(SVR). 2005. Die Chance nutzen - Reformen mutig voranbringen." Jahresgutachten 2005/2006, Statistisches Bundesamt.

______. 2011. Verantwortung für Europa wahrnehmen. Jahresgutachten 2011/12, Statistisches Bundesamt.

Scharpf, Fritz W.. 1985. Die Politikverflechtungsfalle. Europäische Integration und deutscher Föderalismus im Vergleich. PVS, 26(4).

______.. 2004. "Vorwort." in Steffen Ganghof (ed.) Wer regiert in der Steurpolitik?. Frankfurt/New York: Campus Verlag.

Schmidt, Manfred G.. 1998. Sozialpolitik in Deutschland. Historische Entwicklung und internationaler Vergleich. Wiesbaden: Leske + Budrich.

______:. 2000. "Die sozialpolitischen Nachzüglerstaaten und die Theorien der vergleichenden Staatstätigkeitsforschung." in Herbert Obinger & Uwe Wagschal, (eds.) Der gezügelte Wohlfahrtsstaat. Sozialpolitik in reichen Industrienationen. Frankfurt a. M./New York.

______.. 2010. "Die Sozialpolitik der zweiten Großen Koalition(2005 bis 2009)." in Christoph Egle & Reimut Zohlnhöfer (eds.) Die zweite Große Koalition. Eine Bilanz der Regierung Merkel 2005-2009. Wiesbaden: VS Verlag.

______.. 2011. Das Politische System Deutschlands. München: Verlag C. H. Beck.

______.. 2012. Wirklich nur Mittelmaß? Deutschlands Sozialstaat im Spiegel neuer, international vergleichender Daten. ZSE, 2.

Schratzenstaller, Margit. 2013. Determinanten der Entwicklung der Abgaben in Deutschland : Studie im Auftrag der Abteilung Wirtschafts- und Sozialpolitik der Friedrich-Ebert-Stiftung. Bonn (Für einen produktiven und solide finanzierten Staat ; Teilstudie 1).

Steiner, Victor. 2010. Konsolidierung der Staatsfinanzen. DIW Berlin Discussion Papers.

Tsebelis, George. 1995. "Veto Players and Law Production in Parliamentary Democracies." in Herbert Dorning (ed.) Parliaments and Majority Rule in Western Eueope. Frankfurt a.M./New York: Campus.

Traub, Stefan. 2006. "Steuerreformkonzepte im Überblick." in Christian Seidel & Joachim Jickeli (eds.) Steuern und Soziale Sicherung in Deutschland. Reformvorschläge und deren Auswirkungen.

Heidelberg.

Wagschal, Uwe. 2001. "Deutschlands Steuerstaat und die vier Welten der Besteuerung." in Manfred G. Schmidt (ed.) Wohlfahrtsstaatliche Politik. Institutionen, Politischer Prozess und Leistungsprofil. Opladen: Leske + Budrich.

______. 2005. Steuerpolitik und Steuerreformen im internationalen Vergleich. Eine Analyse der Ursachen und Blockaden. Münster: LIT.

______. 2007. "Bestimmungsfaktoren der Steuerpolitik: Befunde des internationalen Vergleichs." in Manfred G. Schmidt, Tobias Ostheim, Nico A. Siegel, Reimut Zohlnhöfer (eds.) Der Wohlfahrtsstaat, VS Verlag.

______. 2009. "Steuerreformen im internationalen und intertemporalen Vergleich." in Uwe Wagschal (ed.) Deutschland zwischen Reformstau und Veränderung. Ein Vergleich der Politik- und Handlungsfelder. Baden-Baden.

Wagschal, Uwe & Georg Wenzelburger. 2008. Die Rückgewinnung staatlicher Handlungsfähigkeit. Staatsverschuldung und Haushaltskonsolidierung im internationalen Vergleich. Zeitschrift für Public Policy, Recht und Management, 1.

Wagschal, Uwe, Georg Wenaelburger, Thieß Petersen, Ole Wintermann. 2009. Determinanten der Staatsverschuldung in den deutschen Bundesländern. Wirtschaftsdienst, 3.

Wildenmann, Rudolf. 1969. Die Rolle des Bundesverfassungsgerichts und der Deutschen Bundesbank in der politischen Willensbildung. Stuttgart u.a.

Zohlnhöfer, Reimut. 2003. "Finanzpolitik zwischen traditioneller Sozialdemokratie und neuer Mitte." in Christoph Egle, Tobias Ostheim, Reimut Zohlnhöfer (eds.) Das Rot-Grüne Projekt. Westdeutscher Verlag.

제4장

영국 조세 정치의 마술적 조정:
버츠켈리즘에서 블레처리즘으로의 변화와 그 함의

제4장 영국 조세 정치의 마술적 조정: 버츠켈리즘에서 블레처리즘으로의 변화와 그 함의

유범상(한국방송통신대학교)

I. 영국 조세 정치의 마술?

정치는 어떤 세력이 자신의 이념을 정책과 제도로 관철하려는 의지와 행위이다. 정당은 이념의 결사체이고 자신의 이념을 정책으로 관철하기 위해 집권을 꿈꾼다. 이런 맥락에서 볼 때 영국의 정당은 비교적 명확한 자신의 이념을 표방해 왔고 실제 정책과 제도가 이 이념의 지도에 따라 주조되어 왔다. 따라서 상이한 이념을 가진 정당 간의 정권 교체는 정책의 방향과 내용에 급격한 변화를 예상하게 한다.

그런데 현실 정치에서 정말 이념이 다른 정당들 간의 정권 교체가 변화를 만들어 왔는가? 영국의 경우 그렇기도 하지만 반드시 그렇다고 대답할 수도 없다. 보수당과 노동당 간의 타협의 정치가 작동했기 때문에 정책의 유사성을 보인 반면 각 정당이 상이한 이념을 갖고 이것을 정책으로 관철하려고 노력하는 과정에서 또 상당한 차이를 만들었기 때문이다. 따라서 정책 변화가 언뜻 보기에 별로 없는 듯이 보이지만, 또 다른 한편에선 많은 차이가 존재한다. 이것은 조세 정치의 영역에서도 잘 나타난다. 본 글은 조세 정치에 초점을 맞추어 영국 정치의 특징과 함의를 살펴보고자 한다.

조세는 공적으로 거두는 세금을 의미한다. 이때 핵심 쟁점은 누구로부터 얼마만큼을 거두어 어떻게 쓰는가 하는 것이다. 이것은 기본적으로 정치적이다. 즉 조세 정치는 세입을 둘러싸고 갈등한다. 그런데 세입은 세출, 즉 분배를 염두에 두고 이루어지기 때문에 세출과 관련한 논쟁을 포함한다. 따라서 조세 정치는 직접적으로는 세입과 관련되어 있지만, 세출 쪽, 즉 복지에 대한 계획과도 깊이 연관되어 있다.[1] 이런 점에서 조세 정치는 복지 정치와 긴밀히 연결되어 있다. 따라서 본 글은 조세 정치를 복지 정치와 연관하여 언급하고자 한다.

이처럼 조세 정치와 복지 정치는 누가 얼마나 내게 하는가, 그리고 이것을 누구에게 어떻게 얼마나 분배하는가를 둘러싸고 끊임없는 갈등과 타협이 이루어진다. 이것은 이념에 따라 상이한 견해와 실천이 존재한다. 대처의 인두세 도입에서 보듯이 보수당은 소득과 상관없이 비교적 동일하게 거두어서 선별된 취약계층에게 복지 혜택을 주고자 한다. 이는 기회의 평등과 국가로부터의 자유를 추구하기 때문이다. 반면, 복지국가 형성의 정치에서 보여주었듯이 노동당은 재산과 소득에 따라 세금을 거두어서 이것을 일반 시민들이 최소한의 인간다운 삶을 사는 데 쓰고자 한다. 이는 조건의 평등과 국가로의 자유를 지지하기 때문이다.

1) 물론 그 역도 가능하다. 즉 복지 정치는 세입 구조와 연관성을 갖고 있기 때문에 조세 정치와 긴밀한 짝을 이룬다. 이것은 복지의 구조가 세입에 영향을 미칠 수밖에 없다는 것을 의미한다. 따라서 본 글은 기본적으로 조세 정치에 집중하지만, 자연스럽게 복지 정치에 대한 논의로 이어질 것이다.

이상에서 보듯이 영국의 보수당과 노동당은 상이한 이념을 갖고 있다. 따라서 조세 정치는 상이한 목표와 서로 다른 결과로 귀결될 것으로 예상된다. 그런데, 노동당과 보수당의 정권 교체에도 불구하고 그동안 조세수입과 복지 정치의 총량에는 큰 변화가 없는 것으로 나타났다. 대처 정부 시기에도 복지비는 꾸준히 상승했기 때문이다. 도대체 어떻게 이 현상을 설명해야 하는가? 그것은 영국 정치가 갈등을 통해 합의를 추구해 왔던 데서 한 원인을 찾을 수 있다. 즉 영국의 정치는 전후 버츠켈리즘(Butskellism)과 대처 정권 이후 블레처리즘(Blatcherism)으로 명명되는 합의를 만들어 왔다. 여기에서 의문은 버츠켈리즘(1945~1979)이 전후의 복지 합의이기 때문에 그 합의 내에서 보수당과 노동당의 정책이 유사한 것은 이해할 수 있다. 그런데 버츠켈리즘과 블레처리즘은 성격이 완전히 다르다. 블레처리즘은 신자유주의적 합의(new liberal consensus)로 불리는 데서 보듯이 이것은 앵글로색슨 모델 즉 신자유주의의 조세 정치와 복지 정치를 추구한다. 즉 보편적 복지국가가 아니라 잔여적 복지국가 유형과 친화성이 있다. 그렇다면, 버츠켈리즘과 블레처리즘 사이에는 큰 차이가 있어야 하지 않는가? 하지만 이 둘 사이에도 세입과 세출의 총량에는 큰 차이가 발견되지 않는다. 그렇다면 상이한 이념이 서로 다른 정책을 낳는다는 명제는 잘못된 것인가? 영국의 조세 정치와 복지 정치를 좀 더 세밀하게 들여다 보면 이 명제가 틀리지 않았음을 알 수 있다. 조세와 복지지출의 항목에는 큰 차이가 보이지 않을지 모르지만, 세입 구조와 복지지출의 내용에는 이념적 차이가 반영되어 있기 때문이다.

이상의 발견에서 본 논문은 영국의 정당 정치가 정권 교체를 거듭했지만, 조세 정치는 정중동(靜中動)의 모습을 보였다고 본다. 즉 변화하지 않는 듯이 보이지만 실제로는 상당한 변화를 거듭해 왔다. 이것은 영국 조세 정치에 마술적 요소가 있다는 것이다. 이념 정당 간 정권 교체가 급격한 변화를 가져오지 않은 것처럼 보이지만, 실제로는 많은 변화가 이념적 차이를 반영하여 만들어졌다. 그렇다면 왜 이런 차이가 있으면서도 차이가 없는 듯이 보이는가? 다시 말해 어떤 것이 변화하지 않았고 어떤 영역에서 변화가 일어났는가? 더 나아가 이런 현상이 왜 일어났는가? 이처럼 본 장은 이념 정당 간의 갈등과 타협의 정치를 영국의 조세 정치에 초점을 맞추어서 살펴본다. 이것을 통해 영국 조세 정치의 특징, 이런 조세 정치가 만들어진 원인을 규명해 보고자 한다.

Ⅱ. 부담과 혜택의 조세 정치: 이익과 동의

1. 조세 정치의 조감도: 누가 얼마만큼 부담할 것인가

시장에서 더 나은 상품을 판매하여 그 수익으로 살아가는 자본주의 속의 사람들은 기본적으로 빈부의 차이에 직면할 수밖에 없다. 자본주의하에서 어느 누구도 생산 수단과 상품 판매 능력을 가지지 못했을 때, 생존권적 문제에 직면할 수밖에 없기 때문이다. 복지국가는 이런 자본주의의 위험에 대한 공적인 대응의 시스템이다. 국가는 기본적으로 삶을 위한 국민생활최저선(national minimum)을 보장해 주려고 할 뿐만 아니라, 개인들 간의 불평등을 완화하려는 정책을 만든다. 에스핑 엔더슨(Esping-Andersen, 1990)이 제시한 탈상품화와 계층화라는 개념은 이와 관련되어 있다. 즉 사회 임금을 통해 국민생활최저선을 보장하는 정도와 계층화 수준의 완화를 통해 상대적 빈곤을 해결하는 정도의 두 지표, 즉 탈상품화와 계층화로 복지국가 유형 분류를 시도했다. 이때 중요한 것이 재원의 형성과 분배 방식이다. 국가의 재원은 주로 조세로 충당된다. 따라서 "조세는 복지국가서비스의 가장 큰 몫"으로서(Glennerster, 1985: 71) 복지국가의 전제 조건이다.

문제는 이 조세를 누가, 얼마나, 어떻게 거두는가에 따라 자본주의 문제 해결의 방향이 다르다는 데 있다. 통상 능력을 많이 가진 사람과 사회적 위험에 덜 노출된 사람들이 능력이 적은 사람과 사회적 위험에 더 노출된 사람들을 위해 더 많은 부담을 한다. 이런 점에서 복지국가는 소위 '소득이전의 체제'이다. 복지국가가 이런 작동 원리를 갖고 있다면, 복지국가의 조세 정치는 기본적으로 계급 정치일 수밖에 없다. 이런 맥락에서 조세 정치는 기본적으로 입구 쪽에서의 재원 형성의 정치라고 할 수 있다(〈그림 4-1〉 참조). 즉 조세 정치는 사회적 임금으로 쓰기 위해 들어가는 돈 즉 재원을 누가 더 부담할 것인가, 얼마나 많은 사회적 임금을 만들 것인가를 둘러싸고 벌어진다. 한편, 재원은 그냥 막 만드는 것이 아니라 수요, 즉 〈그림 4-1〉의 출구를

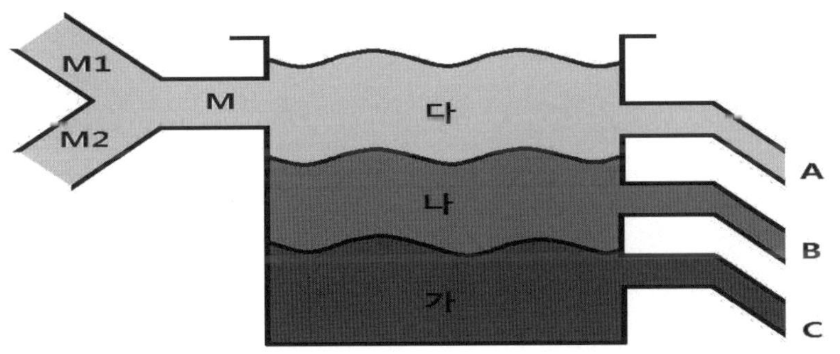

〈그림 4-1〉 조세 정치의 구조: 세입과 세출

염두에 두고 형성된다.

이것을 〈그림 4-1〉의 비유를 통해 보다 자세히 설명해 보자. 물(M)을 비커에 붇게 되면, A, B 또는 C로 흘러갈 것이다. 이때 M은 재원이고 A, B, C는 복지를 위한 국가의 사회지출을 의미한다. 만약 재원(M)의 투입이 줄어든다면 통에 물이 '가'만큼 조금 찰 것이고 따라서 C수로로 밖에 재원을 흘러 보내지 못할 것이다. 반면 재원(M)이 많이 투입된다면 '나'와 '다'까지 물이 넘쳐 날 것이고, 그 결과 B, C는 물론 A라는 통로로까지도 물(재원)을 흘려보낼 수 있을 것이다(유범상, 2012). 이상에서 보듯이 복지국가의 정치는 재원(M)을 얼마만큼 누구에게서 가져올 것인가를 둘러싼 즉 조세 정치라고 할 수 있다. 한편 재원은 누가 부담하는가, 즉 M1인가 M2인가에 따라 복지 정치의 내용이 달라진다. 이것은 다음 절에서 자세히 살펴본다.

2. 조세 정치의 쟁점과 유형: 어떤 계급이 더 이익인가

조세 정치의 조감도에서 보듯이 누가 얼마만큼을 부담할 것인가가 조세 정치의 핵심이다. 이와 관련하여 두 가지 쟁점이 존재한다. 첫째, 파이프의 관(〈그림 4-1〉의 M)의 크기와 관련된다. 다시 말해 복지를 위한 세수를 늘릴 것인가 아니면 줄일 것인가 하는 문제이다. 예를 들어 다국적기업들은 조세감면기간제(tax holidays), 보조금, 세금공제 따위의 형태로 각국의 정부로부터 상당한 정도의 양보를 받아내려고 하는데, 이것은 국민국가의 세수가 줄어드는 것을 의미한다(Mishra, 2002: 95). 이런 경우는 관을 좁히는 것이다.

두 번째 쟁점은 파이프의 물을 제공하는 주체와 연관되어 있다. 〈그림 4-1〉에서 M1은 직접세처럼 소득이전이 큰 반면, M2는 간접세처럼 소득이전이 상대적으로 적은 경우의 조세수입이라고 가정해 보자. 이와 관련하여 고프는 다음과 같이 언급한다:

> 우리 자신이 재무장관이나 그와 유사한 지위에 있다고 가정하고, 지난 몇 년간의 점증하는 국가지출에 대한 재원 조달을 시도하여 보자. 그랬을 때 우리가 할 수 있는 선택은 다음과 같다.
>
> ① 가계에 대한 직접세를 올리는 것이다.
>
> ② 자본주의 부분에 대한 직접세를 올리는 것이다.
>
> ③ 간접세를 올리는 방법이 있다.
>
> ④ 국가채무를 늘리는 방법이 있다(Gough, 1990: 160-161).

이처럼 "복지국가의 비용이 가계 부문, 특히 광범위한 노동계급에 의해 부담될 수 있다면 국가지출의 팽창은 반드시 잉여가치와 자본축적을 저해하지 않을 것이다. 그러나 이것은 하나의 극단적인 경우이다. 다른 한편으로 정반대의 상황, 즉 모든 조세가 자본에 의해 최종적으로 부담되어 잔여 잉여가치를 감소시키는 상황도 마찬가지로 비현실적 가정이다"(Gough, 1990: 161). 따라서 조세 정치는 이 두 극단 간의 어디에선가 타협점을 찾는다.

그동안 부담 주체를 둘러싼 제도로 간접세 방식과 직접세 방식이 지적되어 왔다. 보통 직접세[2]는 납세자의 소득이나 자산에 비례해 매

2) 본래 직접세와 간접세를 구분하는 기준은 실제 세금을 부담하는 '부담자'와 세금을 과세 당국에 납부하는 '납세의무자'의 관계이다. 직접세는 세금부담자와 납세의무자가 일치하는 세금이다. 예를 들어 소득세의 경우 세금 부담자가 자신의 소득에서 일부를 국가에 낸다. 회사에서 총무과 직원이 대행해 주지만 법적 납세의무자는 근로자 자신이다. 반면 간접세는 세금부담자와 납세의무자가 일치하지 않는 세금이다. 예를 들어 부가가치세의 경우 내가 물건을 살 때 애초 상품 가격의 10%를 부

겨지기 때문에 소득재분배에 기여하지만, 간접세는 납세자의 소득과 무관하게 물품 가격에 붙는 세금이기 때문에 소득 역진적 성격을 가진다고 평가된다. 이런 점에서 세금은 그 방식에 따라 소득재분배의 내포한다. 또한 직접세의 경우, 역진 불가능 효과(ratchet effect)가 작용하는 속성이 있다는 것이 지적되어 왔다. 직접세는 일단 한 번 인하되면 그것을 다시 인상하는 것은 정치적으로 매우 어려운 선택이 될 것이기 때문이다(Mishra, 2002: 92-93).

이상에서 보듯이 조세 정치는 〈그림 4-1〉의 파이프(제도) 설계를 둘러싼 싸움이다.[3] 즉 조세 정치는 계급들 간 상이한 이익을 둘러싸고 끊임없이 새로운 균형점을 찾아 움직이고 있다. 양자는 서로 상이한 정치를 추구하고 있는 것이다. 조세의 부담과 양을 둘러싼 조세 정치는 두 경향으로 유형화할 수 있다. 하나는 조세 정치를 통해 탈상품화를 꾀하고 이를 통해 자본주의의 갈등을 관리하려는 입장이다. 이때 조세는 능력에 따른 과세로써 직접세를 선호한다. 이것은 불평등과 빈곤에 맞서는 탈상품화의 정치로서 보편적 복지의 원리이다.

가가치세로 추가 지불하지만, 이 세금을 납부하는 법적 의무자는 내가 아니라 나에게 물건을 판 사람이다(오건호, 2011: 105-106). 전통적으로 직접세와 간접세는 조세의 계급적 성격을 파악하는 주요한 수단이었지만, 점차 조세 체계가 복잡해지면서 이것이 전체 세목들을 나누는 기준이 되기가 어려워졌다. 필자는 조세의 계급성을 파악하고자 할 때는 전통적인 직접세, 간접세 구분법이 여전히 유효하다고 생각한다. OECD 조세 범주로 보면, 대체로 소득이윤과세・사회보장기여금・고용과세, 자산과세가 직접세, 그리고 소비과세와 기타과세가 간접세로 간주될 수 있다. 하지만 자산과세, 소비과세, 기타과세 각각에 일부 조정이 필요한 세목들이 있다(오건호, 2011: 107-108).

3) 물론 복지 위기는 내부 정치 뿐만 아니라 외부 정치와 환경에 따라 위기가 발생한다. 예를 들어 세계화에 따른 각 국가 간의 조세 인하 경쟁이나 OECD와 IMF와 같은 국제기구나 국제금융기구의 조세 인하 등의 권유도 조세 정치에 영향을 미치기 때문이다.

〈표 4-1〉 두 개의 조세 정치: 자유주의 vs 사회민주주의

	자유주의 유형	사회민주주의 유형
복지의 일차적 책임	국가	시장
과세 원리	능력에 따른 부과, 필요에 따른 분배	동일기여 동일급여
관심 영역	빈곤과 불평등의 완화, 소득이전	시장의 효율화
상품화	탈상품화의 정치	상품화의 정치

한편, 자유주의형 조세 정치는 인두세를 떠올리면 그 실체에 쉽게 다가갈 수 있다. 1980년대에 들어 자본 및 금융시장에 대한 규제가 철폐되기 시작한 것은 자본의 이동과 투자의 기회가 범세계적으로 더욱 확대되는 것을 의미했다. 이런 흐름은 최고소득세율을 인하하고 법인세를 낮추는 추세를 더욱 가속화하였다(Mishra, 2002: 89):

> 대부분의 국가에서 조세 개혁은 그 부담을 중간소득 및 저소득 계층에게 하향적으로 전가시킨 반면, 고소득 계층들에게는 대대적인 세금우대 혜택을 제공해 주었다. 그리하여 공적 지출을 하기에 부족한 재원에 대해서는 일부는 재정적자의 확대를 수반하는 외부 차압을 통해서 조달하였고, 나머지는 전반적인 과세 수준은 유지하면서 조세 구조를 역진화 시키는 방법을 통해 충당하였다. 이런 방향으로의 변화는 거의 모든 나라에서 공통적으로 발견되긴 하지만, 조세 역진성을 포함한 이런 변화의 추세들 역시 앵글로 색슨 국가들에서 좀 더 뚜렷이 드러난다. 세계화의 압력을 등에 업고 신자유주의 이데올로기가 지배적인 가운데 누진적 과세정책이 정당성을 잃었고, 이데올로기적 분위기도 직접세를 전반적으로 인하하는 것을 압도적으로 지지하는 분위기로 돌아서게 되었다(Mishra, 2002: 90).

이처럼 자유주의형 조세 정치는 세금을 '공평하게' 부담하는 것을 이상으로 삼고 있다. 다시 말해 영국 대처 정부의 인두세에서 보듯이 재산이나 능력보다는 사람 수에 따라 부담하는 것을 원칙으로 한다. 이것은 복지를 시장에 맡겨야 한다고 보고 효율적인 시장이 개인의 복지를 책임질 수 있다고 보았다. 따라서 과세와 복지의 원리는 동일 기여 동일 급여에 있다. 또한 이것은 직접세보다는 간접세 형태의 조세를 선호한다. 이것은 세금의 절대량 자체를 줄이는 것이 바람직하다고 본다. 이런 방식에서 부유층에서 빈곤층으로 소득의 이전 효과가 미미하다.

이처럼 조세 정치는 기본적으로 탈상품화를 위한 사회 임금을 만들기 위해 어디로부터 어떻게 재원을 만드는 것과 관련되어 있다. 즉 좌파는 누진적 효과가 발생하는 직접세를 강조한다면, 우파는 역진적인 효과가 발생하더라도 간접세를 강조하는 경향이 있다. 이런 구상은 재원의 출구, 즉 사회복지의 내용에 영향을 미친다. 좌파는 복지를 통한 조건의 평등을 위해 높은 탈상품화와 낮은 계층화를 강조한다면, 우파는 기회의 평등을 강조한다.

이상에서 보듯이 조세 정치는 어떤 특정 이념을 가진 세력이 정책 주체가 되는가에 따라 달라진다. 따라서 조세 정치의 향방은 세력 관계와 함수 관계에 있다. 권력자원설에 따르면 복지국가 형성의 정치에서 세력 관계는 조직 노동과 조직자본이며, 이들 간의 타협을 정부가 중재한다. 이런 점에서 복지 정치는 삼자협의주의나 사회적 조합주의 형태를 띠고 나타났다. 이처럼 조세 정치는 정책 그 자체를 제도 분석하는 것이 아니라 조세정책 이면에서 있는 이념과 세력 관계를 이해해야 한다.

3. 조세 정치와 프레임: 동의를 위한 게임

조세는 누군가가 돈을 내는 것이다. 그 누군가는 돈을 내는 것과 그 방식에 저항할 수 있다. 따라서 한편으로는 정부가 한편으로는 강제력을 행사해야 한다. 그리고 다른 한편으로 이 돈을 부담하는 것에 대한 동의를 얻도록 노력해야 한다. 돈을 부담하는 주체가 돈을 흔쾌히 부담할 수 있도록 할 때 조세는 저항 없이 거두어질 수 있기 때문이다.

그람시는 동의와 관련하여 헤게모니의 개념을 제시했다. 헤게모니는 특정 분파의 이익이 마치 모든 사람의 이익인 것처럼 보이게 하는 능력이라고 할 수 있다. 즉 자유주의형 조세 유형은 특정 세력에게 유리할 것인데, 마치 이것은 불가피하게 보이거나 모든 사람에게 유리한 것처럼 보이게 하는 것이다. 이를 통해 그 조세 징수 방식하에서 불리한 위치에 있는 사람조차도 그 유형의 조세에 동의하도록 만든다.

래코프의 프레임 개념은 헤게모니를 이해하는 데 도움을 준다. 그는 프레임을 다음과 같이 정의한다:

> 프레임(framc)이란 우리가 세상을 바라보는 방식을 형성하는 정신적 구조물이다. 프레임은 우리가 추구하는 목적 우리가 짜는 계획, 우리가 행동하는 방식, 그리고 우리 행동의 좋고 나쁜 결과를 결정한다. 정치에서 프레임은 사회정책과 그 정책을 수행하고자 수립하는 제도를 형성한다. 프레임을 바꾸는 것은 이 모두를 바꾸는 것이다. 그러므로 프레임을 재구성하는 것이 바로 사회적 변화이다(Lakoff, 2004: 17).

이런 맥락에서 래코프는 세금 구제라는 프레임이 어떻게 보수주의자들의 이익을 구체화하여 시민들의 동의를 얻어냈는지를 보여준다:

> 조지 W. 부시가 백악관에 입성한 바로 그날부터 백악관에서는 '세금 구제(tax relief)'라는 용어가 흘러나오기 시작했습니다. '구제(relief)'라는 단어의 프레임을 생각해 봅시다. 구제가 있는 곳에 고통이 있고, 고통받는 자가 있고, 그 고통을 없애 주는 구제자, 다시 말해 영웅이 있게 마련입니다. 그리고 어떤 사람들이 그 영웅을 방해하려고 한다면, 그 사람들은 구제를 방해하는 악당이 됩니다. … 그리고 곧 민주당원들까지 '세금 구제'란 말을 쓰기에 이르렀습니다. 자기 발등을 자기가 찍는 격입니다(Lakoff, 2004: 24-25).

이상에서 보듯이 '세금 구제(tax relief)' 개념으로 공화당은 조세정치에서 유리한 고지를 점령했다. 감세를 '세금으로부터의 구제'라고 규정함으로써, 우파들은 감세안에 반대하는 사람들을 본질적으로 '나쁜 사람'으로 규정하는 데 성공했기 때문이다(Dean, 2004: 10).

이처럼 조세 정치는 국민들의 지지를 획득하기 위한 프레임 정치와 깊은 연관이 있다. 따라서 상이한 이념을 가진 정당들은 자신의 생각을 보편적인 것으로 만들기 위한 프레임 전쟁, 즉 동의의 게임에 몰두한다.

III. 영국의 복지 유형과 조세 구조: 급격한 변화와 완만한 내부 조정

1. 급격한 변화: 복지국가 유형과 조세 정치

윌렌스키와 르보가 정의한 잔여주의와 제도주의 개념은 복지국가 유형을 논의할 때 가장 널리 쓰인다. 이 구분에 따르면 영국은 1945년 이후부터 1979년 이전까지 제도주의적 복지국가 유형이었지만, 1979년 이후는 잔여주의적 복지국가 유형으로 분류된다(Briggs, 1961; Mishra, 1981). 제도주의 유형이 잔여주의 유형으로 극적인 변화를 일으킨 것은 1979년 총선 승리를 통해 집권한 대처 정부 때문이다. 신자유주의에 기반하고 있는 대처리즘은 "전후에 정착된 사회 근본적인 사회적, 정치적, 경제적 그리고 심지어 문화적 단절을 대변하는 것"(Hay, 1996: 127)으로서, 이것은 제도주의 복지국가가 잔여주의형 복지국가로 변화한 것을 의미한다. 대처는 하이예크의 신자유주의 지도에 따라 반노조주의, 탈규제와 민영화, 자유시장의 확대 등의 정책을 관철했다.[4] 이런 대처의 정책은 사회복지 영역에서도 나타났는데, 이에 따라 민영화와 시장 기준이 도입된 다원적 복지 체제가 진행되었다(고세훈, 1999: 543-544).

대처가 낸 새로운 길은 신노동당의 '제3의 길'과 보수당의 '큰 사회

---

4) 1984년~85년의 광부들의 파업을 타협 없이 진압하는가 하면, 1992년에는 그동안의 경제정책 삼자협의 테이블인 국가개발위원회의 폐지, 1980년 피켓팅 제안, 1990년에는 2차적인 쟁의행위 금지, 1993년에는 노조의 파업에 대한 손해배상 청구의 합법화 등의 법 개정을 통한 단체행동권을 제약하는가 하면, 클로즈드 숍제도와 노동조합비 원천공제제도의 폐지 등을 통해 노동운동의 권력을 약화시켰다(강상구, 2000: 109-110).

론'(Big Society)이 이어갔다. 신노동당은 '정부를 적이라고 말하는' 신자유주의의 신우파와 '정부가 해답이라고 말하는' 사회민주주의의 구좌파를 넘어서는 것이라고 자신들을 주장했지만(Giddens, 1998: 121), 실상은 신자유주의의 그늘에서 자유롭지 못했다. 우선 노동조합의 영향력을 신노동당에서 약화시키고자 공동소유를 규정하고 있는 노동당 당헌 4조의 개정을 착수했고, "기든스의 제3의 길을 만드는 작업에서 노조의 역할은 언급조차 되지 않으며, 사회민주주의 혁신에 관한 광범위한 문헌들에서도 마찬가지로 노조의 역할은 배제"했다(정승국, 2005: 94). 또한 신혼합경제(new mixed economy)라 불리는 경제정책은 "시장원리의 강화, 사적 영역의 확대, 그리고 규제 완화"를 기반으로 하고(김종일, 2001: 62), 이런 맥락에서 블레어 정부는 복지국가 대신에 적극적인 복지사회 맥락에서 작동하는 '사회투자 국가'(social investment state)를 건설해야 한다고 주장했고 뉴딜사업을 구체화했다. 전자가 복지를 상품화하기 위한 투자라면, 후자는 국가 복지에 의존하는 취약계층 가운데 노동 능력이 있는 사람은 복지 명부에서 빼내어 노동시장으로 편입시켜 복지지출을 줄이면서 동시에 노동시장의 유연성도 높이겠다는 의도를 담고 있는 것이다(김종일 2001: 64; 정승국, 2005: 99-103).

한편, 현재 집권당인 보수당은 신노동당을 국가 개입의 정당으로 비판하면서도 표면상 대처의 신자유주의를 표방하지는 않았다. 캐머론 수상은 근대화된 온정적 보수주의(modern compassionate Conservatism)(Cameron, 2006)를 표방하면서, 자신의 길은 신자유주의도 제3의 길도 아닌 '큰 사회론'이라고 주장했다. 큰 사회론은 국가의 책임도 시장의 책임도 묻지 말고, 사회 자신이 위험과 문제를 스스로 해결해야 한다고 역설하면서 권력이 이제 국가에서 개인과 지역으로 넘어가야 한다고 주장했다. 이것은 일견 진보적인 것처럼 보이지만, 시장의 모순에 대해 국가가 아닌 개인이 책임져야 한다는 신자유주의의 논의 구도와 다를 바가 없다. 좀 더 진전된 것이 있다면, 사회의 책임을 적극적으로 강조하고 있다는 점이다.

이상에서 보듯이 복지국가 유형은 제도주의형에서 자유주의형으로 급격하게 바뀌었다. 여기에서 주목할 것은 노동당의 제3의 길과 보수당의 큰 사회론이 신자유주의의 흐름 속에 존재한다는 점이다. 이런 상황에서 조세 정치도 제도주의형에서 자유주의형으로 변경이 불가피할 것이다. 다음의 조세 구조는 이를 설명해 줄 것이다.

2. 영국의 조세제도: 완만한 내부 조정

영국의 세법 체계는 판례를 통해, 그리고 매년 재정되는 세입예산법(Finance Act or Bill)을 통해 운용되고 있다는 점이 특징이다. 영국 조세제도는 중앙정부와 지방정부의 재정을 지원하기 위해 운영하고 있다. 중앙정부 수입은 소득세, 국민연금, 부가가치세, 법인세와 연료세 등으로 구성되고, 지방정부 수입은 중앙정부의 교부금, 잉글랜드와 웨일즈는 사업세, 지방세(council tax) 등 조세수입과 수수료와 노상주차 요금과 같은 세외수입으로부터 나온다.[5)]

세율의 측면에서 1975년 이후로 각 국가는 조세 수준이 비슷하게 유지되는 것을 볼 수 있다. 즉 〈표 4-2〉에서 보듯이 영국은 35% 중

5) 영국 지방세제도의 운영은 지방재정 조정제도와 매우 밀접한 관계를 유지하고 있다. 지방재정의 양대 축은 지방세와 교부금이라고 할 수 있으므로 이들 두 제도 간에 연계성이 높으면 높을수록 지방재정을 효율적으로 운영할 수 있는 가능성이 많아진다. 그리고 지방세제도의 운영 과정에서 발생하는 불공평 문제에 대해 교부금 제도를 통하여 교정해 나간다.

〈표 4-2〉 국가 간 조세부담 비교 (단위: GDP 대비 조세와 사회보장 기여금의 %)

	1975	1980	1985	1990	1995	2000	2005
스웨덴	42	47	49	53	48	53	51
덴마크	39	43	47	47	49	49	50
벨기에	40	41	44	42	44	45	45
핀란드	37	36	40	44	46	48	44
노르웨이	39	43	43	42	42	43	44
프랑스	36	43	42	42	43	44	44
이탈리아	25	30	34	38	40	42	41
네덜란드	40	43	43	43	40	40	39
영국	35	35	38	37	35	37	37
스페인	18	23	27	33	32	34	36
독일	35	38	37	36	37	37	36
캐나다	32	31	33	36	36	36	33
미국	26	26	26	27	28	30	27
일본	21	25	27	29	27	27	27
한국	15	17	16	19	21	24	26

자료: OECD(2007).

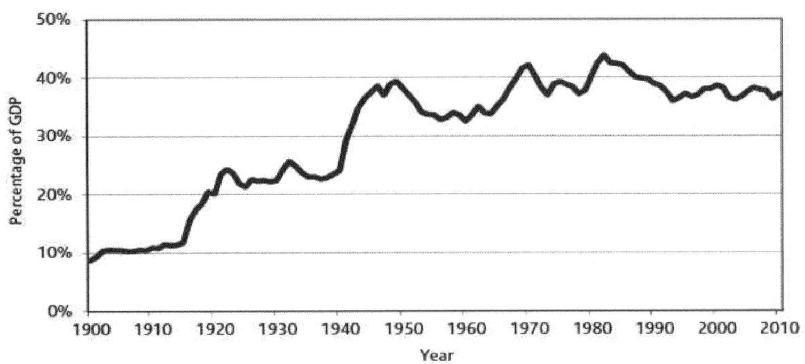

Sources: T. Clark and A. Dilnot (2002), *Long-Term Trends in British Taxation and Spending*, IFS

〈그림 4-2〉 GDP 대비 정부수입(1900~2010)

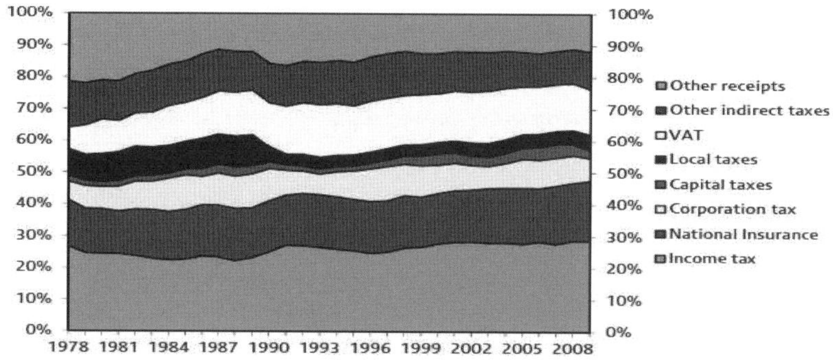

Source: HM Treasury; see http://www.ifs.org.uk/ff/revenue_composition.xls.

〈그림 4-3〉 정부수입의 변화(1978/1979～2009/2010)

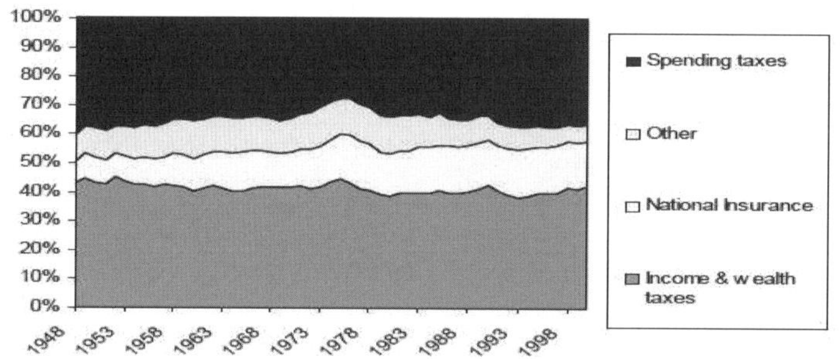

Source: Authors' calculations based on data from the Office for National Statistics.

〈그림 4-4〉 1948년 이후 정부세입의 변화

후반을 유지해 왔고, 북유럽 국가들과 비교하면 저세율 국가군에 속한다.

〈그림 4-2〉에서 보듯이 1945년 복지국가의 등장 이전과 이후가 상당한 차이를 보인다. 그러나 1945년 이후 정부 조세수입이 약간의 변화만을 거듭했고, 특히 1990년대 이후 안정된 상태를 보이고 있다. 이런 변화는 상이한 이념을 가진 정당이 집권한 정치 변화를 설명하

지 못하는 것처럼 보인다.

〈그림 4-3〉은 이념 정당 간의 정권 교체를 설명해 줄 수 있는 단서이다. 즉 정권 교체가 조세수입의 내용에 변화를 가져다 준 것을 볼 수 있다. 소득세가 가장 중요한 몫을 차지하는 가운데, 간접세인 부가가치세와 사회보험기여금이 늘어난 반면 자본세, 법인세 등의 직접세는 줄어들었다.

〈그림 4-4〉는 이것을 보다 잘 보여주고 있다. 소비세와 사회보험료가 1970년대 말부터 늘어나는 대신 소득세와 부유세는 완만하게 감소해 왔음을 보여준다.

한편, 〈그림 4-5〉는 영국 정부의 수입과 지출의 현 상태를 보여준다. 노동당 이후 보수당 정부의 예산안에서 조세수입의 추정치를 보게 되면, 여전히 소득세가 가장 중요한 수입인 반면, 부가가치세와 사회보험기여금이 높게 책정되어 있다는 것을 볼 수 있다.

조세 구조가 제도주의 유형에서 자유주의 유형으로 변하고 있다는 것은 조세수입의 구조변화에서도 발견되지만, 소득세의 과표 구간 변경에서도 찾아 볼 수 있다. 〈표 4-3〉에서 보듯이 1978/1979 회계연도와 2011/2012 회계연도는 중간세율이 33~22로, 최고세율이 40-83에서 40으로 낮아졌다.

이상에서 살펴본 통계가 세입 측면의 지표라면, 세출의 차원에서도 정책 변화가 나타난다. 즉 영국 사회정책과 관련된 추이는 복지지출의 조정을 보여준다. 〈표 4-4〉에서 보듯이 대체적으로 대처 정부의 집권 전에 사회정책에 대한 공적 지출은 모든 영역에서 증가했다. 하지만, 대처 정부의 등장 이후 매우 완만하게 감소한다. 그리고 블레어 정부 집권 이후 다소 증가하는 것을 볼 수 있다.

이상에서 보듯이 상이한 이념을 가진 정당의 정권 교체에도 불구

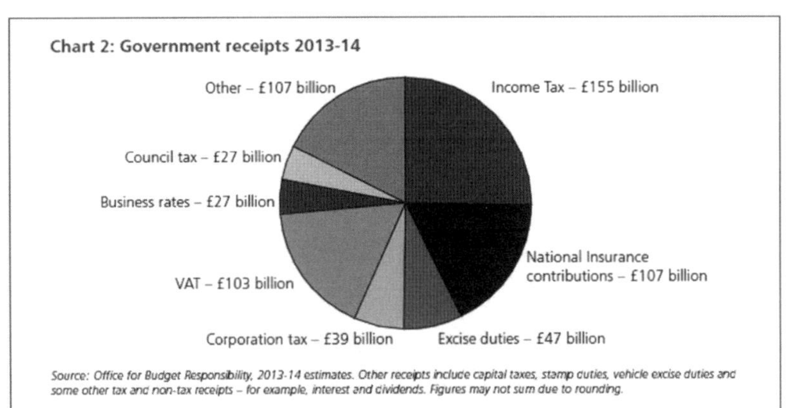

〈그림 4-5〉 조세수입 추정치(2013~2014)

〈표 4-3〉 근로소득 중 소득세 비율(1978/1979~2011/2012)

Year	Starting rate	Basic rate	Higher rates
1978-79	25	33	40-83
1979-80	25	30	40-60
1980-81 to 1985-86	-	30	40-60
1986-87	-	29	40-60
1987-88	-	27	40-60
1988-89 to 1991-92	-	25	40
1992-93 to 1995-96	20	25	40
1996-97	20	24	40
1997-98 to 1998-99	20	23	40
1999-2000	10	23	40
2000-01 to 2007-08	10	22	40
2008-09 to 2009-10	-	20	40
2010-11 to 2011-12	-	20	40-50

하고 전체적으로 보면 복지지출의 수준이 급격하게 변화하지 않았다. 즉 대처 집권 이후에도 주택을 제외한 대부분의 분야에서 복지 삭감

〈표 4-4〉 공적지출과 사회정책 (단위: GDP 대비 공적지출 %)

	1973/74	1974/75	1980/81	1985/86	1990/91	1995/96	1999/2000	2006/07
사회보장	8.2	9.4	9.8	11.1	9.5	11.4	10.1	10.0
의료	3.9	5.0	5.1	4.9	5.0	5.7	5.3	7.1
교육	5.8	6.5	5.6	4.9	4.8	5.1	4.5	5.5
대인사회서비스	0.8	1.0	1.0	1.0	1.0	1.2	1.4	2.0
주택	3.3	3.8	3.8	2.1	2.1	2.3	1.7	1.8
사회정책총계	21.9	25.4	25.4	23.9	22.4	25.8	23.0	26.4
관리되는 공적지출 총계	44.7	50.1	50.1	45.8	40.1	42.4	37.0	41.5

자료: Glennerster and Hill, 1998: HM Treasury(2008).

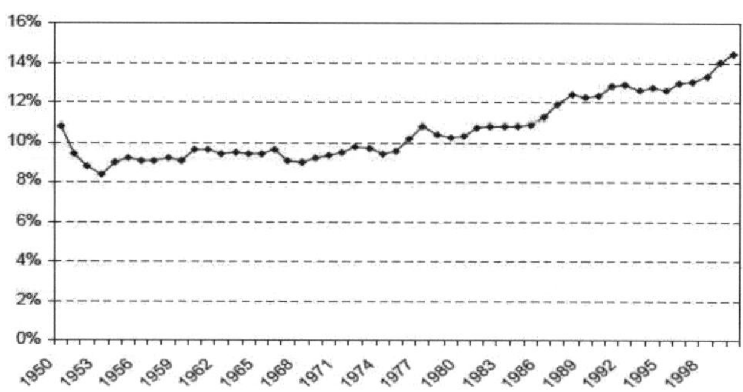

Source: NHS spending figures from Department of Health, *The Government's Expenditure Plans*, various years; GGE from Office for National Statistics.

〈그림 4-6〉 1950년 이후 정부지출 중 건강 관련 지출

이 상당히 제한되었고, 복지지출 또한 거의 줄지 않았다. 오히려 〈그림 4-6〉에서 보듯이 의료복지비는 꾸준히 상승해 왔다.

이런 점에서 대처 정부의 집권과 복지국가 허물기 시도에도 불구하고, "다른 영역들, 예를 들면 거시경제정책과 노사 관계, 규제정책 및 산업정책 등에서 추진된 개혁에 견주어 볼 때 복지국가는 의연히 상대적인 섬"으로 남아 있다(Pierson, 1994: 28). 이처럼 복지의 총량은

변화하지 않았는데, 교육과 의료 등의 영역에서 복지지출이 증가하는 것은 무엇을 의미하는가? 이것은 복지 내부의 조정이 진행되었다는 것을 보여준다.

구체적으로 복지 조정은 각 정책에 따라 불균등하게 일어난 것으로 보이는데, 즉 다른 프로그램에 비해 주택 프로그램, 실업보험급여, 그리고 국가 연금제도에서 대폭적으로 축소가 일어났다. 다시 말해 전체 복지비가 유지되었으며 보편적 프로그램인 연금과 NHS는 크게 삭감되지 않고 유지된 반면 선별적 프로그램인 실업급여와 보충급여 그리고 주택지출은 삭감되었고 통제가 강화되었다(유범상 · 이현숙, 2008: 347). 무엇 때문에 이런 현상이 일어났는가? 이것은 관련 집단, 즉 이익집단 또는 중간 계층의 저항 때문이다(김영순, 1998; Pierson, 1994). 즉 조세 정치와 복지 정치가 작동했다는 것을 알 수 있다. 다음에서 이것을 자세히 살펴본다.

Ⅳ. 갈등과 타협: 상이한 이념 정당들의 유사한 조세정책

1. 두 설계자: 과세와 지출의 정당 vs 감세와 성장의 정당

조세 정치는 상이한 이념에 따라 두 개의 서로 다른 정치가 작동할 개연성이 높다. 계급 균열에 기반을 두고 발전해 온 영국 정치는 이것을 극명하게 보여준다. 토리와 휘그 즉 보수당과 자유당이던 양대 정당은 1900년 노동당 창당 이후 점차 보수당과 노동당의 양당 체제로 변모했다. 노동당이 노동자주의(labourism)와 영국식 사회주의에 기초해서 사회민주주의를 추구해 왔다면, 보수당은 온정적 보수주의와 시장자유주의(신자유주의)에 기초하여 자유주의형을 고집해 왔다.[6] 물론 각 정당 내부가 단일한 것은 아니다. 노동당은 그 내부에 좌우파가 있어 점진적인 사회주의를 추구하는 그룹과 제3의 길로 구체화된 우파가 있다. 한편 보수당 역시 좌우파로 나뉘어 온정적 보수주의의 관점에서 복지국가를 수용하는 상대적으로 좌파적인 그룹과 대처주의로 구체화된 신자유주의 그룹이 존재한다.

이런 각 정당 내부의 분화에도 불구하고 대체적으로 노동당은 복지국가(사회민주주의) 추구하는 정당으로서 조세 정치에서 소득이전을 목표로 누진적인 과세정책을 선호해 왔다고 평가된다(Mishra, 2002: 119). 노동당은 특히 전후에 베버리지 리포트에 기반해서 복지국가를 형성해 온 주역이고 보수당을 전후합의에 끌어들여 복지국가를 30년 동안 지켜왔다. 비록 1980년대 신자유주의 물결 속에서 제3의 길로 '전향'을 했지만 그럼에도 불구하고 여전히 진보의 가치에 기대고 있다. 따라서 노동당은 탈상품화를 위한 조세 정치를 펼쳐 왔다.

한편 보수당도 내부 분화에도 불구하고 대체적으로 "낮은 과세를 믿는 유일한 정당"이라고 자타가 공인한다(Wilson, 1992: 103). 이런 보수당의 정체성이 확립된 것은 1980년대 대처의 집권에서였다. 인

---

6) 비치(Beech, 2009)는 보수당의 이데올로기를 세 가지로 구분하고 있다: 일국보수주의, 신우파, 자유적 보수주의(One Nation, New Right/Thatcherite, liberal conservatism). 한편 노만(Norman, 2010: 87)은 보수당의 이념적 스펙트럼이 상당히 넓다는 것을 인정하지만 크게 두 가지로 수렴된다고 보고 있다: 자유주의적 보수주의(Liberal or Libertarian Conservatism), 온정주의적 보수주의(paternalist conservatism). 노만의 자유주의적 보수주의는 liberal과 libertarian으로 구분되는데, 이것은 각각 비치의 liberal과 New right/Thatcherite에 해당한다. 자유주의적 보수주의는 사적소유, 자유시장, 경쟁, 지방주의(localism)과 연관된다면, 온정적 보수주의는 공동체와 사회적 안정에 주목한다.

두세의 도입과 민영화, 탈규제 등의 전형적인 신자유주의 정책은 소득 역진적인 효과로 귀결되었기 때문이다.

이처럼 노동당이 증세의 이미지라면, 보수당은 감세의 이미지를 갖고 있다. 실제 이 이미지는 각 정당이 실천의 결과이다. 보수당은 대부분의 선거에서 세금감면을 주장했다. 복지합의의 시기인 1959년에도 보수당은 공약에서 '우리는 일곱 차례나 예산안에서 세금을 낮추어 왔다. 그러면서도 사회보장을 지속적으로 발전시켜 왔다'는 점을 강조했다(강원택, 2007: 49-50).

한편 노동당은 복지국가 건설을 위해 부유층에 대한 세금징수를 주장해 왔다. 하지만 노동당은 보수당의 감세정책을 부유층을 위한 것이라고 비판을 하였지만 세금징수에 대해 침묵하거나 적극적으로 주장하지는 않았다. 선거에서 불리했기 때문이다. 특히 1980년대를 경유하면서 점차 이 입장은 변해갔다. 후퇴가 본격화 된 것은 1987년 총선을 준비하면서 부터이다(Cliff and Gluckstein, 2008: 515). 노동당 당수 키녹은 '인간의 얼굴을 한 대처리즘'의 전도사를 자처했고, 해터슬리(당시 노동당 부당수)는 사기업 자본가들을 안심시키려고 노동당이 집권하더라도 부자들에게 세금을 많이 매기지 않겠다고 약속했다. 1986년 9월 그는 영국 증권회사인 그린웰몬태규의 주선으로 뉴욕의 기관 투자가들 앞에서 연설하며, 차기 노동당 정부가 1979년 전의 '고율의 세금 체계'로 돌아가 최고 부유층에게 거액의 세금을 부과하는 일은 없을 것이라고 약속했다(Cliff and Gluckstein, 2008: 518, 517).

노동당의 이런 입장은 1992년 선거에서 패배한 직후 더욱 강화된다. 노동당 지도부들은 1992년 선거에서 보수당의 세금 폭탄 캠페인(tax bombshell campaign) 때문에 패배했다고 보았다. 이들은 이 선거를 통해 유권자들이 VAT 보다 소득세의 증감에 훨씬 민감하다는 것을 깨달았다. 유권자들의 압도적인 다수는 더 나은 교육과 건강을 위해 더 많은 세금을 내야 한다고 생각했다. 그러나 투표소에서 이상한 이타주의가 나타났다. 대부분의 사람들은 부자가 더 많은 세금을 내야 한다고 생각했지만, 자신들의 누구도 자신들을 부자로 생각하지 않았기 때문이다(Linton1997: 160).

한편 보수당은 실제 감세 정당으로 꾸준히 자신의 길을 갔다고 평가될 수 있을까? 대처 정부가 감세정책을 폈다고 하지만, 대처 정부 후반기가 되면 실제 국민 1인당 전체적인 세금 부담은 1979년 보수당이 처음 집권했을 때보다 오히려 높아졌다(강원택, 2007: 53).

이상에서 보듯이 두 정당은 조세정책에 있어 명확한 차이가 있는 듯이 보이지만 실제는 그 차이가 크지 않았다. 그것은 조세와 복지에 대한 양당 간의 합의 때문이었다. 그렇다면 왜 양자 간에는 큰 차이가 존재하는 것처럼 보이는 것일까? 그것은 프레임정치의 효과이다.

2. 합의의 정치와 프레임 정치

영국의 명확하게 구분되는 두 정당인 보수당과 노동당은 조세정치에 있어서 큰 차이를 보이지 않는다. 그것은 영국의 합의의 정치의 전통에서 찾을 수 있다. 이것을 잘 표현하는 개념이 버츠켈리즘(Butskellism)과 블레처리즘(Blatcherism)이다.

버츠켈리즘은 전후 합의를 상징한다. 즉 1945년 복지국가의 등장 이후 애틀리 정부의 재무상인 게이츠켈(Hugh Gaitskell)과 그 뒤를 이은 처칠 정부의 재무상 버틀러(Butler)는 상이한 정당에 소속되었음에도 불구하고 너무나도 흡사한 예산안을 제출했다. 어떻게 된 일일까?

두 정당은 모두 전후 재건 계획이 케인즈주의의 프로그램을 따랐기 때문에 큰 차이가 존재하지 않았다. 따라서 1979년 이전까지 세금 이슈는 영국에서 정치적으로 매우 민감하고 대립적인 문제는 아니었다(강원택 외, 2007: 50). 이처럼 1970년쯤 노동당과 보수당의 강령에는 질적인 차이가 거의 없었다. 보수당 부총재를 지낸 레지널드 모들링은 1967년 다음과 같이 말했다. 노동당 정부는 "우리의 문제들을 물려받았다. 그들은 우리의 해결책도 많이 물려 받은 것 같다"(Cliff and Gluckstein, 2008: 444).

이 상황은 대처의 등장과 함께 급격하게 변화했다. 대처는 버츠켈리즘을 구질서로 폄하하고 신자유주의에 입각한 새로운 질서의 창조를 감행했다. 그녀의 가방 속에 들어 있는 성경책은 하이예크의 『노예의 길』이었다. 이 책은 사회복지와 국가 개입이 사람들을 의존적으로 만든다고 보았고 이 증상을 영국병이라고 진단했다. 즉 대처는 전후 합의의 탈상품화의 정치가 영국인들을 존엄과 자립, 자조정신을 잃도록 만들었다고 비판했다. 따라서 대처는 자유화, 민영화, 탈규제 등을 통해 시장 중심으로 경제와 사회를 재편하고자 했다.

대처가 인두세 파동으로 물러난 직후 치러진 선거에서도 보수당이 집권하여 1979년부터 1997년까지 보수당은 18년 동안 권력을 유지했다. 이 사이에 영국의 복지국가는 제도주의형에서 잔여주의형으로 서서히 선회했다. 이 상황에서 노동당은 집권을 위해 발상을 전환했다.

노동당은 노동당의 패배를 계급 본성의 변화에서 찾았다. 구체적으로 1959년 노동당이 패배한 후 당수였던 게이츠컬은 그 원인을 노동자 본성의 변화에서 찾았다. 그는 말한다: "이렇게 불리한 흐름의 원인은 무엇인가? 노동자들의 구성이 변했다. 광원들은 줄고 금속노동자들은 늘고, 농장노동자들은 줄고 점원들은 늘고, 육체노동자들은 줄고 사무직 노동자들은 늘고, 철도원들은 줄고 연구원들은 늘었다"(Cliff and Gluckstein, 2008: 397). 이처럼 정형화된 전통적인 계급 유형에 맞는 노동자들의 감소했다고 노동당은 평가했다. 즉 낮은 교육 수준, 임대주택, 중공업 산업에 종사하는 비슷한 조건에 있는 노동조건 등의 노동자들이 감소하면서 좌파 정당에 대한 전형적인 노동자들의 지지가 감소했다고 보았다. 이와 관련하여 한 영국의 비평가는 다음과 같이 말했다: "노동당의 전통적인 지지자들이 서비스 직업과 집으로 사라졌다." 특히 심각한 것은 60년대 이후 육체노동자의 수가 축소되었고 그 결과 1963년과 1983년 사이 7%까지 노동당지지의 육체노동자 유권자의 절대량이 줄어들었다. 좌파 정당의 자연적인 계급 유권자가 줄어들고 선거의 우연성이 증가함에 따라 정당들은 정치적 운에 자신을 내맡겨야 한다. 특히 노동당은 세금 부담에 대한 저항이 좌파 정당을 방해했다고 보았다(Harrop and Miller, 1987: 187-189). 이와 관련하여 노동당 당수 키녹은 경제적 성공을 위해서 국민적 합의가 필요하다고 말했다. 그는 블루칼라와 화이트 칼라를 '저들'과 '우리'로 편 가르던 시대는 이제 끝났다고 주장했다: "우리는 모두 하나다"(Cliff and Gluckstein, 2008: 518).

1994년 노동당내 우파였던 블레어는 이런 우경화의 상황 때문에 당수가 될 수 있었다. 블레어는 자신의 좌표를 구식 사회주의인 사회민주주의와 대처의 신자유주의의 사잇길로 제3의 길이라고 주장했다. 하지만 이것은 대처리즘과 매우 닮아 있었다. 실제 블레어는 대처를 모델로 삼았고 사회주의를 담고 있는 당헌4조의 폐지와 클로즈드숍 조항 폐지 등 대처의 신자유주의 정책을 세련된 포장지에 담아 실천한 것으로 평가받았다(Cliff and Gluckstein, 2008: 598). 이와 관련하여 데일리 텔레그래프 편집장은 브레어가 '보수당 총리로 딱 맞는 인물'이라고 평했다(Cliff and Gluckstein, 2008: 596). 이처럼 블레어는 대처와 점점 닮아 갔다. 이 현상을 나타내는 용어가 대처와 블레어의 이름을 딴 블레처리즘이다. 블레어는 "최고세율 납세자들 중에는 이제 최상층 부자로 분류하기 힘든 사람들이 있다"면서 "세금 인상의 부담을 실제로 떠맡아 고통을 겪는 중산층"을 염려했다(Cliff and Gluckstein, 2008: 592).

이상에서 보듯이 노동당과 보수당 간에 수렴현상이 나타났다. 그럼에도 불구하고 양자는 왜 다르게 보이는 것일까? 그것은 프레임 정치로 설명될 수 있다. 노동당에 대해 보수당의 전략은 항상 세금 폭탄(tax bombshell), 과세와 지출의 정당으로 몰아세운다. 1992년 선거에서 보수당은 '노동당의 세금 폭탄', '설상가상의 노동당: 더 많은 세금과 더 높은 물가'를 선거 구호로 내걸었다. 한편 노동당은 보수당을 부자들의 이익 대변 기구 또는 감세의 정당으로 비판했다(강원택, 2007: 58-59). 이런 노동당의 비판은 보수당이 복지를 축소한다고 주장할 때는 유효할지 모른다. 하지만 보수당은 어떤 사회복지도 축소하지 않으면서 세금을 올리지 않겠다고 약속했다(Glennerster, 2007: 174).

이상의 이미지를 유지한채 노동당은 선거에서 승리하기 힘들었다. 1970년대 중반에 국민들은 비록 NHS를 포함한 특별한 사회서비스에 대해 높은 수준을 유지하기를 원했지만 세금 축소를 지지하고 있었기 때문이다(Glennerster, 2007: 173). 〈표 4-5〉는 세금과 관련된 국민들의 정당 선호도를 나타내고 있다.

〈표 4-5〉에 따르면 1979년에 보수당은 노동당보다 2배 이상 지지를 받고 있다. 1992년의 경우 노동당이 어느 정도 지지를 회복했지만, 여전히 보수당에 비해 뒤쳐져 있다. 1997년이 되면 이 상황은 확실하게 변화한다. 이것은 노동당이 1992년 패배 이후 자신들의 입장을 변화시키는 과정에서 나타났다. 블레어는 높은 세금과 부도덕한

〈표 4-5〉 세금 관련 정당 선호도의 변화

	보수당	노동당	자유민주당	노동당우위 정도
1979	48	24	3	-24
1980	45	32	4	-13
1983	34	26	10	-8
1985	30	28	12	-2
1991	39	28	6	-11
1992	40	27	9	-13
1993	23	28	14	+5
1994	21	37	15	+16
1995	20	39	6	+19
1996	26	33	8	+7
1997	28	31	10	+3
1998	21	34	7	+13
2000	22	29	9	+7
2001	21	34	8	+13
2002	21	33	10	+12
2003	23	23	10	0
2005	22	27	12	+
2006	23	19	11	-4
2007	17	22	10	+5
2008	38	16	11	-22
2009	25	23	18	-2
2010	26	25	13	-1
2012	26	31	9	+5

자료: www.ipsos-mori.com

소비라는 노동당의 이미지를 몹시도 수정하고자 했다. 이를 통해 중산층에게 노동당이 집권하더라도 증세를 하지 않는다는 확신을 주고 싶어했다(Dorey, 1995: 257). 보다 적극적으로 블레어는 낭비와 비효율을 제거하여 얻은 돈으로 사회복지를 할 수 있다는 것을 확신시키고

경제성장에 적극적으로 나설 것이라고 주장했다. 이것은 세금과 소비의 정당이라는 이미지를 바꾸기 위한 프레임 정치였다(Dorey, 1995: 268).

이상에서 보듯이 프레임 정치는 노동당을 공격했다. 보수당의 프레임은 1979년 불만의 계절과 같은 경제 위기와 소득 저하 등의 모든 불행의 원인이 증세에 있는 것처럼 보이게 만들었다. 그 결과 노동당은 자신들의 프레임을 바꾸기 시작했고, 그 결과 권력을 획득할 수 있었다.

V. 대처의 인두세와 신노동당의 은밀한 변신

조세정치와 관련하여 보수당과 노동당은 소득세와 간접세에서 차이를 나타냈다. 예를 들어 신자유주의의 관점에서 대처의 경우 소득세의 축소와 간접세 중심의 증세전략을 선택했다. 그 결과 소득세는 1978~79년에 모든 재정의 34.6%에서 1988~89년에 28.1%로 감소했고, 같은 기간에 VAT는 8.3%에서 15.1%로 상승했다. 한편 전체 세금의 부담은 표준 가족(부인과 아이들을 둔 평균임금의 남편)당 1978~79년의 35.1%에서 1988~9년의 37.3%로 상승했다(Wilson, 1992: 105-106). 이처럼 대처 시기에도 세금은 올랐지만 그 내용은 소득세와 간접세의 조정을 포함하는 것이었다. 이처럼 보수당은 증세를 마다하지 않았지만 소득이전보다는 소득역진적인 조세정치를 추구했다. 그 전형적인 사례가 1989년에 도입된 대처의 인두세 도입이다.

1979년 집권하여 승승장구하던 대처는 집의 가치에 따라 조세를 걷는 대신에 사람의 수에 따라 균등하게 세금을 거두고자 했다. 일명 주민세는 "고관대작과 환경미화원의 세금"(Cliff and Gluckstein, 2008: 561)과 "대저택 소유자인 백만장자도 하숙집 귀퉁이에 처박혀 살던 정신병원 환자와 동일한 금액을 납부하는 것"이었다(Jones, 2000: 267-268).

인두세는 대처의 신념과 부합했다. 그것은 '검약을 보상하고 낭비를 벌주는' 것이었다. 인두세는 오랜 논의와 수정을 거쳐 1988년 7월에 확정되었다. 하지만 그 효과는 예상을 뛰어 넘는 것이었다. 정부는 1인당 납세액이 연간 50~100파운드를 넘지 않을 것으로 예상했지만 실제 1인당 평균 363파운드의 세금이 부과되었기 때문이다(박지향, 2004: 232-233).

이처럼 역진적 주민세는 젊은이와 노인들 심지어 전혀 소득이 없는 이들까지도 포함한 모든 성인들에게로 재산 소유자의 부담을 이전시켰다(Jones, 2000: 267-268). 결국 대규모 저항운동이 불가피했다. 1990년에 런던 시내 트라팔가 광장에서 폭동이 일어났고, 수만의 사람들이 동시에 납세를 거부하자는 구호로 맞섰다. 저항은 모든 국민들 특히 대부분 대처가 지지자로 믿었던 중간계급이었다(박지향, 2004: 233-234; Jones, 2000: 267-268).

퇴임 후에도 인두세에 대한 미련을 표방할 정도로 대처는 강한 확신을 가지고 있었지만, 결국 인두세는 국민들의 광범위한 저항 속에서 폐기되었다. 인두세의 정치에서 눈여겨 볼 점은 노동당의 태도이다. "대처를 끌어 내린 것은 영국 자본주의 위기나 노동당이 아니라 인두세 반대 운동"(Cliff and Gluckstein, 2008: 561)이라는 언급에서 보듯이 노동당은 인두세의 정치에 적극적으로 나서지 않았다. 저항운동이 한창 진행될 때 노동당은 오히려 납세 거부 움직임을 통제했고,

노동조합의 저항운동에 동참한 노동당원은 4%에 불과했으며, 주민세 체납으로 구속된 사람의 2/3는 노동당 집권하에 있는 지방정부였다(Cliff and Gluckstein, 2008: 562-563).

이런 입장은 제3의 길을 표방한 신노동당에 이어졌다. 제3의 길의 주창자인 기든스는 부자에게 취하여 가난한 사람들에게 준다는 것은 표면적으로 보이는 것처럼 단순하지도 않고 최고의 해결책도 아니라고 주장했다. 먼저 누가 '부자'인가를 정해야 하는 것이 어렵고, 누진세가 현실적이지도 않고 바람직하지도 않기 때문이다. 그는 또한 세금을 늘리는 것이 사회 문제를 해결하기보다 오히려 악화시킬 우려가 있다고 주장했다(Giddens, 2002: 167-173).

이처럼 제3의 길은 소득세와 법인세 모두 노동 의욕과 기업 의욕을 꺾을 수 있다고 보고, 고용 가능성의 극대화를 위해 과세표준의 보강, 기업의 의욕증진을 위한 조세 유인 등 조세 조정의 정치를 시작했다(강원택, 2007: 62-63). 이런 상황으로 인해 영국에서 세금은 더 이상 매력적인 선거상의 핵심적인 이슈가 될 수 없었다. 양자가 유사해졌기 때문이다. 물론 보수당 시절에서도 그랬듯이 증세는 지속되었다. 노동당 정부는 1997년 총선 공약대로 소득세를 인상하지 않았지만 간접세와 의료보험료 등 정치적으로 크게 주목받지 않은 영역에서는 사실상 세금을 인상해 왔다. 즉, 직접세 방식에서 간접세 방식으로 징세 방식이 이전되는 모습이 나타났다. 소득세 인상을 억제하는 대신 간접세나 의료보험료 인상과 같은 다른 방식으로 추가 재원을 확보해 왔다. 이처럼 영국의 조세정치는 간접세 영역에서 숨겨진 증세전략으로 변화되었다.

Ⅵ. 마술적 조정의 원인과 그 함의

이상에서 살펴본 바와 같이 영국의 세금은 보수당이 집권했을 때조차 증가했다. 심지어 감세를 강력하게 추구한 것으로 인식되는 대처 정부도 세금 총량을 줄이지 못했다. 현재 영국은 보수당 캐머론의 집권했고 그도 세금 축소를 주장하고 있다. 그렇다면 이제 사회복지는 축소될 것인가? 반드시 그렇지는 않을 것이다. 예를 들어 NHS는 여전히 지속될 것이고 근로 여성의 증가로 인해 아동양육제도를 확대하고 근로 환경을 가족친화적인 형태로 개선하는 데 정부지출이 증가할 것이기 때문이다. 특히 시민들의 공공서비스 개선에 대한 기대가 상승하고 있다는 점도 세금 축소로 이어질 것이라는 전망을 할 수 없게 만든다(Glennerster, 2012: 368-369). 실제 이념 정당의 집권과 상관없이 영국의 재무부는 〈표 4-6〉에서 보듯이 인구 변화에 따른 급여 및 서비스 수준을 유지하기 위해 비용을 추계한 결과 정부지출은 지속적으로 증가할 것으로 보고 있다(HM Treasury, 2008; Glennerster, 2012: 366).

실제로 2008/09년의 금융위기와 경기침체에 대응하는 과정에서 2010년 사회복지비 지출이 증가하였다. 그 결과 사회복지비 지출은 GDP의 30% 이상을 차지하였고, 전체 공공지출은 48% 이상 증가하였다(Glennerster, 2012: 355-357).[7)]

---

7) 서유럽 복지국가의 위기를 지렛대 삼아 캐머런은 과감하게 복지 축소를 시도했고 이 경향은 지속되고 있기 때문이다. 이미 180억 파운드의 복지급여 예산을 삭감한 그는 2012년 6월에 다시 100억 파운드(18조원)삭감 계획('David Cameron's 17 Ideas')을 내놓았다(Guardian. 2012. 6. 25). 전후 가장 큰 복지국가 허물기가 현실화되고 있는 것이다.

〈표 4-6〉 인구 변화에 따른 재무부 지출 추계

	2007/08	2017/18	2027/28	2037/38	2047/48	2057/58
교육	5.0	5.6	5.8	5.6	5.5	5.6
국민연금	4.9	5.1	5.6	6.3	6.3	7.2
의료	7.4	7.9	8.6	9.2	9.6	9.9
장기요양보호	1.2	1.2	1.4	1.7	1.8	1.8
특수직연금	1.5	1.8	2.0	1.9	1.8	1.8
고령화관련 총지출	20.1	21.7	23.4	24.7	25.0	26.6
기타	20.4	19.1	18.9	18.6	18.1	18.0
총지출	40.5	40.8	42.3	43.3	43.1	44.5
저출산, 저이민, 높은 평균수명 변량	40.5	40.5	41.9	44.0	44.8	47.7

자료: HM Treasury(2008).

그렇다면 보수당이 감세와 성장의 정당이고 노동당이 증세와 복지의 정당이라는 통념은 틀렸는가? 물론 이 관념은 어느 정도는 진실이고 어느 정도는 거짓이다. 본문에서 살펴본 바와 같이 마술적 조정의 내용을 안다면 이 언급은 이해될 수 있을 것이다. 이처럼 조세와 복지가 증가한다고 해서 반드시 진보적이라고 단정할 수는 없다. 조세정치가 계급 간 소득이전의 행위라고 한다면, 복지의 증가 현상 그 자체보다도 누가 얼마나 냈는가를 문제삼아야 한다. 즉 조세정치가 소득이전을 통해 탈상품화의 증가뿐만 아니라 계층간의 차이의 수준을 완화하는 데 어느 정도 기여했는가에 초점을 맞추어서 이해해야 한다. 영국의 조세정치는 총량은 변하지 않았을지 모르지만 그 조정의 내용이 계급적인 갈등과 타협을 반영하고 있기 때문이다.

여기에서 중요한 질문이 제기된다. 왜 조세정치가 '마술적인 요소'를 내포하고 있는 것일까? 그것은 복지를 지지하지만 세금을 내는 것을 꺼리는 국민들의 태도에서 하나의 단서가 발견된다. 만약 복지가 후퇴하면 국민들은 저항할 것이다. 그렇다고 복지를 강화하기 위해 세금을 늘려도 또한 국민들은 저항을 할 것이다. 따라서 정당은 복지를 늘리면서도 저항을 피하는 방법을 찾아야 한다. 보수주의 정당은 소득세보다 간접세를 늘리는 방법을 선택함으로써 자신은 증세와 무관하다는 이미지를 주면서도 복지 축소라는 위험도 피해갈 수 있다.

마술적 조정에서 또한 주목해야 할 점은 복지의 축소를 결정하는 요소가 저항과 깊은 연관성이 있다는 점이다. 피어슨(Pierson, 2006)은 복지 축소의 정치(Politics of retrenchment)를 결정짓는 것이 자기 고유의 이해관계자 집단(Constituencies)의 저항에 있으며 이것 때문에 축소의 정치는 독특하고 까다로운 정치적 기획이 될 수밖에 없다고 보았다. 이 저항 때문에 복지국가는 지금까지 직접적 공격(프로그램 축소)에 노출되었지만 여전히 복지제도의 큰 틀을 유지하고 있다(Pierson, 1994: 26). 예를 들어, NHS를 경험한 이해관계자는 이 제도를 옹호하기 때문에 의료수준이 악화될지는 모르지만 제도는 유지될 수 있다.

이상에서 보듯이 영국의 조세 정치는 입구와 출구의 총량의 변화보다도 입구와 출구의 내용의 변화, 즉 조세와 복지의 조정의 정치의 측면에서 의미 있는 변화를 만들었다. 다시 말해 복지 정치의 입구쪽에서는 대처의 경우 소득세를 축소하고 간접세(특히 VAT와 국민연금의 기여금)를 늘리는 방식으로 접근했다면, 노동당은 소득세를 그대로 두면서 간접세와 의료보험료 등 숨겨진 세금(stealth tax)의 증세 방식을 통해 조세정치를 했다. 한편, 출구쪽에서는 이해관계자의 저항이 약한 곳의 복지, 예를 들어 한부모 재원은 축소하고, 중산층의 관심의 대상인 NHS나 교육에는 복지를 강화하는 것으로 나타났다.

이상의 조세 정치는 집권과 이념이라는 두 가지 변수에 따라 움직였고 이 둘은 서로 연관되어 있었다. 즉 노동당과 보수당은 모두 조세와 복지가 집권을 위해 필요하다면 자신들의 변신을 마다하지 않았다. 하지만 이것은 이념과 연관성이 없지는 않았다. 전후 합의에서 보수당은 온정적 보수주의를 내세워 복지국가를 지지했다면, 신자유주의 시기에 노동당은 제3의 길을 통해 조세와 복지 정치를 진행해 나갔다. 그런데 여기에서 눈여겨볼 점은 복지와 조세 정치가 시민들의 저항과 깊은 연관을 맺고 진행되었다는 점이다. 전후 영국 시민들은 시대와 정권에 대한 평가에 따라 상이한 의식을 보여주는 것처럼 보이지만, 실제로는 복지에 대한 일관된 믿음을 보여주었다. 이것이 복지 축소가 아닌 복지 조정이라는 형태로 복지정치가 진행된 이유이다.

현재 한국의 사회복지는 복지국가 형성이 되기도 전에 복지 축소의 정치에 노출되어 있다. 이 상황에서 영국 조세정치의 마술적 조정이 우리에게 주는 시사점은 여전히 조세와 복지에서 이념이 중요하다는 사실이다. 이념은 조세정치의 방향을 제시하기 때문이다. 또 다른 시사점은 조세는 정치적인 것일 수밖에 없다는 사실이다. 조세 정치에서 우리는 조세의 양도 중요하지만 소득이전의 정치의 조세정치의 내용에도 주목해야 한다. 마지막으로 우리는 마술적 조정이 이루어지는 이유가 저항과 깊이 관련되어 있다는 것에 주목해야 한다. 따라서 한국의 조세 정치는 자신의 이념을 명확히 하는 것은 물론 이 이념을 지지해 줄 세력 형성을 위해 노력해야 한다.

참고문헌

강상구(2000). 신자유주의의 역사와 진실. 문화과학사.

고세훈(1999). 영국노동당사: 한 노동운동의 정치화 이야기. 나남.

강원택. 2007. "영국선거와 세금: 합의정치 혹은 무책임?", 강원택 (편), 세금과 정치, 푸른길.

김상수. 2008. 보수와 진보 이념을 넘어선 영국의 현실 정치, 책세상.

김승택. 2002. 사회안전망체계의 국제비교연구(1): 영국, 한국노동연구원.

김영순. 1998. 복지국가의 위기와 재편: 영국과 스웨덴의 경험. 서울대출판부.

김종일. 2006. 서구의 근로연계복지: 이론과 현실. 집문당.

바리아시옹편집위원회 편역. 2003. 보이지 않는 제3의 길, 사회와 연대.

박지향. 2008. 중간은 없다: 마거릿 대처의 생애와 정치, 기파랑.

서필언. 2005. 영국행정개혁론, 대영문화사.

오건호. 2011. 대한민국 금고를 열다, 레디앙.

유범상. 2010. 정치평론에서 정책평론으로: '자각된 시민'과 '마중물정치'에 관한 시론적 논의, 정치와 평론, 6.

______. 2012. 영국의 제3의 길과 큰 사회론의 이념과 공동체 구상: 샴쌍둥이의 차별화 전략과 복지정치. 공간과환경, 2012년 봄.

유범상・김종해・여유진. 2010. 사회복지개론, 한국방송통신대학교 출판부.

유범상・이현숙. 2008. 영국의 복지유형과 의식의 괴리: 그 기원과 시사점. 사회복지연구, 38.

이원희. 1996. 영국 보수당 정권하 지방재정개혁의 과정과 평가. 한국정책학회보, 5(1).

정승국. 2005. 제3의 길과 영국의 노동조합운동. 동향과 전망(통권 63호).

지은구. 2010. 사회복지재정 연구, 집문당.

Adam, S. and Browne, J. 2011. A Survey of UK Tax System. The Institute for Fiscal Studies, Briefing Note(9).

Anthony Seldon (ed.) 2001. The Blair Effect. Little, Brown and Company.

Beech, M. 2009. “Cameron and Conservative Ideology.” in Lee, S. and Beech, M. (eds.). The Conservatives under David Cameron: Built to Last?. Palgrave.

Briggs, A.(1961). The Welfare State in Historical Perspective. Europeannes de sociologie, TomeII, 2, 221-258.

Cabinet Office. 2010. Building a Stronger Civil Society: A Strategy for Voluntary and Community Groups, Charities and Social Enterpries. London: Cabinet Office.

Cameron, D. 2006. Modern Conservatism. Speech at Demos, London 30 January.

Clark, T. and Dilnot, A.. 2002. Long-term Trends in British Taxation and Spending. The Institute for Fiscal Studies, Briefing Note(25).

______. 2002. Long-term trends in British taxation and spending, IFS.

Cliff, T. and Gluckstein, D. 2008. 마르크스주의에서 본 영국 노동당의 역사(이수현 역). 책갈피.

Daunton, M. 2002. Just Taxes: The Politics of Taxation in Britain. Cambridge.

Dean, T. 2004. 머리말. in Lakoff, G. 2004. 코끼리는 생각하지 마. 삼인.

Dorey, P. 1995. British Politics since 1945. Oxford UK & Cambridge USA: Blackwell.

Esping-Andersen, G. 1990. The Three Worlds of Welfare Capitalism. Polity Press.

Florence Faucher-King and Patrick Le Galès. 2010. Translated by Gregory Elliott (trans.). The New Labour Experiment: Change and Reform Under Blair and Brown(Second edition). Stanford University Press.

Freedman, R. 2002. 영국정치론. (장원석 역). 제주대학교 출판부.

Giddens, A. 1998. 제3의 길. (한상진 외 역). 생각의 나무.

______. 2002. 제3의 길과 그 비판자들. (박찬욱 외 역). 생각의 나무.

Gilbertm N., Terrell, P. 2005, 사회복지정책론: 분석 특과 선택의 차원 (남찬섭 · 유태균 역). 나눔의 집.

Glennerster, H. 1985. Paying for Welfare, Oxford, New York:

Blackwell.
______. 2012. 사회복지 재정의 이해(박순우 역). 인간과 복지.
Gordon K.M. and Manzano, X.M. 2010. Tiley and Collinson's UK Tax Guide 2010-2011, Reed Elsevier Ltd.
Gough, I. 1990 복지국가의 정치경제학(김연명 외 역). 한울아카데미.
Harrop, M. and Miller, W. 1987. Elections and Voters: A Comparative Introduction. Macmillan Education.
Hay, C.(1996). Re-Stating Social and Political Change. Open University Press.
John, P. 2002. Analysing Public Policy, London, New York: Continuum.
Jones, K. 2003. 영국 사회정책 현대사(엄영진 · 이영찬 역). 인간과 복지.
Kay, J.A. and King, M.A., 1980. The British Tax System (2nd). Open University Set Book.
Lakoff, G. 2004. 코끼리는 생각하지 마. 삼인.
Lee, S. 2009. "Introduction: David Cameron's Political Challenges." in Lee, S. and Beech, M. (eds.). The Conservatives under David Cameron: Built to Last?. Palgrave.
Linton, M. 1997. The Election: A Voters' Guide. Fourth Estate.
Malcolm James. 2009. The UK Tax System: an introduction. Spiramus.
Mishra, R.. 1981. Society and Social Policy: Theories and Practice of Welfare. Macmillan.
______. 2002. 지구적 사회정책을 향하여: 세계화와 복지국가의 위기. 성균관대학교 출판부.
Nicholas Barr. 2009. 복지국가와 경제이론(이종우 · 이동수 역). 학지사.
Norman, J. 2010. The Big Society: the Anatomy of the New Politics. University of Buckingham Press.
Pierson, P. 1994. 복지국가는 해체되는가. 성균관대학교 출판부.
Riddell, P. 1995. The Thatcher Government, Oxford, New York: Blackwell.
Sandford, C., Pond, C. and Walker, R. 1980. Taxation and Social Policy. Heinemann Educational Books Ltd.
Wikeley, N. J. Ogus, A. I. and Barendt, E. 2002. The Law of Social Security 5th edition. London: Butterworths LexisNexis.

Wikipedia(2012.3.5 검색), Butskellism, http://en.wikipedia.org/wiki/Butskellism

Wilson, E. (1992), A very British Miracle: The failure of Thatcherism, London, Concord; Pluto Press.

제5장

수출지향산업화와
한국의 저부담 조세 체제의 형성 및 지속

제 5 장 수출지향산업화와 한국의 저부담 조세 체제의 형성 및 지속*

양재진(연세대학교)

I. 서 론

전례를 찾아 볼 수 없을 정도로 한국은 최근 몇 년간 복지국가 논의가 활발하다. 제18대 대선에서는 여야 가릴 것 없이 대부분의 후보가 복지 확대를 주장하였다. 보수 성향의 박근혜 정부도 복지–고용–성장 간의 선순환 구조를 마련하는 맞춤형 고용·복지를 5대 국정 목표로 삼고, 공보육의 확대, 기초연금의 확대 도입 등 복지 확대에 나서고 있다. 한국은 1960년대 시작된 산업화와 1980년대 민주화를 배경으로 서구식의 사회보장제도를 발전시켜 왔다. 그러나 그 발달 속도는 한국의 경제 및 사회 발전 속도를 따라오지 못하고 있다. 사회지출 수준은 경제수준이나 민주주의가 정착된 다른 OECD 국가에

---

* 본 장은 2013년 6월 『동향과전망』 88호에 게재된 "한국 복지국가의 저부담 조세 체제의 기원과 복지증세에 관한 연구"(양재진 · 민효상 공저) 중 일부를 기초로 하여 수정 및 보완한 글이다.

비해 많이 떨어지고, 복지 프로그램의 발전 정도도 높지 못하다. 보육 등 사회서비스와 적극적 노동시장정책 등 여성과 노동시장 분야의 복지정책은 뒤늦게 발전하고 있다. 따라서 한국을 '작은' 복지국가(the Small Welfare State)라고 부를 수 있을 것이다. 복지국가의 반열에 오르긴 했으나, 마치 작은 정부(the Small Government)처럼, 국민의 복지 증진을 위한 개입의 규모가 작기 때문이다. 이 때문인지, 한국은 OECD 최고 수준의 불평등과 상대적 빈곤, 증가 일로의 근로 빈곤, 세계 최저 수준의 출산율과 높은 자살률 등 산적한 사회적 문제를 안고 있다. 이제 이에 더 이상 무관심할 수 없는 상황이다. 이는 박근혜 정부는 물론 여야가 앞다투어 복지 확대를 약속하는 배경이 되고 있다. 국민들도 복지의 확대에 대체로 동의한다. 하지만 복지 확대에 필요한 증세에 이르러서는 찬반이 엇갈린다.[1)]

증세 없이 복지 확대가 가능하다면 그보다 좋은 일은 없을 것이다. 공채를 발행하거나, 묵시적 연금 부채를 쌓아 두는 방식으로 증세 없이 복지를 확대하는 것도 가능하다. 하지만 정상적인 재정 운용을 전제로 하는 경우, 증세 없는 복지 확대란 역사적으로나 논리적으로나 있을 수 없는 일이다. 따라서 이 연구는 우리나라 조세 구조의 특징을 낮은 개인소득세와 사회보험료 부담에서 찾고 그 원인을 분석한 후, 이것이 최근 복지 논쟁과 증세 방안에 주는 정치적 함의에 대해 논하고자 한다.

복지의 시대가 오면서, 한국 복지국가에 대한 연구가 매우 활발해

---

1) 여론조사 전문기관 리얼미터의 조사 결과, 무상복지에 찬성한다는 응답자가 50.3%인 반면 반대한다는 응답은 34.5%에 머물러 있다. 반면에 "세금을 늘리면서까지 무상복지를 할 필요는 없다"는 응답이 51.6%로 "증세를 하더라도 무상복지를 추진해야 한다."는 응답 31.3%보다 높게 나와 증세에는 부정적인 것으로 나타나고 있다(중앙일보, 2011년 1월 26일자).

졌다. 그런데 아직 한국 복지국가의 '조세정책'와 '조세 정치'에 대한 연구는 놀랍게도 미진하다. 더욱이 우리나라의 저부담 조세 구조에 대해서는 언급을 많이 하면서도, 왜 그렇게 되었는지에 대한 학문적인 연구는 찾아보기 힘들다. 본 연구는 이러한 학문적 빈 공간을 메우고자 한다. 본 연구에서 밝히고 있는 한국의 국가 주도 수출지향산업화 전략이 조세 체제의 형성에 미친 영향에 대한 탐구는, 한국의 산업화 전략이 후발 경제발전 및 발전주의 복지 레짐의 형성에 끼친 영향을 분석한 기존 연구의 영역을 넘어서 연구 대상을 확장한 데 의의가 있다.

이 장의 핵심 주장은 다음과 같다. 한국은 산업화 시기 수출지향산업화 과정에서, 가격 경쟁력을 확보하기 위해 노동비용을 통제하였고, 이를 위해 소득세는 낮추고 사회보험료 부담은 최소화하는 정책을 구사했다. 내수 기반 경제가 아닌 상황에서, 재정 투입을 통한 케인즈주의적 총수요관리정책보다는 기업과 가계의 경제 및 수출 활동을 촉진하는 감세에 의한 공급 측면의 개입을 중시한 것이다. 필요한 재정은 간접세에 더 많이 의존하여 조달했고, 경제개발비는 외자를 많이 활용하였다. 그 결과 전체적으로 조세부담이 적으면서, 내적으로 직접세, 특히 소득세가 비중이 낮은 조세 체제를 형성하게 되었다. 민주화 이후 주요 사회보장제도의 도입과 확대를 이루었으나, 보수 정권이 집권한 1997년까지는 공공복지의 확대가 경제성장을 넘어서지 않는 수준에서 이루어졌기에 경제성장에 따라 순증하는 조세수입을 통해 충분히 충당되었다. 이후 진보적인 김대중·노무현 정부에서 경제성장보다 빠른 속도로 보다 적극적인 복지 확대와 증세가 이루어졌다. 이는 조세 정치가 전면에 등장하는 계기가 되었고, 보수 진영에서 감세를 들고 나온 이명박과 소극적 증세론의 박근혜가 연속 집권하며, 한국 조세 체제는 변화보다는 지속의 길로 다시 접어들었다.

II. 비교적 관점에서 본 한국 복지국가의 조세부담과 조세 구조

1. 낮은 조세부담

앞서 서론에서 논의되었듯이, 일반적으로 경제성장에 따라 GDP에 대한 조세의 비율인 조세부담률은 상승한다. 산업화와 상품 생산의 확대에 따라 과세 기반(tax base)이 경제성장률보다 빠른 속도록 팽창하므로 징세가 용이해지기 때문이다. 이때 세수의 소득탄력성이 높은 소득과세 위주로 조세 구조가 바뀌어 간다. 중・저임금 집약적인 경공업에서 고임금 숙련노동을 요하는 중화학공업으로 산업 구조가 고도화되어 갈수록 이러한 경향은 가속된다. 게다가, 산업사회의 실업과 퇴직 등 사회적 위험이 증가함에 따라 사회복지비의 증가가 두드러지고, 이 때 소득재분배 효과를 기대할 수 있는 소득과세는 국가의 사회복지 기능 강화와 함께 증가하게 된다(이진순, 1991: 185; 윤건영, 1997: 129). 그러나 우리나라는 이러한 국제적 추세에서 볼 때 매우 예외적인 존재라고 할 수 있다.

조세부담에 사실상 직접세와 동일한 성격의 사회보험료(사회보장세)를 합한 국민부담률의 추이를 보자. 〈표 5-1〉은 우리나라의 국민부담률이 OECD 평균보다 8.7%p 정도 낮음을 보여준다. 미국과 일본을 제외한 다른 유럽의 주요 복지국가와는 10%p 이상 큰 폭으로 차이가 나고 있다. OECD의 주요 국가들이 1990년대 이미 국민부담률

〈표 5-1〉 국민부담률의 추이(1965~2010) (단위: GDP 대비 %)

항목/연도	1965	1970	1975	1980	1985	1990	1995	2000	2005	2010
스웨덴	33.3	37.8	41.3	46.4	47.4	52.3	47.5	51.4	48.9	45.8
덴마크	30.0	38.4	38.4	43.0	46.1	46.5	48.8	49.4	50.8	48.2
독일	31.6	31.5	34.3	36.4	36.1	34.8	37.2	37.5	35.0	36.3
프랑스	34.2	34.2	35.5	40.2	42.8	42.0	42.9	44.4	44.1	42.9
이탈리아	25.5	25.7	25.4	29.7	33.6	37.8	40.1	42.2	40.8	43.0
영국	30.4	36.7	34.9	34.8	37.0	35.5	34.0	36.3	35.7	35.0
미국	24.7	27.0	25.6	26.4	25.6	27.4	27.8	29.5	27.1	24.8
일본	18.0	19.5	20.7	25.1	27.1	29.0	26.8	27.0	27.4	26.9[1]
한국	-	12.5[2]	14.9	17.1	16.1	19.5	20.0	22.6	24.0	25.1
OECD 평균	25.4	27.5	29.4	30.9	32.5	33.1	34.6	35.3	35.0	33.8[3]

주1) 2009년.
주2) 1972년.
주3) 2009년.
자료: OECD Tax Revenue 재구성(http://stats.oecd.org/, 검색일 2012.06.05.).

이 최고조에 달한 후 더 이상 조세부담을 늘리지 않고, 오히려 이를 줄이고 있는 상황인데도, 아직 그 격차가 상당한 것이다. 1960년대부터 50년 이상 지속된 급속한 산업화에 따라 과세 기반이 급격히 확대된 것에 비하면, 우리나라 조세부담의 완만한 증가는 매우 이례적이라 할 수 있겠다.

2. 소득세와 사회보험료의 저부담 그리고 소비세의 상대적 고비중

우리나라 조세의 저부담과 완만한 증가는 어디에서 기인하는 것일까? 먼저 〈표 5-2〉를 살펴보자. 2010년 현재 OECD 평균과 비교해 볼 때, 우리나라는 조세 구조상 몇 가지 특징을 보여준다.

〈표 5-2〉 한국과 OECD 국가의 조세 구조 비교(2010) (단위: GDP 대비 %)

	소득세 (%)	법인세 (%)	재산세 (%)	소비세 (%)	기타 (%)	사회보험료					조세부담률	국민부담률 (%)
						고용주	피고용자	자영자	기타	계 (%)		
스웨덴	12.8 (27.9)	3.5 (7.6)	1.1 (2.4)	13.4 (29.3)	3.3 (7.2)	8.7	2.7	0.2	-0.2	11.4 (24.9)	34.2	45.8 (100)
덴마크	26.8 (55.6)	2.7 (5.6)	1.9 (3.9)	15.2 (31.5)	0.2 (0.4)	0.1	1.0	0.0	0.0	1.0 (2.1)	47.0	48.2 (100)
독일	8.9 (24.5)	1.5 (4.1)	0.8 (2.2)	10.7 (29.5)	0.0 (0.0)	6.7	6.2	1.3	0.0	14.2 (39.1)	22.0	36.3 (100)
프랑스	7.3 (17.0)	2.1 (4.9)	3.6 (8.4)	10.7 (24.9)	2.4 (5.6)	11.2	4.0	1.3	0.0	16.6 (38.7)	26.2	42.9 (100)
이탈리아	11.3 (26.3)	2.8 (6.5)	2.0 (4.7)	11.1 (25.8)	2.1 (4.9)	9.2	2.5	1.9	0.0	13.6 (31.6)	29.3	43.0 (100)
영국	10.0 (28.6)	3.1 (8.9)	4.2 (12.0)	10.8 (30.9)	0.0 (0.0)	3.8	2.6	0.2	0.0	6.7 (19.1)	28.1	35.0 (100)
미국	8.0 (32.3)	2.7 (10.9)	3.2 (12.9)	4.5 (18.1)	0.0 (0.0)	3.3	2.9	0.4	0.0	6.5 (28.2)	18.3	24.8 (100)
일본	5.2 (19.3)	2.8 (10.4)	2.7 (10.0)	5.1 (19.0)	0.1 (0.4)	5.0	5.0	1.0	0.0	11.0[1)] (40.9)	15.9	26.9[2)] (100)
한국	3.6 (14.3)	3.5 (13.9)	2.9 (11.6)	8.5 (33.9)	0.9 (3.6)	2.5	2.4	0.8	0.0	5.7 (22.7)	19.3	25.1 (100)
OECD 평균[3)]	8.5 (25.1)	2.8 (8.3)	1.8 (5.3)	10.7 (31.7)	0.6 (1.8)	5.4	3.2	1.0	0.2	9.2 (27.2)	24.9	33.8 (100)

주1) 2009년.

주2) 2009년.

주3) 2009년; 각 수치는 반올림한 값이기에, 합산 시 조세부담률 및 국민부담률과 다소 차이를 보일 수 있음

자료: OECD Tax Revenue 재구성 (http://stats.oecd.org/, 검색일 2012. 06. 05.)

첫째, 소득세를 통해 거두어들이는 재정 수입이 GDP 대비 3.6%에 불과해 OECD 평균치(8.5%)에 비해 크게 낮다. 둘째, 사회보험료로 거두어들이는 재정 수입 또한 GDP의 5.7%에 불과해 OECD 평균치에 비해 3.5%p나 작다. 사회보험료의 양대 부담자인 고용주와 피고용자(근로자) 모두 OECD 평균보다 낮은데, 특히 고용주의 사회

보험료 부담은 GDP의 2.5%로 OECD 평균 5.4%의 1/2 수준에도 못 미친다. 셋째, 한국에서 법인세는 GDP 대비 3.5%를 차지해 OECD 평균 2.8%를 상회하나, 낮은 사회보험료 부담으로 인해 기업의 조세부담은 OECD 평균을 하회하고 있다. 넷째, 상대적으로 소비세의 비중이 높다. 절대 규모면에서는 OECD 평균(GDP 대비 10.7%)보다 낮은 수준(8.5%)이나, 소비세가 전체 세수에서 차지하는 비중(33.9%)은 OECD 평균(31.7%)을 상회하고 있다. 결국, 우리나라 저부담 조세 체제의 특징은 소득세와 사회보험료가 낮고 소비세 비중이 상대적으로 높다는 것으로 모아진다. OECD 평균과 비교할 때, 한국에서 소득세와 사회보험료의 저부담 분(GDP 대비 8.4%)은 거의 정확히 한국의 국민부담률과 OECD 간의 국민부담률 차이(8.7%)와 일치한다.

3. 세제상 원인

소득세와 사회보험료 부담이 낮은 이유는 무엇인가? 세제 구조상 원인을 먼저 살펴보자. 사회보험료의 경우, 일차적으로 사회보험의 도입 자체가 너무 늦은 데에 그 원인이 있다. 〈표 5-3〉에서 보듯이, 우리나라 사회보험은 서구나 남미의 산업국가와 달리 그 출발이 매우 늦었다. 보통 서구 복지국가 사회지출의 70%가량을 차지하는 의료와 연금의 양대 거대 프로그램이 한국에서는 70년대 후반과 80년대 후반에서야 도입이 되었다. 제도 도입 시 적용 대상도 매우 제한적이었다. 의료보험의 경우 500인 이상 사업장, 연금의 경우도 30인 이상 사업장을 대상으로 시행되어, 대다수 근로자는 물론 농민과 자영자들은 보험료 납부 대상이 아니었다. 따라서 사회보험료는 1980년

〈표 5-3〉 4대 사회보험의 도입 시기

국가	산재	의료	연금	실업
독일[a]	1884	1880	1889	1927
스웨덴[a]	1901	1910	1913	1934
미국[a]	1930	-	1935	1935
일본[b]	1911	1927	1941	1947
브라질[b]	1919	1923	1923	1965
칠레[b]	1916	1924	1924	1937
한국	1963	1977	1963[c]/1988[d]	1995

주 c: 공무원연금

주 d: 국민연금.

자료 a: Kudrle and Marmor(1981: 83)

자료 b: U.S.Social Security Administration(1999).

대 중반까지만 해도 GDP에서 차지하는 비중이 0.2%, 전체 세수에서 차지하는 비중도 1.5%(1985년)에 불과할 정도로 유명무실한 세목이었다.

1980년대 말 전 국민 의료보험의 실시와 1990년대 말 국민연금의 도시지역 확대가 되어서야 보험료 수입이 GDP 대비 3%를 넘어서고, 가입자 증가와 지속적인 보험료 인상으로 현재 GDP 대비 5%를 넘어서고 있다. 하지만 서구 복지국가에 비하면 아직 비중이 작다. 2013년 현재 우리나라 4대 사회보험의 보험료율 총합계는 소득의 18.92%로, 이는 연금보험료 하나만으로도 20%에 달하는 서구 복지국가의 연금보험료 정도 수준에 불과하다. 참고로, 스웨덴의 연금 보험료는 18.5%, 독일은 18.9%이다.

한국의 사회보험료 부담이 낮지만 그래도 1980년 후반부터 지속적인 증가 추세에 있다. 이에 비추어 볼 때, 거의 변화하지 않고 있는 낮은 소득세 구조는 한국 조세 구조의 가장 큰 특징이라 할 수 있겠다. 비록 40년 전인 1972년 소득세를 통한 재정 수입은 GDP 대

〈표 5-4〉 우리나라 사회보험 보험료율 현황(2013)

(단위: %)

구분		노동자	기업	계
국민연금		4.50	4.50	9.00
건강보험	건강보험	2.945	2.945	5.89
	장기요양	0.19 (건강보험의 6.55)	0.19 (건강보험의 6.55)	0.38
고용보험	실업급여	0.55	0.55	1.10
	고용안정직업능력개발	없음	0.25~0.85	0.25~0.85
산재보험		없음	1.7	1.7
계		8.185	10.135~10.735	18.32~18.92

주: 장기요양보험료율은 건강보험료의 6.55%이고, 이것을 보수월액 기준 재계산하면 0.38%. 산재보험료율은 전체 업종 평균 수치. 현재 산재보험료율은 위험도를 감안하여 업종별로 상이함. 가장 위험 업종으로 광업은 산재보험료율은 34%, 어업은 25.2%이고, 반면 재해 위험이 적은 금융보험업은 0.6%. 위 산재보험료율은 단순평균값임.

〈표 5-5〉 OECD 주요 국가 법정 최고 소득 세율 비교
(2011, 지방소득세 포함)

(단위: %)

	스웨덴	덴마크	독일	프랑스	이탈리아	영국	미국	일본	한국[1]	OECD 평균
세율	56.6	52.2	47.5	46.7	45.6	50.0	41.9	50.0	41.8	41.5

주1): 한국은 2012년 기준

자료: OECD Tax Database (검색일 2012.06.06.)

비 1.5% 수준이었고 이후 점차 증가하였지만, 2010년 현재까지도 소득세를 통한 재정 수입은 아직 1990년 수준인 3.9%에 머무르고 있기 때문이다. 소득세가 한국의 전체 조세수입에서 차지하는 비중으로 보면, 1990년 20%를 정점으로 한 후, 오히려 꾸준히 후퇴하고 있다(2010년 14.3%). OECD 평균 수준(25.1%)과 큰 차이를 보이고 있는 것이다. 그렇다면, 낮은 소득세 부담은 소득세율이 낮아서인가? 우리나라 소득세의 명목세율이 비교대상국에 비해 낮은 편이긴 하지만, 적어도 OECD 평균은 되는 것으로 나타난다(〈표 5-5〉).

낮은 소득세 부담의 주요인은 다양한 소득공제제도를 도입함으로서 실효세율을 떨어뜨려 왔기 때문이다. 그리고 인플레이션에 따른 명목소득 인상과 이에 따른 소득세의 누진적 상향 부담을 완화시키기 위해, 주기적으로 소득세 과세 구간을 상향 조정한 것도 영향을 미치고 있다. 게다가 2008년 9.1. 감세정책처럼 소득세율 인하라는 명시적 감세도 단행하여 왔다. 그 결과, 우리나라 소득세의 실효세율은 국제적으로 매우 낮다. 〈표 5-6〉을 보자. 우리나라에서 평균 임금 수준의 독신 근로자는 실제로는 소득의 4.3%만을 소득세로 납부한다. 평균 임금 대비 67% 수준의 저소득자는 1.4%로 거의 소득세 부담이 없다. 평균임금 대비 167% 수준의 고임금근로자도 실효소득세율은 8.4%에 불과하다. 한국의 고소득자는 OECD 평균대비 40%, 평균임금 소득자는 29%, 저소득자는 13%의 부담만을 지는 것이다. 매우 관대한 소득과세로, 저소득계층에게는 특히 더 그러하다.

그나마 〈표 5-6〉은 '자녀 없는 독신근로자' 기준으로 실효세율을 산정한 것이기에 우리나라 평균적인 근로자 가정의 실효세율보다 높게 나온 것이다. OECD(2012)에 의하면 2011년 2명의 자녀가 있는 맞벌이 가정(제1소득원은 평균 소득자+제2소득원은 평균의 67%를 버는 것으로 가정)의 실효세율은 한국이 1.75%로(OECD 평균은 11.64%), 평균 소득의 독신 근로자의 실효세율 4.3보다 훨씬 낮아진다. 이는 상대적으로 저소득인 제2소득원에 대해 매우 낮은 실효세율이 적용되고, 부양 자녀 공제의 혜택이 크기 때문으로 추정된다.

실제로 2009년의 경우를 정부의 입장에서 살펴보자. 2009년 근로소득자가 받은 급여 총계는 369조 원이다. 그런데, 정부는 근로소득공제를 통해 이중 121조를 소득으로 간주하지 않고, 이후 다양한 소득공제를 통해 총 118조를 추가로 소득에서 제외시켰다. 여기에 세

〈표 5-6〉 소득세와 사회보험료 실효세율(2011) (단위: 총소득 대비 %)

	항목	67% 계층	평균임금	167% 계층
스웨덴	소득세	15.1	17.8	30.7
	사회보험료	7.0	7.0	4.7
	계	22.1	24.8	35.4
덴마크	소득세	25.2	28.0	35.1
	사회보험료	12.1	10.7	9.6
	계	37.3	38.7	44.7
독일	소득세	14.0	19.0	27.7
	사회보험료	20.9	20.9	16.1
	계	34.9	39.9	43.8
프랑스	소득세	12.4	14.3	20.6
	사회보험료	13.7	13.7	13.1
	계	26.1	28.0	33.7
이탈리아	소득세	17.2	21.3	28.3
	사회보험료	9.5	9.5	9.6
	계	26.7	30.8	37.9
영국	소득세	13.5	15.6	22.5
	사회보험료	8.2	9.5	7.9
	계	21.7	25.1	30.4
미국	소득세	14.0	17.2	23.0
	사회보험료	5.7	5.7	5.7
	계	19.7	22.9	28.7
일본	소득세	6.1	7.6	11.9
	사회보험료	13.4	13.4	12.9
	계	19.5	21.0	24.8
한국	소득세	1.4	4.3	8.4
	사회보험료	8.1	8.1	6.9
	계	9.5	12.4	15.3
OECD 평균	소득세	10.6	14.8	20.9
	사회보험료	10.2	10.0	9.4
	계	20.8	24.8	30.3

주: 독신 근로자 기준.
자료: OECD Taxing Wages 재구성(http://stats.oecd.org/, 검색일 2012.06.06.).

액공제와 세액감면으로 2.4조 원 등이 또 추가로 감면되어, 결국 과세 대상 소득(즉, 과세표준액)은 121.3조에 불과하였다. 이에 과세 구간별 세율을 적용한 결과, 총 소득과세액(즉, 결정세액)은 12조 8천5백억 원으로 급여 총계 대비 3.4%에 불과한 것으로 나타나고 있다. 주로 자영업자들에게 해당되는 종합소득세의 경우도 마찬가지이다. 종합소득자의 총소득 대비 실효세율이 13%로 계산되고 있으나, 근로소득자와는 달리 숨겨진 소득도 많고, 또 신고된 소득에서 필요 경비로 인정된 모든 지출을 제외하고 남은 순수 총소득 대비 세 부담률이 13%이기에, 실효세율은 훨씬 낮을 것으로 추정되고 있다(이정희 의원실, 2011). 실제로도 실생활에서 느끼는 세 부담은 자영업자들보다 '유리 지갑'이라는 근로소득자들이 더 높다는 게 일반적인 인식이다. 결국, 우리나라에서 자영업자나 근로소득자가 부담해야 하는 소득 관련 세금은 국제 표준에 비해 매우 낮은 수준이라 할 수 있겠다.

그렇다면 우리나라에서 자본주의 산업화의 심화와 함께 커지는 국가 기능의 확대를 뒷받침할 재원은 어디에서 나왔을까? 일찌감치 그것은 소비세에서 조달이 되었다. 산업화 초기 단계였던 1972년에 벌써 소비과세는 GDP의 7.2%를 차지하고 전체 세수의 57.5%를 점하고 있다. 아시아에서 처음으로 부가가치세를 도입해 소비세제가 선진국형으로 정비된 1977년 이후 상당기간 소비과세의 비중이 60%를 웃돌 정도로 높아졌음은 물론이다. 1990년대 사회보험료의 비중 증가로 소비세가 조세수입에서 차지하는 상대적 비중은 감소하고 있으나, 아직도 OECD평균 수준을 상회할 정도다. 소득과세의 역사와는 분명히 대비된다 하겠다.

III. 수출주도 경제개발과 한국형 조세 체제의 형성

한국은 OECD의 일원으로 경제발전과 정치발전 수준은 선진국들과 어깨를 나란히 한다. 조세부담과 조세 구조도 전에 비해서는 점차 국제 규범과 유사해지고 있다. 그러나 앞서 살펴보았듯이, 전반적으로 조세부담은 여전히 낮고, 이 중 소득과세가 유독 국제 표준과 큰 차이를 보이고 있다. 이와는 달리 아시아에서 가장 먼저 부가가치세를 도입한 것에서 알 수 있듯이, 소비과세는 상대적으로 큰 비중을 차지하고 있다. 이와 같은 한국의 조세 체제는 그 기원을 어디에서 찾아야 할 것인가? 우리나라의 조세 체제의 형성을 다른 OECD 국가가 경험하지 못한 국가 주도 산업화에서 찾고자 한다.

1. 한국의 수출지향산업화 전략[2)]

후발 산업화 전략 중 가장 보편적인 두 개의 양식은 동아시아 개발도상국에서 채택한 수출지향산업화와 남미와 인도 등에서 채택한 수입대체산업화로 크게 나누어 볼 수 있다. 대체로, 대부분의 나라에서 초기 산업화 전략은 보호무역에 기반을 둔 수입대체산업화라 할 수 있다. 그러나 국내 시장의 규모가 작고, 노동력은 상대적으로 풍부하며, 산업화 자금으로 전환될 수 있는 지하자원이나 토지자원이 빈약한 경우, 수입대체산업화를 지속하기는 어렵게 된다. 이 경우, 합리적인 선택은 값싼 노동력을 비교우위로 삼아 수출을 통해 거대한

2) 이 부분은 양재진(2011b)과 양재진(2011c)에 크게 의존함.

세계시장에 진출하는 것이다(Haggard, 1990; Wibbels & Ahlquist, 2007).

하지만 국가 주도 산업화에 나선 1960년대 초반, 박정희 군사 정부가 발전 전략에 대하여 확고한 입장을 갖춘 것은 아니었다. 1962년부터 야심적인 제1차 경제개발 5개년계획을 추진하였으나, 초기 정책 활동들은 몇몇의 새로운 대중적 계획과 더불어, 이승만과 장면 정부 시절의 대내 지향적 수입대체화 산업화 전략의 확장에 지나지 않았다. 이 대내 지향적 전략은 실패로 판명되었다. 1962년 경제성장률은 목표치인 5.7%에 못 미치는 2.2%에 그쳤다. 주요 산업은 흉작 때문에 6%나 축소되었다. 실패한 통화 개혁과 팽창 지향적인 재정, 통화정책은 1961년에 13.2%이었던 인플레이션율을 1963년에 49.3%까지 올려놓았다(류상영, 2002: 237; Chung, 1992: 182). 돌이켜 보면, 이러한 정책 실패는 작은 국내 시장, 빈약한 천연자원과 협소한 국토, 특히 경제 발전 계획의 재원을 유일하게 조달하던 미국의 원조 감소 때문에 어쩔 수 없었던 것이었다. 따라서 군사정부는 새로운 경제 발전 전략을 찾을 수밖에 없었다.

1963년 대통령 선거에서 승리한 후, 박정희 정부는 5개년 개발 계획을 수정하고, 1964년 대외 지향적, 수출지향산업화(Export-Oriented Industrialization, EOI) 전략을 채택하였다. 더불어 이를 뒷받침하기 위한 대내적 제도 개혁에 나서, 1964년부터 1967년까지 눈에 띌만한 경제정책 개혁이 진행되었다. 1964년 원화 환율을 1달러당 130원에서 255원으로 올렸으며, 세계시장에 진출하기 위해 자유무역의 원칙을 도입하고 수입 규제를 포지티브 리스트에서 네거티브 리스트로 변환하였고, 1965년 대통령이 주재하는 무역진흥회의를 매월 개최하기 시작하였으며, 1967년에는 '관세 및 무역에 관한 일반 협정'(GATT)에 가입하였다. 또 수출 기업에 대해 저리 금융, 내국세 및 관세 감면 등의 형태로 수출보조금이 제공되었다. 박정희 정부는 또한 경제개발에 필요한 자본을 사채시장으로부터 은행 안으로 끌어들이기 위하여 이자율을 16.8%에서 30%까지 두 배로 증가시켰다. 이에 따라 1965년과 1969년 동안에 연이율이 71.6%에 이르렀고 저축이 급속도로 늘어났다(박섭, 2011; Haggard & Moon, 1993: 71).

한편, 박정희는 1961년 재벌 소유 시중은행 주식을 정부로 귀속시키는 국유화를 단행하고, 민간 주주의 의결권을 제한하는 '금융기관에 대한 임시조치법'을 통해 국내 자본에 대한 통제를 확고히 하였다. 이를 근거로 박정희 정부는 이른바 정책금융을 통해 산업화 과정에 깊숙이 개입하였다. 수출금융은 이러한 정책금융의 대표적인 지원정책이었다. 이미 은행대출(즉, 명목대출금리) 자체가 실질적으로 마이너스인 상황에서, 수출금융은 은행금리보다도 훨씬 더 낮게 책정되었다. 수출용 원자재 수입에 대한 대출과 수출 신용장을 담보로 한 대출 등 수출 관련하여 금융상 큰 이익이 나는 구조를 만든 것이다(박병영, 2003). 1976년에는 수출입은행을 통해 플랜트, 기계설비 등 대금회수 기간이 큰 대규모 자본재 수출에 중장기금융을 제공하는 연불수출금융제도도 도입하는 등 중화학공업의 수출을 촉진하는 제도를 정비하였음도 물론이다.

2. 산업화 초기 세제 개혁과 한국 조세 체제의 기반 형성

박정희가 1961년 군사 쿠데타로 집권하고 산업화에 나섰을 때, 한국 정부는 예산의 40~60%를 미국 원조 물자를 팔아 마련한 소위 대충자금에 의존하였다(이우택, 1995). 앞서 논했듯이 OECD 국가에서는 이미 소득세, 법인세, 재산세, 소비세, 사회보험료(사회보장세)의 5대

세목을 바탕으로 근대적인 조세 기반과 조세 행정 체제를 갖추었지만, 우리의 경우는 전혀 그렇지 못한 상태였던 것이다. 그리고 케네디의 취임 이후 대외원조정책을 재검토하기 시작한 미국은 대외원조마저도 빠르게 축소시켜 나갔다(류상영, 1996). 따라서 경제개발 추진에 필요한 재원을 국내에서 세수 증대를 통해서 조달하는 것이 초미의 과제였다. 이에 박정희는 1962년부터 시작되는 제1차 경제개발 5개년계획을 뒷받침하기 위해, 1961년 12월 조세와 세무 행정의 근대화 개혁을 단행하였다. 1961년 세제 개혁의 기본 방향은 "첫째, 세무 행정을 자동으로 운영할 수 있는 간소한 세제의 확립, 둘째, 재정 수요를 충족할 수 있는 탄력성 있는 세제의 확립, 셋째, 국민경제의 성장을 적극적으로 뒷받침하기 위하여 저축과 투자를 촉진할 수 있는 세제의 확립"이었다(윤건영, 1997: 108). 1950년대 말의 조세 체계는 국세의 세목이 20개에 지방세는 33개에 달할 정도로 조세 체계가 매우 혼란스러웠다. 따라서 가장 전통적인 세목으로 한 때 내국세 세수의 50%까지 차지하였던 큰 세목이었던 토지수득세(土地收得稅, profit tax from land)등을 폐지하고, 5개의 직접세와 9개의 간접세 그리고 2개의 관세로 체제를 현대화하였다(이우택, 1995). 그리고 세무 행정은 정부가 임의로 세금을 정해 징수하는 인정과세(認定課稅, estimated taxation)를 폐지하는 쪽으로 개혁이 이루어졌다. 따라서 납세자의 정확한 기장과 신고를 의무화하였으며, 소득세·법인세·영업세의 자진신고에 대해서는 조세감면을 부여하였다. 납세자의 자진신고를 돕기 위하여 세무사제도를 신설하기도 하였다. 국세는 20개에서 15개 종목으로 지방세는 38종에서 28종으로 대폭 통폐합하였다. 소득세의 누진구조를 강화하기 위해 기존의 3단계에서 4단계로 개편하고, 법인세율도 인상하였다(윤건영, 1997: 108-111).

그러나 이상과 같은 일련의 제도 개혁이 기대했던 만큼의 세수 증대를 이룩하지는 못하였다. 1962년 이후 1965년에 이르기까지 세수의 절대액은 늘었으나, 세수 증가율은 경제성장률에도 미치지 못하여 조세부담률은 1961년 9.66%에서 1965년 8.62%로 오히려 하향하였다. 앞서 언급했듯이 1960년대 초기 정책 실패로 물가가 1963년 49.3%까지 뛰는 상황이었는데, 주세(酒稅)·사탕세 등 판매세는 종가세제(從價稅制)가 아닌 종량세제(從量稅制)를 택하고 있어 실질 세수를 저하시킨 게 큰 원인이었다. 그러나 근본적인 원인은 1960년대 초의 대내 지향적 공업화가 성공적이지 못했고, 경제성장은 농업 부문의 성장(e.g. 1964년 15.6% 성장)에 대부분 의존하였다는 데 있었다. 상대적으로 낮은 세율이 적용되고 징세가 용이하지 않은 농업 부문이 경제성장을 주도함으로서 세수 증대율이 경제성장률에 미치지 못한 것이다(이진순, 1991: 175).

이러한 상황은 박정희 정부로 하여금 1964년부터 베트남전에 국군을 파병하여 '외화벌이'에 나서게 만들고(김일영, 1999: 133-135), 국민 대중의 반대에도 불구하고 1965년 일본과의 외교관계를 정상화시키고, 이를 통해 일본의 경제원조(청구권 자금, 민간 차관, 기술 공여)를 받아 산업화 자금을 마련하는 노력을 펼치게 만들었다(양재진, 2011c). 그리고 보다 근본적으로, 박정희 정부는 1966년 국세청을 신설하고, 1967년 대대적인 세제 개편을 단행하여, 제2차 경제개발 5개년계획(1967~1971)의 체계적인 재정적 뒷받침에 나섰다. 인플레이션에 취약한 종량세제를 종가세제로 바꾸고, 종합소득세를 도입하였으며, 부동산투기억제제를 신설하였고, 근로소득세와 상속세의 최고 한계세율을 인상하였다. 당시 선진국에는 비할 바 못되었으나, 근대적인 세무 행정과 세제의 개편은 세수를 크게 증대시켰다. 내국 세수는 전년에 비해 매해 1996년 66.5%, 1967년 48.3%, 1968년 50.6%, 1969년 39.4%씩 각각 대폭 증가하였고, 1971년까지 경상GNP 성장률을 웃도는 세수 증대를 이루었다(이우택, 1995: 34). 이 결과 정부의 재정자립도는 1965년 65.8%에서 1971년 95.2%로 대폭 제고되었다. 세수 증가는 흑자재정을 가져오고 정부 저축도 늘려, 1968년 1,009억 원으로 시작하여 1971년은 1,783억 원에 달하게 하였다(이진순, 1991: 178).

3. 1970년대 세제 개편과 한국형 조세 체제의 형성

1966년 이후 성공적인 세수 증대는, 직접적으로 OECD 수준에 버금가는 세제 개편과 국세청의 신설로 인한 세무 행정의 근대화에 기인한 것이다. 하지만, 보다 근본적으로는 서구에서처럼 1964년부터 수출지향산업화를 위해 단행된 여러 제도 개혁이 성과를 보이면서 산업화가 급속하게 진행되어 조세 기반이 확대되고 소득 증대에 따라 세수의 소득탄력성이 높은 소득과세 중심으로 세수가 급격히 증대되었기 때문이다. 조세부담률은 1965년 8.6%에서 1971년 15%로 6년 만에 2배 가까이 급증하고(윤건영, 1997: 123), 1968년 내국 세수 증가분의 48%가 소득세에서 나온 것이 이를 증명한다. 소득과세로부터의 세수의 급속한 증대는 인플레이션을 동반한 고도성장의 결과였다. 예를 들어, 1968년 경상GNP가 29% 넘게 증가했는데, 누진율이 적용되는 소득과세는 납세자의 명목소득의 급속한 증대와 함께 대폭 증가하게 된 것이다(이진순, 1991: 177).

이에 정부는 증세보다는 고도성장기 일본이 취했던 자본축적 지원 세제로 전환하면서, 감세정책을 공식화한 1971년 세제 개편을 단행하였다. 근로소득과 사업소득에 대한 세율을 인하하고, 기초공제액은 인상하여 세 부담을 경감시켰다. 영업세의 소액부징수액(少額不徵收額)을 4배로 인상하여 영세사업자의 면세점을 대폭 올리고, 상속세와 증여세의 공제액과 면세점 또한 인상하였다. 법인세율의 대폭 인하, 투자 촉진을 위해 감가상각 내용 연수의 단축, 시설 투자를 위한 유보적립금에 대한 비과세의 확대도 이루어졌다. 직접세 중 소득세 부담을 떨어뜨리고, 기업 활동을 촉진하기 위해 조세감면의 유인 효과를 극대화한 것이다. 반면 맥주・청주 등에 대한 주세와 사치품에 대한 물품세는 대폭 인상되었다. 간접세 중심의 조세 체제가 형성되기 시작한 것이다.

이러한 감세 기조는 1973년 오일쇼크 이후 더욱 강화되었다. 경제사회의 불안을 해소하기 위해 정부는, 자본축적지원과 저소득층의 세 부담 완화를 목표로 일련의 긴급조치를 시행한 것이다. 예를 들어, 1974년의 긴급조치 3호(1.14.조치)는 저소득층에 대한 소득세・주민세・취득세를 대폭 감면, 근로소득세와 사업소득세를 소득액에 따라 30~100%씩 1년간 감면하고 소득세와 재산과세의 면세점을 2배 인상하였다. 동일한 논리에서 국민복지연금제도의 도입도 뒤로 미루어졌다. 국민복지연금제도는 1973년 12월 국민복지연금법의 제정으로 1974년에 시행에 들어갈 예정이었다. 그런데, 1차 오일쇼크 때문에 보험료 부담을 감당하기 어렵다고 기업들이 반대하자 긴급조치 3호를 통해 무기한 시행 연기에 들어갔다. 정부는 직접세 인하로 인한 세수 결함을 보전하기 위해서 고급 양주, 승용차 그리고 귀금속 등 사치성 소비에 대한 소비세를 대폭 인상하였다. 이러한 조치는 1974년 세제 개편을 통해 법제화 되었다. 이러한 소득세 감세 기조는 1970년대 내내 이루어진다. 그 결과 〈표 5-7〉에서 보듯이, 소득 계

〈표 5-7〉 소득 계층별 소득세 부담의 추이: 실효세율 (단위: %)

소득 계층	1970	1976	1978	1980
하위 0~10%	2.24	0.00	0.00	0.00
~20%	2.06	0.00	0.00	0.06
~30%	2.40	0.19	0.59	0.74
~40%	2.07	0.71	0.84	1.21
~50%	2.17	1.20	1.25	1.56
~60%	5.29	1.73	1.62	1.90
~70%	6.18	2.40	2.07	2.32
~80%	5.71	3.42	2.69	2.89
~90%	7.50	6.07	3.89	3.79
~100%	7.74	7.30	6.29	5.20
평 균	3.90	3.11	2.63	2.49

자료: 나성린(1997: 198).

층별 실효소득세율은 지속적으로 감소하여 1980년에 평균 2.49%에 불과할 정도로 낮았다.

1977년에는 아시아에서 처음으로 부가가치세를 선도적으로 도입하여, 국가 기능 확대에 따른 최소한의 필요 재원을 소득세 등 직접세가 아니라 소비세를 통해 조달하는 구조를 완성하였다.[3] 〈표 5-8〉을 통해 확인되듯이, 내국세(사회보험료 제외)에서 간접세가 차지하는 비중이 1970년 초중반 지속적으로 상승하다가, 부가세가 도입된 1977년 61%로 한 단계 더 높아짐을 알 수 있다(이진순, 1991: 179-183; 나성린, 1997). 김미경이 지적한 대로 낮은 소득세에 의한 "낮은 조세부담과 낮은 공공지출"을 특징으로 하는 한국의 조세 체제가 1970년대에 완

3) 참고로, 부가가치세는 프랑스가 1953년 최초 도입한 이후 서구 선진국의 여러 나라로 확산되었지만, 영국이 1973년에 일본이 1989년에 도입한 것에 미루어 볼 때, 한국이 1977년에 도입한 것은 우리의 경제사회 발전 단계에 비추어 볼 때 매우 이른 것이었다.

〈표 5-8〉 1970년대 내국세 구조의 추이 (단위: %)

	1970	1971	1972	1973	1974	1975	1976	1977	1978	1979
직접세	**48.8**	**50.2**	**46.8**	**45.2**	**43.6**	**37.6**	**40.0**	**36.2**	**37.4**	**37.0**
소득세	29.8	30.3	27.9	28.2	22.9	19.6	23.3	21.1	20.8	20.2
법인세	14.9	15.9	14.6	11.3	15.4	12.9	12.5	14.0	15.9	16.2
상속세	0.5	0.6	0.4	0.4						
등록세	2.5	2.3	3.2	4.9	4.3	3.3	0.9			
자산재평가세	0.2	0.4	0.4	0.2						
부동산투기억제세	0.9	0.7	0.2	0.1						
간접세	**49.9**	**48.6**	**49.9**	**52.3**	**53.5**	**56.2**	**56.2**	**61.4**	**61.4**	**61.7**
부가가치세								14.4	37.1	35.8
특별소비세								6.0	14.5	16.0
주세	7.7	7.8	7.5	7.8	7.4	8.0	6.8	7.4	8.6	8.8
영업세	10.9	10.7	13.0	13.6	13.5	19.6	19.1	12.4		
석유류세	7.5	8.9	9.3	8.5	14.4	10.5	10.4	6.1		
물품세	11.2	9.8	9.9	11.4	11.1	11.6	12.1	7.9		
증권거래세										
통행세	4.7	4.8	3.9	5.0						
직물류세	3.8	2.8	2.1	1.8						
전기가스세	2.5	2.3	2.7	2.8						
입장세	1.6	1.4	1.5	1.4						
합 계	100.0	100.0	100.0	100.0	100.0	100.0	100.0	100.0	100.0	100.0

주: 인지세와 과년도 수입이 제외된 수치임.
자료: 나성린(1997: 192).

성된 것이었다(김미경, 2009: 213).

4. 한국형 조세 체제의 산업화 전략 차원의 해석

배준호(1997: 338)는 이러한 한국형 조세 체제의 형성을 크게 두 가지 측면에서 설명한다. 첫째, 정치적인 이유이다. 산업화에 따른 고용의 확대 자체가 농촌의 잠재 실업자들의 규모를 줄이며 분배를 개선하고 있는 상황에서, 유럽과 달리 직접세를 통한 소득재분배의 정치적 필요성이 크지 않았다. 오히려 유신 체제에 대한 국민들의 민심 이반을 추슬러야 하는 상황이었기에 산업화와 함께 급속하게 성장한 노동자와 중산층 납세자의 조세부담 완화에 적극 나섰다는 것이다. 둘째, 경제적으로는 1970년대 오일쇼크 이후 수입에 의존하는 원자재 가격 인상 등 공급 측면에서의 충격이 우리 경제에 미치는 파급효과가 과거보다 한층 커졌기 때문에, 가계와 기업의 세 부담을 낮추는 형태로 세제를 운영하였다는 것이다.

필자는 위 배준호의 두 번째 경제적 설명, 즉 낮은 직접세 체제의 형성을 오일쇼크라는 우발적이고 외재적인 변수에 의한 것으로 설명하는 것에 머물기 보다는, 오일쇼크로 상징되는 공급 측면에서의 충격을 낮은 소득세-낮은 사회보험료 구조로 흡수하는 정책적 선택을 하게 만든 경제구조에 대한 깊이 있는 설명이 필요하다고 본다. 저소득세-저사회보험료 구조는 산업화 시기 한국의 발전 국가가 택한 수출지향 발전 전략의 특성에서 구조적으로 이해할 필요가 있다. 이진순(1991: 192-195)도 지적했듯이, 산업화 시기 한국은 총수요 측면에서 정부 재정지출의 확장을 통해 경기를 조절하고, 나아가 내수 경기의 진작을 경제성장의 불가결한 기초로 삼은 많은 서구의 자본주의 혼합경제와는 달랐다. 국가의 재정 투입이 요구되는 불경기에도, 내수보다는 수출 확대를 통해 문제 해결을 도모했다. 서구의 케인즈주의적 복지국가 (the Keynesian Welfare State)들이 '증세와 재정 투입'을 통해 수요 측면에 개입하던 방식과는 달리, 일찌감치 1970년대 초부터 공급 측면에서 직접세의 감세를 통해 수출 기업의 채산성을 맞추고 기업과 근로자들의 투자와 근로 동기를 높이는 전략을 구사한 것이다. 소위 ‘케인즈 없는 케인즈주의적 경제 관리’를 스웨덴에서 1932년 사민당의 집권과 함께 일찌감치 시작하였듯이, 한국에서는 ‘레이건 없는 감세정책’이 1970년대 초부터 시행이 된 것이다.

기술 수준과 자본이 선진국에 비할 수 없었던 개발 시기의 한국은 가격경쟁력을 저임금과 장시간 노동, 원화의 평가절하, 정책금융을 통해 시장 금리를 하회하는 저리의 융자 그리고 제품 공정의 혁신 등 동원 가능한 모든 방법을 동원하여 확보하였다(박병영, 2003: 36; 국민경제자문회의, 2005). 1970년대에 육성했던 중화학공업도 다를 바 없었다. 조선업과 같이 상당 부분이 “노동집약적 중공업”으로 “한국의 중화학공업 제품은 〔서구 선진국처럼〕 연불수출이나 해외 투자보다는 가격경쟁력 덕택에 수출되었다.”(박섭, 2011: 209). 세계경제가 불황에 빠질수록, 수출품의 가격경쟁력은 중요했고, 이를 위해 기업의 노동비용의 상승 또한 최대한 억제되어야 했다. 앞서 언급한 대로, 1974년 긴급조치 3호에 의해 시행이 유보된 국민복지연금의 경우가 상징하듯, 간접노동비용 상승을 직접적으로 유발하는 사회보험의 도입은 산업화 시기 동안 최대한 늦추어졌다. 국가에 의한 노동 통제를 통해 근로자의 임금은 생산성 증가에 못 미쳤고, 수출대기업의 임금도 하향평준화 되었다.[4] 고도성장에 따라 지속적으로 임금이 증가하긴 했다. 하지만 국가는 생산성 증가를 하회하는 하향 평준화된 저임금 구조를 유지한 것이다. 이러한 상황에서 근로자의 가처분 소득을 줄이게 되는 소득세의 인상은 경제적으로나 정치적으로나 선택하기 어려

4) 예컨대, 1975년 한국 제조업 노동자의 시간당 임금은 대만의 75%, 홍콩의 65%에 불과하였다. 1970~1979년에 제조업 실질임금 임금 상승이 연평균 10.3%에 달했으나, 동 기간 제조업 노동생산성이 매년 평균 10.7%에 달해 임금인상이 가격경쟁력에 부정적인 영향을 주지 않았다(박섭, 2011: 214).

웠다. 저임금 구조에서 가처분 소득이 낮아지면, 임금인상 요구가 발생하여 수출 기업의 가격경쟁력이 약화되기 때문이다. 낮은 소득세와 낮은 조세부담을 특징으로 하는 한국형 조세 체제는 이와 같이 수출지향산업화와 깊은 구조적 연관 속에서 형성된 것이라 할 수 있다.

그렇다면, 국가주도 산업화에서 소요된 막대한 자금은 재정이 아닌 어디에서 나왔는가? 한국의 발전 국가는 국가 주도의 경제성장을 추구하는 과정에서 국내외 금융 부문을 주도적으로 활용하였다. 조세를 통한 재정 부문은 국방과 SOC 사업 등 지원적인 역할에만 초점을 맞추었다. 정부의 직접적인 관리통화제도 하에서 중앙은행의 신용 팽창에 기초한 금융 배급을 바탕으로, 수출 기업과 국가전략산업 분야에 수출금융 등 저리의 정책금융이 제공되었다. 부족한 자금은 조세 추출이 아닌, 국가신용에 의한 외자도입을 통해 메워나갔다(김상조, 2011). 1980년대 초까지 한국이 세계 4대 채무국으로 '외채망국론'에 시달린 이유이다. 이런 상황에서도 적극적으로 재정을 확보하려는 노력보다는 수출을 촉진하기 위해 동원 가능한 거의 모든 조세감면제도가 활용되었다. 수출산업에 대해서는 법인세를 감면 조치하고, 수출산업에 대해 특별감가상각제도를 시행하였으며, 수출용 원자재에 대해서는 관세를 전액 면제하였다. 수출 기업에 대해서는 결손준비금제도나 해외시장개척준비금제도 등 각종 수출준비금제도를 마련하여 수출액의 일정률을 당해 연도 손비로 인정하고, 수출상품제조업체에 대해서는 일정률의 특별상각을 추가로 인정하는 감가상각 면에서의 혜택을 부여하기도 하였다. 그리고 중화학공업화와 함께 역점사업별(예컨대, 부품 국산화)로 법인세와 관세를 매우 다양하게 탄력적으로 운영하여 유치산업의 성장을 도왔다(김용복, 2010). 부가가치세의 경우도 수출과 투자에 대해서는 부가세율을 10%가 아닌 영세율(zero rate)을

적용해 수출 제조업을 육성하였다(한재훈, 1989: 46; Han, 1990: 139).[5)]

한편, 상대적으로 소비세 중심 조세 구조는 수출주도 경제개발전략에 부응하는 면이 컸기에 가능했다. 1960년대 한국의 조세 개혁을 이론적으로 뒷받침한 저명한 재정학자 Richard A. Musgrave는 "한국의 경제성장을 위한 세입정책"이란 보고서에서 소비세 중심으로 재정을 확충하는 것이 한국의 경제개발을 위해 필요한 방안임을 역설하고 있다(머스그레이브, 1966). 머스그레이브의 조언이 개발 시기 한국의 조세 체제 형성에 얼마나 큰 영향을 미쳤는지는 계량하기 힘들다. 하지만 당시 재무부 담당자의 우호적인 화답에서 볼 수 있듯이, 직접세가 아닌 간접세 중심의 조세 구조는 한국의 경제발전전략과 분리해서 생각할 수 없다(강재식, 1966: 469). 실제로, 산업화 시기 한국은 수출로 벌어들인 외화를 지키기 위해, 소비를 진작시키기 보다는 억제하여 해외로부터의 수입을 줄이는 전략을 썼다. 소비세는 소비를 억제하는 효과가 크기에, 그만큼 투자 재원인 저축을 유인하는 효과를 가져왔다. 1977년 부가가치세 도입과 함께, 직간접으로 수입을 유발하는 사치성 품목에 대해 고율의 세금을 부과하는 특별소비세를 함께 시행하여 소비 억제 효과를 크게 하였다. 1978년과 1979년 특별소비세가 내국세에서 차지하는 비중이 법인세와 거의 동일한 수준이 될 정도로 기간 세목화한 것은 이를 반증한다(〈표 5-8〉, "1970년대 내국세 구조의 추이" 참조).

5) 예컨대, 1977년 자본 투자에 대한 부가세 감세의 73.3%는 제조업이 가져갔다 (Han, 1990: 139).

Ⅳ. 민주화 이후 저부담 조세 체제의 지속과 변화: 조세 정치의 등장

1987년 민주화 이후에도 산업화 시기 형성된 조세 체제에는 큰 변화가 없었다. 그리고 현재까지도 OECD 평균에 비하면 상당히 낮은 국민부담률을 유지하고 있다. 하지만 전과 다른 두 가지 특징을 보이고 있다. 첫째, 민주화 이후 국민연금 등 새로운 대규모 사회보험제도의 도입과 적용 확대로 사회보험료 수입이 증가하면서 조세부담을 견인하는 특징을 보이고 있다. 둘째, 민주화 직후인 노태우 정부 시기를 제외하면, 보수와 진보 정권 간의 조세부담 증가 속도에 뚜렷한 차이를 보여주고 있다(〈그림 5-1〉 참조).

노태우 정부(1988~1992)하에서 국민부담률이 전례 없이 빠른 속도로 3.1%p가량 상승하였다. 소비세를 제외한 대부분의 세목에서 세수

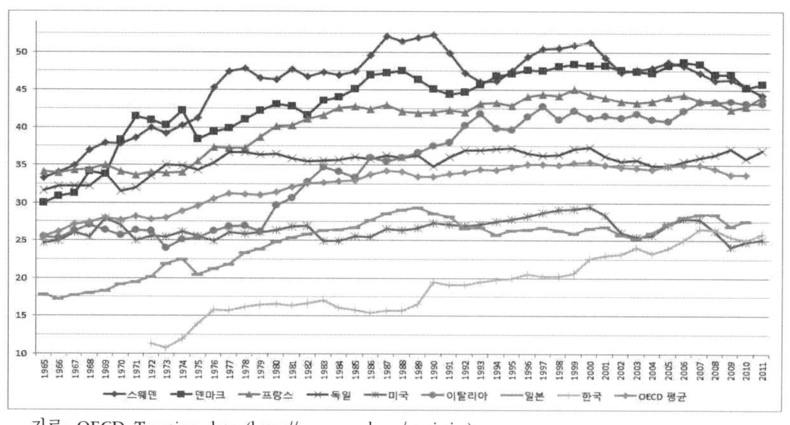

자료: OECD Taxation data (http://www.oecd.org/statistics).

〈그림 5-1〉 한국의 국민부담률 추이 주요 OECD 4개국과 비교

증가가 이루어졌는데, 가장 큰 폭으로 상승한 세목은 사회보험료였다. 사회보험료의 증가는 국민연금의 도입(1988), 전국민의료보험(1988)에 힘입은 것이었다. 민주화 이후 노동운동의 영향으로 임금 상승이 급격하게 진행되어, 보험료율이 크게 높아지지 않았지만 임금에 연동된 사회보험료 수입이 증가한 것도 영향을 주었다. 김영삼 정부(1993~1997)에 들어와 조세부담 증가는 안정화되기 시작한다. 따라서 임기 내내 큰 변동 없이 국민부담률 기준으로 19%~20%선을 유지한다. 5년 임기동안 국민부담률이 6.3%이 증가하는 데 사회보험료 증가가 이의 대부분을 설명하고 있다.

민주화 이후, 국민부담률이 눈에 띄게 증가한 시기는 김대중 · 노무현 정부 시기(1998~2007)로, 소비세를 제외한 모든 세목에서 증가를 보이는데, 사회보험료와 법인세 증가가 눈에 띈다. 김대중 정부(1998~ 2002)에서는 집권 한 해 전인 2007년에 법인세 수입이 GDP 대비 3.3%였던 것이 집권 최종 년인 2002년에 4.4%로 50%가 증

〈표 5-9〉 정권별 세목별 및 조세, 국민부담 증가율 (단위: %)

	소득세	법인세	재산세	소비세	사회 보험료	조세 부담률	국민 부담률
노태우 정부	37.5	20.0	71.4	-10.9	600.0	8.3	19.4
김영삼 정부	0.0	-16.7	8.3	6.1	38.1	2.4	6.3
김대중 정부	-9.1	50.0	15.4	3.4	51.7	8.0	14.3
노무현 정부	46.7	33.3	13.3	-7.8	25.0	11.7	14.2
이명박 정부	-18.2	-12.5	-14.7	2.4	3.6	-8.1	-5.3

주: 노태우 정부 증가율은 1987년 대비 1992년 세목별로 GDP에서 조세수입이 차지하는 비율의 증감. 김영삼 정부 증가율은 1992년 대비 1997년 세목별로 GDP에서 조세수입이 차지하는 비율의 증감. 김대중 정부 증가율은 1997년 대비 2002년 세목별로 GDP에서 조세수입이 차지하는 비율의 증감. 노무현 정부 증가율은 2002년 대비 2007년 세목별로 GDP에서 조세수입이 차지하는 비율의 증감. 이명박 정부 증가율은 2007년 대비 2010년 세목별로 GDP에서 조세수입이 차지하는 비율의 증감.

자료: OECD (2010), "Revenue Statistics: Comparative tables", OECD Tax Statistics (database). (Accessed on 10 July 2013)의 자료를 바탕으로 저자가 계산.

가하고, 사회보험료가 GDP에서 차지하는 비중도 51.7%가 증가하면서 전체 국민부담률을 14.3% 끌어올렸다. 김대중 정부에서 IMF경제위기를 극복하면서 기업의 수익이 좋아지고, 4대 사회보험의 전국민화와 국민연금보험료와 건강보험료 등의 인상을 단행한 결과로 분석된다. 노무현 정부에서도 비슷한 패턴이 반복된다. 법인세 수입이 GDP에서 차지하는 비중이 집권 1년 전인 2002년에 비해 집권 말년인 2007년에 33.3% 증가하고, 사회보험료도 25% 증가한다. 장기요양보험의 도입과 사각지대 축소 노력이 진행된 것에 영향을 받은 것으로 분석된다. 그런데, 특히 눈에 띄는 것은 소득세의 증가이다. 5년 임기 동안 소득세수가 GDP에서 차지하는 비중이 45.7% 증가해 가장 증가 폭이 큰 세목이었다. 면세점과 과표 구간 조정을 하지 않아, 종부세와 달리 직접적으로 조세 저항을 야기하지 않으면서도 자연스럽게 큰 폭의 세수 증대를 이룰 수 있었다.

김대중·노무현 정부 시기는 한국의 산업화 시기 형성된 조세 체제에서 지속보다는 변화가 두드러진 시기라고 평할 수 있겠다. 사회보험료를 포함해 직접세의 증가가 두드러졌기 때문이다. 이러한 변화는 조세 문제가 정치적 이슈가 되면서 조세 정치가 등장하는 계기로 작용하였다. 복지가 확대되면서 사회보험료와 세 부담이 늘어나자, 재계와 보수 우파를 중심으로 조세 문제를 쟁점화 하기 시작한 것이다. 2004년 지방세 개편을 통해 재산세가 급격하게 인상되자 강남, 서초, 양천, 용산구와 과천시 및 분당 거주자를 중심으로 조세 저항이 강하게 일어났다. 해당 지자체가 재산세율을 소급해 20% 인하하는 조례를 의결해 조세 저항을 무마하기도 하였으나 조세 문제의 정치 쟁점화는 피할 수 없었다(오동일, 2004). 2005년 종합부동산세가 도입을 두고 2004년과 유사한 패턴이 다시 벌어졌다. 2006년 발표된 복지국가건설 전략인 비전 2030(Vision 2030)과 복지 증세에 대해서도 재계와 보수 언론은 대대적인 공격을 퍼부었다.

비전 2030 추진 시 추가 재원 소요는 계획 기간 중 GDP의 3%(경상금액기준으로 1,600조 원) 수준이 될 것으로 전망되었다. 이를 기간별로 보면 2006~2010년 4조 원 수준, 2011~2020년 300조 원 수준에서 2021~2030년에는 1,300조 원 수준이 늘어날 것으로 전망되었다. 소요 재원에 대한 조달 방안으로는 2010년까지는 세출 구조조정, 비과세·감면 축소 및 세정 합리화와 투명성 제고 등을 통해 증세 없이 추진하되, 2011년 이후에는 추가 재원 조달 방안에 대하여 국민적 논의를 통해 결정하는 것으로 하였다(변양균, 2014: 150).

비전 2030의 추진을 위해 필요한 증세에 정부 여당마저도 거리를 두고 비전 2030에 대해 비판적인 자세를 취하였다. 결국, 이명박 대통령 후보는 2007년 선거에서 재계와 중산층에 폭넓게 형성된 조세저항 심리를 선거 쟁점화하기 위해 '작은 정부'와 '감세'를 약속하였다. 우리나라에도 영미식 감세정책이 주요 선거공약으로 부상한 것이다. 이명박 대통령은 집권 후 2008년 세제 개편을 통해, 소득세율의 인하, 법인세율의 인하, 양도소득세 등 재산 관련 조세 체계의 중과 완화, 종합부동산세의 완화를 실행에 옮겼다(이재은, 2008). 그 결과, 2007년 대비 2010년 현재 소비세 비중이 다시 상승하고, 사회보험료 증가는 억제되며, 소득세, 법인세, 재산세 수입이 GDP에서 차지하는 비중은 15% 내외로 대폭 감소하였다. 산업화 시기 형성된 한국형 조세 체제로의 회귀가 두드러지게 나타났다.

2012년 대선에서도 복지 증세가 주요한 선거 이슈로 전면에 등장하였다. 세율 인상을 포함한 명시적 복지증세론자인 문재인은 세율 인상 없는 소극적 증세론의 박근혜에게 패배하였다. 박근혜 정부에서는 이명박 시기와 달리 복지 확대와 이를 위한 증세의 필요성을 인정하고 있다. 그러나 명시적인 증세보다는 조세감면과 지출합리화 등 증세에 소극적인 입장을 취하고, 부족한 재원은 국채를 발행하여 메우는 일본과 미국 방식을 택하고 있다. 복지 확대 기조의 유지와 더불어 복지 증세는 계속해서 주요한 정치 쟁점으로 남아 있지만, 국민부담률의 획기적인 증가는 기대하기 어려운 상황이다. 한국형 저부담 조세 체제는 변화보다는 지속의 길을 걷고 있다 하겠다.

V. 결 론

한국 복지국가의 조세 체계는 다른 OECD 국가와 달리 유독 낮은 소득세에 의한 낮은 조세부담을 특징으로 한다. 이는 서구와 달리 국가 주도의 수출지향산업화 과정에서 발생한 것임을 앞에서 살펴보았다. 내수기반경제가 아닌 상황에서 재정 투입을 통한 총수요관리정책보다는 기업과 가계의 경제 및 수출 활동을 촉진하는 감세에 의한 공급 측면의 개입이 효과적이었다. 이러한 경향은 현재까지도 크게 변하지 않고 있다. 제도적 상보성(institutional complementarities)의 시각에서 볼 때, 수출에 크게 의존하고 있는 한국의 경제구조가 변화하지 않는 데 이에 의해 배태된 조세 체제만 바뀌기는 쉽지 않기 때문이다.

선거에 의해 정권이 바뀌는 민주화 이후, 증세라는 비인기 정책의 선택은 더 어렵게 되었다. 김대중·노무현정부 10년 동안 복지 확대와 증세가 이루어졌으나, 이에 폭넓은 저항이 노무현 정부에서 지속적으로 일어났기 때문이다. 재산세와 종부세 파동뿐만 아니라, 2006

년 노무현 정부에서 한국형 복지국가 건설을 위해 정부 차원에서 최초로 야심차게 마련한 비전 2030마저도 재원 조달 계획을 확정하지 못하였다. 노무현 정부는 "2010년까지는 증세 없이 추진하고 이후 필요한 재원의 규모나 마련 방안에 대해서는 국민들의 합의를 거쳐야 한다."며 복지 증세 문제를 뒤로 미루었으나(변양균, 2012: 66-67), 대선에서 감세를 들고 나온 이명박에게 패하고 말았다. 현재 정치권이 한목소리로 복지국가 건설을 압박하고 있으나, 박근혜 정부는 증세 없이 복지국가를 이루겠다며 모순적인 입장을 취하고 있는 것도 노무현 정부와 동일한 고민의 산물로 보인다.

그럼에도 불구하고, 소득세 중심의 증세는 한국 복지국가 건설 과정에서 피할 수 없을 것으로 보인다. 한국 경제의 자본축적이 전과 비교할 수 없을 정도로 많이 진척되어 감세의 필요성이 과거보다 크지 않다. 그리고 경제구조를 바꾸는 것이 쉬운 일은 아니나, 한국 경제의 수출에 대한 의존도도 줄여 나가야 한다는 주장도 전과 달리 큰 힘을 얻고 있기 때문이다. 따라서 점진적으로 실효소득세율을 높여 복지 증세를 도모하는 것부터 시작해야 할 것이다. 그리고 조세 저항을 최소화하면서 복지 재정을 마련할 수 있는 다양한 방법들(사회보험료 인상, 죄악세의 확대 등)도 함께 활용되어야 할 것이다.

참고문헌

국민경제자문회의. 2005.『한국형 경제발전 모델의 변천과 새로운 모색』. 청와대 정책보고서.

기획재정부. 2012. e- 나라지표. 검색일 2012. 6. 11.

김미경. 2009. 동아시아 국가에서의 조세와 국가의 경제적 역할: 비교의 시각.『국제정치논총』, 49(5).

김미희. 2012. 민주통합당 1% 부자. 대기업 증세 추진. 파이낸셜 뉴스 (2012. 2. 26).

김용복. 2010. 한국의 수출지원정책. 경제학대사전. 네이버.

김종민・강석기. 2011. 2010년 수출의 국민경제에 대한 기여.『Trade Focus』, 10(38).

김상조. 2011. 외환위기의 뿌리. 유종일 (편),『박정희의 맨얼굴』. 서울: 시사IN북.

김일영. 1999. 1960년대 한국 발전국가의 형성과정: 수출지향형 지배연합과 발전국가의 물적 기초의 형성을 중심으로.『한국정치학회보』, 33(4).

나성린. 1997. "고도성장기의 조세정책 (1970년대)" 최광・현진권 (편).『한국 조세정책 50년: 제1권 조세정책의 평가』. 서울: 한국조세연구원.

노연홍. 2012. 한국복지정책의 나아갈 길.『한국복지국가연구회 2012년 4월 월례세미나 발표자료』.

류상영. 1996. 박정희정권의 산업화전략 선택과 국제 정치경제적 맥락.『한국정치학회보』, 30(1).

류상영. 2002. 한국의 경제개발과 1960년대 한미관계: 중층적 메커니즘.『한국정치학회보』, 36(3).

머스그레이브. 1966. 한국의 경제개발을 위한 세입정책.『세대』, 4.

박병영. 2003. 1980년대 한국 개발국가의 변화와 지속: 산업정책 전략과 조직을 중심으로.『동서연구』, 15(1).

박섭. 2011. "산업정책, 협력에서 저항으로" 유종일 (편).『박정희의 맨얼굴』. 서울: 시사IN북.

배준호. 1997. “소득세” 최광・현진권 (편), 『한국 조세정책 50년: 제1권 조세정책의 평가』. 서울: 한국조세연구원.
변양균. 2012. 『노무현의 따뜻한 경제학』. 서울: 바다출판사.
_____. 2014. “비전2030 비망록” 미발간 자료.
양재진. 2011a. 스웨덴 연금제도의 이해와 쟁점 분석. 『사회과학논집』, 42(1).
_____. 2011b. 산업화시기 박정희의 수출진흥전략: 수출진흥과 규율의 정치경제학. 『연세대학교 국정관리연구소 세미나 발표문』.
_____. 2011c. 한국의 대통령 리더십과 국가관리 국제전략-제 3장 박정희와 한일협정: 한일 경제협력체제 구축과 발전국가의 물적 토대 형성. 『국가관리연구총서』, 17.
_____. 2011d. 저소득 취약계층의 노후소득 강화방안. 『한국행정학회 동계학술대회 발표논문』.
_____. 2008. 한국 복지정책 60년: 발전주의 복지체제의 형성과 전환의 필요성.『한국행정학보』, 42(2).
_____. 2007. 유신체제하 복지연금제도의 형성과 시행유보에 관한 재고찰. 『한국거버넌스학회보』, 14(1).
유모토 켄지・사토 요시히로. 2011. 『스웨덴 패러독스: 선진복지 대한민국을 위한 단 하나의 롤모델』(박선영 역). 서울: 김영사.
윤건영. 1997. “경제개발 초기의 조세정책 (1960년대)” (최광・현진권 편). 『한국 조세정책 50년: 제1권 조세정책의 평가』. 서울: 한국조세연구원.
윤홍식. 2011. 복지국가의 조세체계와 함의: 보편적 복지국가 친화적인 조세구조는 있는 것일까?. 『한국사회복지학』, 63(4).
이우택. 1995. 조세행정의 회고와 정책과제. 『광복 후 50년간의 조세및 금융정책의 발전과 정책방향 발표논문집』, 조세연구원 개원 3주년기념 심포지엄
이정희 의원실. 2011. 『각 공제제도의 계층별 세금감면액 조사 보고서』.

2011. 2. 21 발간 상임위정책보고서.
이진순. 1991. "조세정책"(한국재정40년사편찬위원회 편). 『한국재정 40년사, 제 7 권: 재정운용의 주요과제별 분석』. 서울: 한국개발연구원.
임세원. 2012. 새누리 소득세제 개편 초안: 한국판 버핏세 대상 3만 명서 4만 8000명으로 늘어. 서울경제신문 (2012.8.17).
장재식. 1966. "한국의 경제개발을 위한 세입정책'에 대한 비판" (R.A 머스그레이브 저) 『세대』, 4.
제프 일리. 2008. 『The Left 1848~2000: 미완의 기획, 유럽좌파의 역사』(유광은 역). 서울: 뿌리와 이파리.
조경엽・유진성(2012). 『복지공약 비용추정 및 시사점』. 서울: 한국경제연구원.
하일브로너・서로(1994). 『경제를 어떻게 이해할 것인가』(조윤수 역). 서울: 까치.
한국보건사회연구원(2011). 한국의 사회복지지출 현황과 정책과제. 『보건・복지 Issue & Focus』, 94.
황선자. 2011. 『노동조합의 복지수요와 재정전략: 복지태도와 영향요인에 대한 분석을 중심으로』. 서울: 한국노총중앙연구원.
한재훈. 1989. "경제개발계획과 조세정책에 관한 일고찰." 성균관대학교 경영대학원 경영학 석사학위 논문.

Adema, Willem and Mzime Ladaique. 2011. Is the European Welfare State Really More Expensive? OECD Social, Employment and Migration Working Papers No. 124.
Chung, Moo-kwon. 1992. "State Autonomy, State Capacity, and Public Policy: The Development of Social Security Policy in Korea." Ph.D. Dissertation. Department of Political Science, Indiana University.
Esping-Andersen, Gosta. 1990. The Three Worlds of Welfare Capitalism. Cambridge: Polity Press.
Haggard, Stephan. 1990. Pathways from the Periphery: The Politics of

Growth in the Newly Industrializing Countries. Ithaca: Cornell University Press.

Haggard, Stephan & Chung-in Moon. 1993. "The State, Politics, and Economic Development in Postwar South Korea." in Hagen Koo (Ed.) State and Society in Contemporary Korea. Ithaca: Cornell University Press.

Hall, Peter A. and David Soskice. 2001. Varieties of Capitalism. New York: Oxford University Press.

Han, Seung Soo. 1990. "The VAT in the Republic of Korea" in Malcolm Gillis et.al (eds.) Value Added Taxation in Developing Countries. Washington D.C.: World Bank.

IMF. 2012. World Economic Outlook Database. 검색일 2012. 4. 18.

Kato, Junko. 2003. Regressive Taxation and the Welfare State: Path Dependence and Policy Diffusion. Cambridge: Cambridge University Press.

OECD. 2012. OECD Taxing Wages. http://stats.oecd.org. 검색일 2012. 6. 6.

Pierson, Christopher. 1991. Beyond the Welfare State? Cambridge: Polity Press.

Steinmo, Sven. 1993. Taxation and Democracy: Swedish, British and American Approaches to Financing the Modern State. New Haven: Yale University Press.

_____. 1989. Political Institutions and Tax Policy in the United States, Sweden, and Britain. World Politics, 41(4).

U.S. Social Security Administration. 1999. Social Security Programs Throughout the World: 1999.

Weir, Margaret and Theda Skocpol. 1985. "State Structures and the Possibilities for "Keynesian Responses to the Great Depression in Sweden, Britain, and the United States." in Peter B. Evans, D. Rueschemeyer, and Theda Skocpol (eds.) Bringing the State Back In. Cambridge: Cambridge University Press.

Wibbels, Erik and John Ahlquist. 2007. Development Strategies and Social Spending. Estudio/Working Paper #232.

제6장

OECD 국가의 조세와 정치제도, 그리고 복지국가

제6장 OECD 국가의 조세와 정치제도, 그리고 복지국가

권혁용(고려대학교)

I. 서 론

이 연구는 OECD 국가의 조세정책을 정치제도와 복지국가와의 연관성을 중심으로 분석한다. 조세정책은 조세율, 조세 구조, 조세지출 등 다양한 구조와 제도를 기반으로 형성되고 유지되며 재편된다. 이 과정은 기본적으로 정치적 갈등과 조정을 수반한다. 왜냐하면 조세율과 조세 구조에 따라 다양한 사회 구성원에게 부과되는 비용은 다르게 나타나기 때문이다. 어떤 조세정책은 소득재분배효과를 줄 수도 있고, 어떤 조세정책은 세후 소득불평등을 더 심화시킬 수도 있다. OECD 국가의 조세정책에 영향을 미치는 요인에 대한 정치경제적 설명을 체계적으로 제시하기 이전 단계로, 이 연구에서는 조세와 정치제도, 그리고 복지국가의 상관관계를 중심으로 탐색적 분석을 한다.

이 연구는 우선 OECD 국가의 조세정책을 개괄하고 조세수입과 조세 항목의 비율을 분석한다. 그리고 세계화의 진행에 따라 자본과 노동의 조세부담이 어떻게 변화했는지, 아니면 국가 간 다양성이 그대로 유지되는지를 살펴본다. 그 다음 절들에서는 정치제도와 조세, 그리고 복지국가와 조세의 관계에 대해 분석한다. 마지막 절은 결론이다.

II. OECD 국가의 조세정책

조세정책은 다양한 구조와 제도에 근거하여 수립된다. 이 절에서는 OECD 국가의 조세 구조(tax mix), 조세수입(tax revenue)의 국가 간 차이, 그리고 총 조세수입과 개인소득세 및 간접세의 비율에 관해 분석한다. 분석은 OECD 국가 조세정책의 공통된 추이 및 국가 간 다양성에 초점을 두고 진행한다.

〈표 6-1〉은 OECD 국가의 조세 구조의 추이(trend)를 보여준다. 신생 민주주의 회원 국가를 제외한 선진 민주주의 OECD 국가들의 평균 조세 구조를 1965년부터 10년 단위로, 그리고 가장 최근 자료인 2009년 자료를 포함하여 제시하고 있다. 〈표 6-1〉에서 우리가 발견할 수 있는 점은 다음과 같다. 첫째, 지난 45년 기간 동안 대체로 평균 조세 구조의 커다란 변화를 찾아보기 힘들다. 선진 민주주의 국가에서 조세 구조—각 조세 항목별 비율—는 통시적으로 일관성을 갖고 지속되어 왔다고 할 수 있다. 개인소득세와 사회보장세의 비율이 전체 조세수입의 절반 정도를 차지하고, 법인세와 자산소득세, 그리고 재산세 및 소비세 등이 나머지를 차지하는 것을 알 수 있다. 이러한 조세 구조는 크게 시기적으로 변화가 없다. 둘째, 통시적 일관성

〈표 6-1〉 OECD 국가의 조세 구조

항목 / 연도	1965	1975	1985	1995	2005	2009
개인소득세	26	30	30	26	24	25
법인세/자산소득세	9	8	8	8	10	8
사회보장세	18	22	22	25	25	27
(고용인 부담)	(6)	(7)	(7)	(9)	(9)	(9)
(고용주 부담)	(10)	(14)	(13)	(14)	(14)	(15)
지불급여세	1	1	1	1	1	1
재산세	8	6	5	5	6	5
일반소비세	12	13	16	19	20	20
특별소비세	24	18	16	13	11	11
기타세	2	2	2	3	3	3
총계	100	100	100	100	100	100

자료: OECD Tax Database.

에도 불구하고 변화를 찾아보자면, 사회보장세의 비율과 일반소비세의 비율이 점차적으로 증가해왔음을 관찰할 수 있다. 사회보장세의 경우, 1965년 전체 조세수입의 18%를 차지하였으나 2009년에는 27%로 그 비율이 크게 증가하였다. 이러한 증가에 고용인과 고용주 모두 부담 비율이 증가한 것으로 나타났다. 간접세의 주요 항목인 일반소비세 또한 증가 추세를 보여준다. 1965년 12%를 차지하던 일반소비세의 비율이 2009년에는 총 조세수입의 20%를 차지하고 있다. 반내로 주류 및 사치재에 부과되는 특별소비세의 비율은 1965년 24%에서 2009년 11%로 크게 감소하였다. 셋째, 법인세 및 자산소득세가 일정한 비율을 유지하는 반면에 일반소비세가 증가하고 특별소비세가 감소하는 경향은 조세 구조가 갖는 거시경제적 효과 및 재분배 효과와 연관된다. 법인세 비율의 일정한 유지를 통해 기업의 생산 및 재투자 활동을 유인하고 다국적기업을 유치함으로써 경제성장과 고용을 촉진하는 효과를 기대한 것이라 해석할 수 있다. 한편, 간접세 중 일반소비세의 비율이 증가한 것은 사회 내 다양한 소득 집단 사이의 재분배 효과와는 거리가 먼 것이다.

〈그림 6-1〉은 OECD Tax Database가 제공하는 가장 최근 자료인 2009년 자료를 사용하여 국가별 총 조세수입과 개인소득세의 관계를 산점도(scatterplot)로 나타낸 것이다. X축은 전체 조세수입(tax revenue)을 GDP 대비 비율로 나타낸 것이고, Y축은 개인소득세(personal income tax)를 GDP 대비 비율로 나타낸 것이다. 우리는 〈그림 6-1〉을 통해 국가 간 커다란 편차가 존재한다는 점을 발견하게 된다. 덴마크와 스웨덴은 각각 총 조세수입이 GDP의 48.1%와 46.7%를 차지한다. 뒤를 이어 이탈리아(43.4%), 벨기에(43.2%), 노르웨이(42.9%),

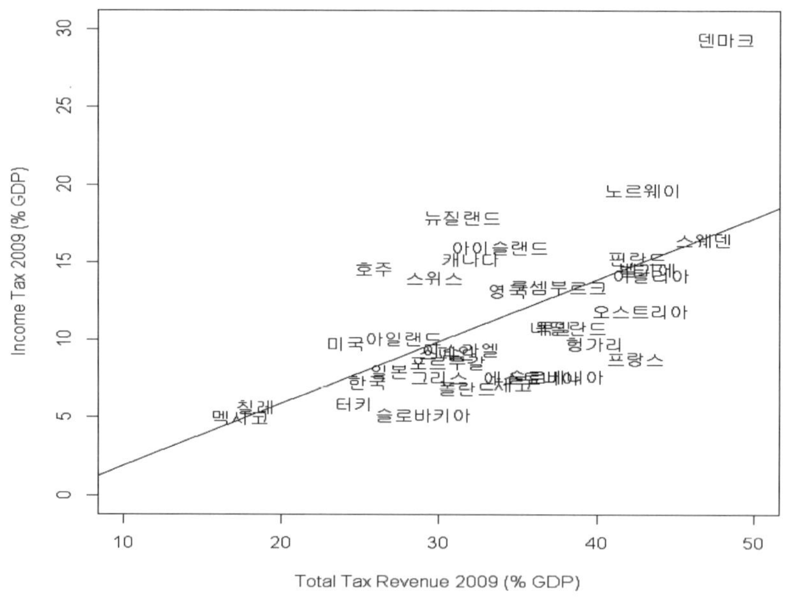

〈그림 6-1〉 총 조세수입과 소득세(2009)

오스트리아(42.7%), 핀란드(42.6%), 프랑스(42.4%) 등이 GDP의 40%를 상회하는 조세수입을 나타내고 있다. 영미권 국가들—영국, 뉴질랜드, 아이슬란드, 캐나다, 호주, 아일랜드, 미국—이 동유럽의 신생 민주주의 국가들인 체코, 슬로베니아, 폴란드, 헝가리, 슬로바키아 등과 유사하게 GDP 대비 약 25%~35% 수준의 조세수입을 보인다. 한국은 GDP 대비 25.5%의 조세수입을 나타내고 있다. 남미의 신생 민주주의 국가들인 칠레(18.4%)와 멕시코(17.4%)가 가장 낮은 GDP 대비 조세수입을 보여준다. GDP 대비 비율로 측정할 때, 대체로 스칸디나비아 국가 및 유럽대륙 국가의 조세수입이 가장 높고, 영미권 국가와 한국 및 일본, 그리고 동유럽 신생 민주주의 국가가 중간을 차지하며, 남미의 신생 민주주의국가들의 조세수입이 가장 낮은 경향을 발견할 수 있다.

개인소득세 수입을 GDP 대비 비율로 측정했을 때, 덴마크가 29.4%로 가장 높은 비율을 나타낸다. 다시 말해, 덴마크는 개인소득세가 전체 조세수입의 약 63% 정도를 차지하는 것이다. 〈표 6-1〉에서 본 선진 민주주의 국가들의 총 조세수입 대비 개인소득세 비율의 평균 수치인 25%에 비하면 거의 2.5배에 달하는 지표이다. 노르웨이와 뉴질랜드, 스웨덴, 핀란드, 아이슬란드 등의 국가들이 GDP 대비 약 15~20% 정도의 개인소득세 수입을 기록하고 있다. 한국은 GDP 대비 7.3%로 터키, 슬로바키아, 칠레, 멕시코 등과 함께 개인소득세 비율이 낮은 국가군을 형성하고 있다. 여기에서 한 가지 주목할 점은, GDP 대비 조세수입의 비율 지표에서는 스칸디나비아 국가—대륙유럽 국가—영미권 국가 등 비교정치경제 문헌에서 전통적으로 구분해 왔던 국가군의 유형화가 발견되는 반면에, 개인소득세 비율 지표에서는 그러한 국가군의 유형화가 발견되지 않는다는 것이다. 예를 들어, 노르웨이와 뉴질랜드, 스웨덴과 아이슬란드 등이 비슷한 수준의 개인소득세 비율을 나타내고 있다.

〈그림 6-2〉는 2009년 총 조세수입과 간접세의 비율을 나타낸다. 동유럽의 신생민주주의 국가인 헝가리가 GDP 대비 15.9%로 가장 높은 비율을 나타내고 있고, 덴마크가 15.4%로 그 뒤를 잇고 있다. 동유럽 신생 민주주의 국가인 에스토니아와 슬로베니아가 14.7%와 13.9%로 상대적으로 높은 비율을 보이고 있다. 여기에서 우리는 스웨덴과 핀란드가 13.5%와 13.4%로 덴마크와 함께 간접세의 비율이 높은 스칸디나비아 국가군을 나타내고 있다는 점을 알 수 있다. 보편주의적 복지국가를 유지하고 있는 나라들의 조세 구조에서 간접세의 비중이 클 뿐만 아니라 점점 증가하고 있다는 점은 비교정치경제 연

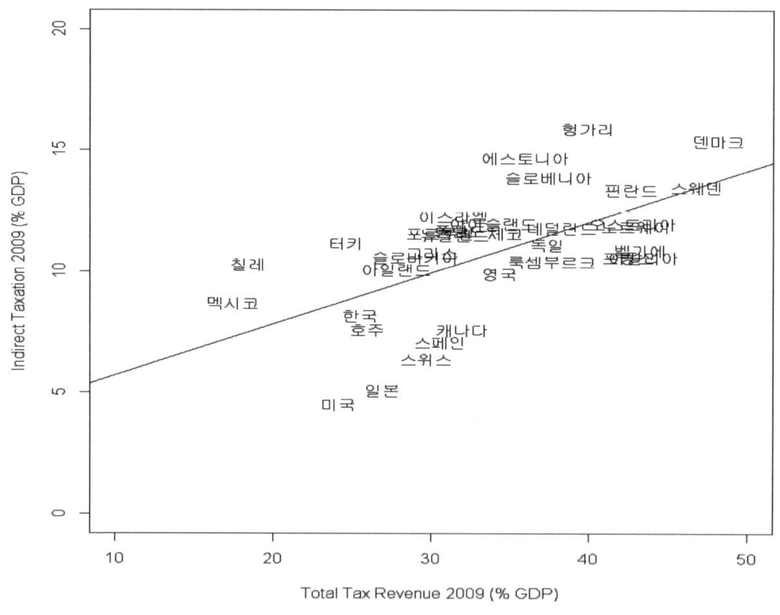

〈그림 6-2〉 총 조세수입과 간접세(2009)

구들이 지적한 바 있다(cf. Beramendi and Rueda, 2007). 또한 미국이 4.5%로 GDP 대비 가장 낮은 간접세 비율을 기록하고 있다. 그 뒤를 이어 일본(5.1%), 스위스(6.4%), 스페인(7.1%), 캐나다(7.6%), 호주(7.6%), 그리고 한국(8.2%)이 상대적으로 낮은 간접세 비율을 나타내는 국가군을 형성하고 있다.

이 절에서 살펴보았듯이, OECD 국가들의 GDP 대비 총 조세수입, 개인소득세, 그리고 간접세의 비율은 국가별로 커다란 차이를 보인다. 총 조세수입 비율은 비교정치경제 연구에서 전통적으로 유형화해 온 국가군—스칸디나비아–대륙유럽–영미권 국가—으로 뚜렷이 구분되는 경향을 보여주고 있다. 그러나 개인소득세나 간접세의 비율은 이러한 전통적 국가군 유형화를 적용하기 어렵다. 다시 말해, 각 국가의 조세 구조(tax mix)를 형성하는 정치경제적 메커니즘에 대한 엄밀한 연구와 분석이 필요하다고 할 수 있다.

III. 세계화와 조세정책

이 절에서는 세계화가 진행되면서 선진 민주주의 국가의 조세정책—특히, 자본/노동의 조세부담 구조—이 어떠한 경향과 추이를 보이는지 분석한다.[1] 세계화에 따른 조세 경쟁에 초점을 두는 이유는 두 가지이다. 첫째, 세계화가 국내 정치의 자율적 수단을 제한한다거나 복지국가를 축소시킨다는 논리적 메커니즘의 핵심에 조세정책이 자리하고

1) 이 절은 남궁현 · 권혁용(2008)의 연구에 상당 부분 의존하여 기술하였다.

있기 때문이다. 둘째, 조세 구조는 한 사회의 분배 구조를 명확히 보여주는 지표이다. 누가, 얼마만큼을 부담하는가의 문제는 사회 세력 간 분배 갈등의 지형을 압축적으로 보여준다. 예컨대, 높은 한계세율과 투자에 대한 관대한 면세 혜택의 결합은 전후 산업민주주의 국가에서 노동과 자본 간 타협의 핵심이었다(Swank and Steinmo, 2002). 세계화는 조세부담 구조의 수렴으로 이어지는가, 아니면 조세부담 구조의 국가 간 다양성은 유지되는가?

1. 세계화와 조세정책: 이론적 논쟁

세계화에 관련된 조세 경쟁 논쟁은 크게 두 가지 상이한 논리와 결론을 제시한다. 첫 번째 논의는 세계화의 외부적 영향력에 의해 모든 국가가 조세 경쟁에 참여할 것이라는 이른바 수렴가설, 혹은 효율성 가설(efficiency hypothesis)이다. 이러한 논의에서 세계화는 곧 자본의 유동성 증대를 의미한다. 과거 자본은 국가의 규제하에 있었지만 자본 시장의 통합으로 언제든 과세가 낮은 곳으로 이동할 수 있는 선택권을 갖게 되었다. 이제 자본은 자본 이탈(capital exit)이라는 강력한 압력 수단을 갖게 된 반면, 개별 국가는 유동자본에게 우호적인 신호(signal)를 보내기 위해 자본세율을 낮출 수밖에 없게 된 것이다. 결국 행위자 간 전략적 상호작용에 근거한 합리적 선택의 결과, 균형점에서 자본조세율은 영(0)으로 수렴할 것이라는 이론적 예측이 도출된다(Frey, 1990).

그러나 실제 데이터를 살펴보면, 선진 자본주의 국가들에서 복지지출이 크게 감소되지 않았음을 알 수 있다. 이는 세계화의 진행이 국가의 조세 징수 능력을 구조적으로 제약하는 동시에, 한편으로는 이와 상반된 역할을 요구하기 때문이다(Genschel, 2002). 즉, 정부는 자본의 조세부담을 낮추어 조세수입이 감소됨에도 불구하고, 세계화로 인해 야기되는 위험에 대해 사회적 안전망을 제공해야 하는 상황에 처하게 된다. 따라서 정부는 조세수입을 유지하기 위해, 혹은 증가시키기 위해 상대적으로 유동성이 낮은 노동 부문에 개인소득세나 소비세의 형태로 조세부담을 이전시킬 것이라는 예측이 제기되어 왔다(Gordon and Mackie-Mason, 1995). 이러한 맥락에서 리와 매켄지(Lee and McKenzie, 1989)는 자본유동성이 증가함에 따라 자본소득이나 기업 이윤, 고소득자에 대한 유효세율 등 유동성이 높은 요소에서 전반적으로 감세되는 조세 개혁이 이루어질 것이라고 주장한다. 로드릭(Rodrik, 1997a, 1997b) 또한 1980년대 초반 이후 이전 시기와 비교하여 자본에 대한 과세는 급격히 하락한 반면, 노동에 대한 조세는 증가했음을 지적하면서, 무역 개방의 증가와 자본 통제의 자유화는 자본에 대한 유효세율 감소 및 노동에 대한 과세 증가와 관련이 있다고 밝혔다.

샤프(Scharpf, 1997)는 자본에 대한 조세부담률 하락은 조세수입을 감소시켜 정부의 공공재 공급 능력을 위축시킬 뿐만 아니라 노동 부문으로의 조세 전가를 통해 분배적 평등에 있어서도 부정적 영향을 미칠 것이라 지적한다. 더욱이 조세 경쟁의 과정에서 국가들은 일종의 죄수의 딜레마에 빠지게 된다. 유동자본에 대해 국가들은 필연적으로 자본세율을 낮추는 전략을 취할 수밖에 없지만 이는 서로에게 부정적 외부효과(negative externalities)를 발생시켜 결국 모두가 원치 않는 결과를 초래한다. 왜냐하면 조세 경쟁의 균형점에서 모든 국가의 자본세율은 바닥으로 수렴하지만 유동자본의 분포는 그 이전과 다르지 않을 것이기 때문이다(Basinger and Hallerberg, 2004). 그 결과 자본은 감세로 인해 더 많은 이득을 얻지만, 국가는 조세와 금융정책의 자율성 약화로 인해 노동 부문으로 조세부담을 전가시키고 복지와 재분배 노력을 축소할 수밖에 없게 된다.

조세 경쟁의 수렴가설을 비판하는 논의는 대부분의 OECD 국가에서 경험적으로 조세 경쟁의 수렴현상이 나타나지 않았다고 반박한다(Garrett, 1995). 자본유동성은 다양한 형태의 조세부담과 유의미한 상관관계가 존재하지 않거나(Quinn, 1997; Garrett and Mitchell, 2001), 기껏해야 자본시장의 자유화와 간접적인 관계가 있을 뿐이라는 것이다(Hallerberg and Basinger, 1998). 이들은 대체로 자본의 조세부담이 감소하지 않았다는 증거로 법인세율을 지표로 제시하는 데, 세계화가 진행된 90년대 중반까지도 법인세율의 급격한 하락은 나타나지 않았으며 상대적으로 안정적인 추이를 보였다고 주장한다(Swank and Steinmo, 2002). 스왱크(2002)는 세계화의 압력이 조세정책에 상당한 제약을 가하는 것은 사실이지만, 각 국가의 조세정책은 세계화 논쟁의 예측보다는 복잡한 양상을 보인다고 지적한다. 1981년에서 1995년 사이 14개 선진 자본주의 국가를 분석한 결과 자본유동성과 무역 증가에 따라 법인세의 명목세율이 평균 45%에서 35% 정도로 감소한 것은 사실이지만, 각 국가의 정부는 법인세의 실제적 유효세율을 낮추어 주었던 투자 세액공제나 각종 면세, 보조금을 축소하거나 인플레이션 연동정책 등을 통해 세수 기반을 유지해 왔음을 보여준다. 즉, 유럽의 많은 복지국가들은 기업의 조세부담을 낮춤으로써 자본에게 경제적 유인을 제공하면서 한편으로는 이전에 방만하게 운영되어 왔던 세제 특혜나 면세 등을 감소시키는 등의 조세 체제 합리화를 추진했다는 것이다. 스타인모(Steinmo, 2002) 역시 1990년대 스웨덴의 조세정책 분석을 통해 세계화의 충격에도 불구하고 스웨덴이 어떻게 국가의 재분배적 기능을 강화시켰는지 보여주고 있다. 이러한 논의들은 개인소득세율 역시 급격한 증가를 보이지 않았다는 점을 지적하면서 조세부담이 노동 부문으로 이전되었다는 주장 또한 반박한다.

2. 세계화와 조세정책: 경험적 자료 분석

여기에서는 1980~1997년 기간 서구 선진 민주주의 국가들에서 자본과 노동의 조세 구조가 어떠한 추이(trend)와 국가 간 편차를 보이는지를 살펴본다. 수렴가설의 예측에 따르면 세계화의 진행과 함께 자본의 조세부담률은 점차 낮아져야 한다. 그러나 〈그림 6-3〉에서 볼 수 있듯이 1980년에서 1997년까지 총 조세에서 법인세가 차지하는 비중이 하락했다는 증거는 찾아볼 수 없다. 캐나다와 노르웨이의

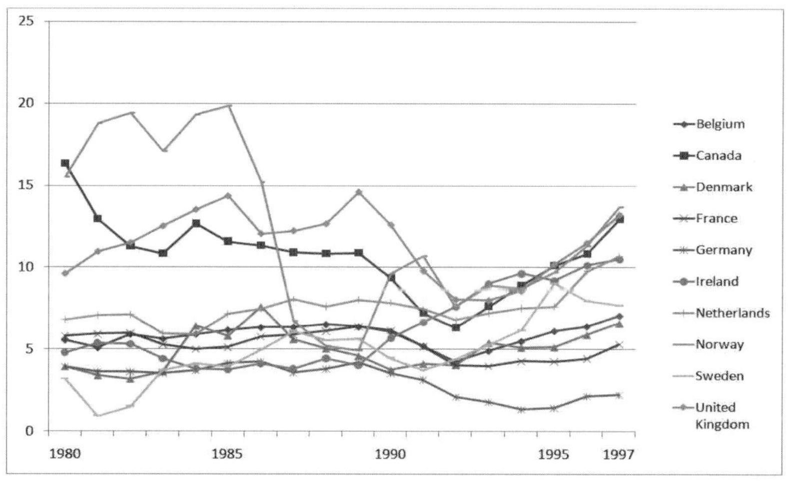

자료: IMF, Government Finance Statistics; World Tax Database.

〈그림 6-3〉 총 조세 대비 법인세 비율(1980~1997)

경우 1990년대 이전에 예외적으로 법인세의 비중이 급격히 하락하는 모습을 보여주고 있기는 하지만 세계화가 가속화된 1990년대 이후에는 법인세 비중이 다시 회복하는 양상을 보여준다. 영국 역시 잠시 법인세 비중의 감소 추세를 나타냈으나 1990년대 중반 이후에는 이전 수준으로 회복하는 양상을 보여준다. 전체적으로 볼 때 1980년대 이후 법인세 비중이 상대적으로 높았던 국가들은 점차 감소하는 경향을, 상대적으로 낮은 법인세 비중을 가졌던 국가들은 높아지는 경향을 볼 수 있다. 바닥으로의 질주가 아니라 일종의 중간 수준으로 수렴현상을 보여주고 있는 것이다. 다른 한편, 국가 간 편차가 그대로 유지되는 것도 주목할 만한 현상이다. 1997년 시점에서 볼 때, 총 조세 대비 법인세 비중은 노르웨이의 14%부터 독일의 2.5%에 이르기까지 국가 간 편차를 뚜렷하게 보여주고 있다.

총 조세 대비 개인소득세의 비중은 어떤 양상을 보여주는가? 〈그림 6-4〉는 1980~1997년 기간 총 조세 대비 개인소득세의 비중을 보여준다. 수렴가설에 따르면, 자본의 시장통합이 심화된 90년대 이후 조세의 부담은 상대적으로 유동성이 낮은 부문에게 전가되어야 한다. 따라서 전체 조세수입에서 개인소득세가 차지하는 비중이 증가할 것을 예상할 수 있다. 그러나 총 조세 대비 개인소득세의 비중에 있어 급격한 증가 양상은 찾아볼 수 없다. 오히려 개인소득세의 비중은 상당히 안정적인 추세를 유지한 것으로 보인다. 더욱이 스웨덴, 네덜란드, 영국의 경우에는 감소 추세를 보이기도 한다. 이는 자본에 대한 조세수입의 감소로 인한 세수 감소를 보충하기 위한 대체 세원으로서 개인소득세의 비중이 증가할 것이라는 효율성 가설이 경험적으로 타당하지 않음을 보여주고 있다. 한편, 국가 간 편차가 유지되는 것도 발견된다. 1980년대 이후 캐나다, 덴마크, 아일랜드, 영국, 벨기

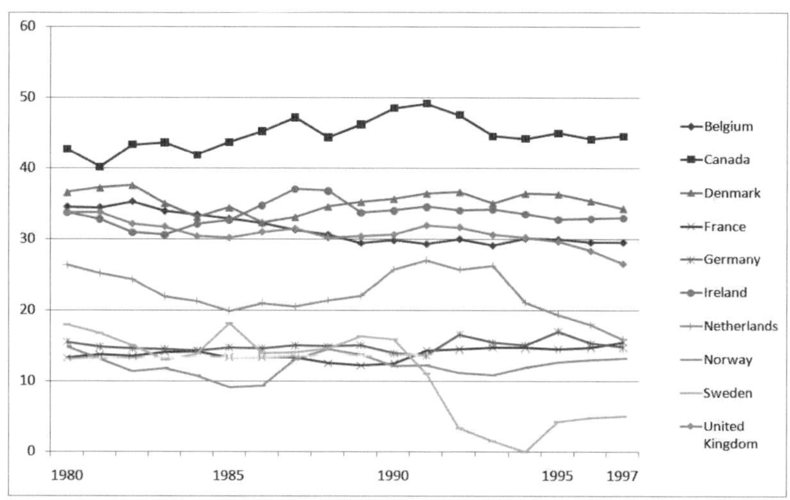

자료: IMF, Government Finance Statistics; World Tax Database.

〈그림 6-4〉 총 조세 대비 개인소득세 비율(1980~1997)

에에서는 개인소득세의 비중이 상대적으로 높게 나타나며, 독일, 프랑스, 노르웨이, 스웨덴에서는 상대적으로 낮게 나타나고 있다. 총 조세 대비 개인소득세 비중은 캐나다의 45%로부터 스웨덴의 5.5%에 이르기까지 상당한 정도의 국가 간 편차를 뚜렷하게 나타낸다.

다음으로, 자본과 노동의 상대적 조세부담의 크기를 비교하기 위해 자본의 조세부담률 지표를 사용한다. 이러한 새로운 측정을 사용하는 이유는 세율의 변화만으로 실제 조세부담의 크기를 측정할 수 없기 때문이다. 예컨대, 투자세액 공제나 배당금에 대한 소득공제와 같은 조세 체계의 각종 인센티브는 세율의 변화와 별개로 조세부담의 크기에 실질적으로 영향을 준다. 따라서 법인세가 낮아졌다고 기업의 조세부담 역시 감소되었다고 말할 수는 없다. 법인세의 명목세율을 낮추더라도 그와 함께 각종 면세 특혜를 축소할 경우 기업의 조세부담이 줄어들지는 않을 것이다(Swank, 2002). 따라서 실제적인 조세부담의 추이를 확인하기 위해서는 총 조세에서 노동과 자본이 차지하는 조세의 비중을 비교하는 것이 더욱 적절한 지표가 된다. 이에 따라 위블스와 아르케(Wibbels and Arce, 2003)가 라틴아메리카 국가에서의 조세부담을 측정하기 위해 제안했던 자본의 조세부담비율 지표를 사용한다. 이 지표는 세율이 아닌 실제 세입에서 차지하는 세수의 비중을 통해 자본과 노동 간의 조세부담 비율을 측정하고 있다.

$$\text{자본의 조세부담률} = \frac{\text{법인세} + \text{고용주 부담의 사회보장세}}{\text{개인소득세} + \text{피고용인 부담의 사회보장세} + \text{소비세}}$$

이 지표는 법인세와 고용주가 부담하는 사회보장세를 자본에 대한 조세로, 개인소득세와 노동자가 부담하는 사회보장세, 그리고 부가가치세를 포함한 소비세의 합을 노동에 대한 조세부담으로 정의하고 양측이 전체 세입에서 차지하는 비중을 비교한다. 이 지표의 값이 1이라면 노동과 자본의 조세분담이 공평함을 의미하며, 1보다 클수록 상대적으로 자본의 조세부담이, 1보다 작을수록 노동의 조세부담이 크다는 것을 가리킨다.

〈그림 6-5〉는 1980~1997년 10개 선진 민주주의 국가에서 위블스-아르케 지표로 측정한 자본의 조세부담률을 보여준다. 수렴가설의 예측대로라면 세계화와 함께 자본의 조세부담률은 낮아져야 한다. 그러나 〈그림 6-5〉에서 확인할 수 있듯이, 1980년에서 1997년까지 자본의 조세부담률은 대체로 일정 정도의 지속성을 보여주고 있다. 스웨덴의 경우는 오히려 1985년 이후 자본의 조세부담률이 급격히

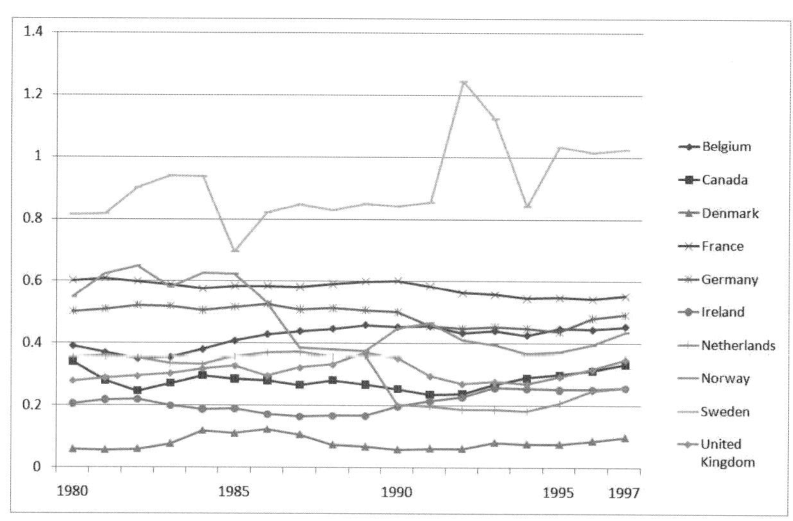

자료: IMF, Government Finance Statistics; World Tax Database.

〈그림 6-5〉 자본의 조세부담률(1980~1997)

상승하는 양상을 보이기까지 한다. 프랑스와 노르웨이, 독일은 80년대 중반 이후 자본의 조세부담률이 그 이전에 비해 낮아지는 경향을 보이지만, 노르웨이와 독일은 90년대 중반 이후에는 이전 수준으로 회복되는 모습을 보인다. 프랑스는 90년대 이후에도 자본의 조세부담률이 전반적으로 낮아지고 있지만 다른 국가들과 비교할 때 여전히 높은 자본의 조세부담률을 유지하고 있다. 반면 아일랜드와 벨기에와 같이 상대적으로 낮은 자본의 조세부담률 수치를 갖는 국가들은 자본의 조세부담률이 서서히 증가하는 추세를 보여준다. 캐나다와 영국 역시 자본의 조세부담률이 낮아지는 기간을 거친 후에는 다시 이전 수준으로 높아지는 모습을 보인다.

이는 세계화로 인해 개별 국가들이 조세 경쟁에 뛰어들어 자본의 조세부담을 노동 부문으로 전가시킬 것이라는 수렴가설의 주장이 실제 경험적 사실에 근거한 것이 아니라는 점을 말해준다. 또한 〈그림 6-5〉는 시간의 변화에도 불구하고 대체로 자본의 조세부담률에 있어 국가 간 편차가 비슷하게 유지되고 있다는 점을 보여준다. 대부분의 국가에서 자본의 조세부담보다 노동과 소비자의 조세부담이 더 큰 패턴을 보여준다. 상대적으로 덴마크, 아일랜드, 네덜란드, 캐나다 등에서 자본의 조세부담이 다른 나라에 비해 낮은 반면에, 스웨덴, 프랑스, 독일, 벨기에 등이 상대적으로 높은 자본 조세부담을 갖는 것으로 나타난다.

Ⅳ. 정치제도와 조세정책

그렇다면 시장통합과 자본유동성의 증대에도 불구하고 국가들이 조세경쟁에 뛰어들지 않는 이유는 무엇인가? 기존 연구들은 다음과 같은 설명들을 제시해 왔다. 첫째, 조세정책은 세계화의 압력뿐만 아니라 경제성장률과 실업률 같은 국내의 경제적 요인들에 의해 제약을 받는다는 설명이 있다. 특히 선진 자본주의 국가들에서 지속되고 있는 구조적 실업의 증가는 노동으로의 조세부담 전가를 어렵게 할 뿐 아니라 공공지출의 축소를 제한한다는 것이다. 따라서 세수 기반을 유지해야 하는 정부는 자본에 대한 조세부담을 낮추는 정책을 선택할 수 없게 된다. 정부는 자본에 대한 과세를 낮추라는 압력에 직면하면서도 구조적 실업의 증가로 인해 노동부문으로 조세부담을 전가시킬 수 없는 과세 딜레마(taxing dilemma)에 처하게 된다. 이러한 딜레마에 대응한 정부의 선택은 유동자산 소유자들에게 중요한 시그널이 되는 명목세율을 낮추는 동시에 실질적인 유효세율을 유지하기 위한 조세 정책을 수립하는 것이다. 이에 따라 자본, 노동, 소비에 대한 과세부담은 상당 부분 안정적으로 유지되고 있는 것이다(Swank, 2002).

둘째, 조세 경쟁의 압력은 집권 정당의 당파성에 의해 매개된다는 설명이 있다. 어떤 한 부문에 대한 과세 감소는 조세지출의 감소나 재정적자, 혹은 조세 전가를 발생시키는데, 집권 정당이 어떠한 이념 성향의 유권자에 기반하고 있는가에 따라 정부의 선택이 달라진다는 것이다. 집권 정당이 자본에게 유리한 조세 개혁에 반대하는 유권자 집단에 기반하고 있는 경우, 조세 개혁에 수반되는 유권자 비용(constituency cost)이 높아져 자본의 조세부담을 낮추는 조세 개혁이 어려워진다(Basinger and Hallerberg, 2004). 우파 정당의 영향력과 중위 투표자(median voter)에 따라 조세 개혁의 방향을 설명하는 시도 역시 당파성 이론에 기초하고 있다. 스왱크(Swank, 2006)는 우파 정당 집권 여부와 중위 투표자가 보수 쪽으로 이동한 정도에 따라 조세정책의 변화 속도와 폭이 달라진다고 설명한다. 다시 말해, 우파 정당의 집권과 중위 투표자의 보수적 이동이 신자유주의적 조세 개혁을 가능하게 하는 조건이라는 것이다.

마지막으로, 국내 경제적 제약이나 당파성보다는 제도적 요인에 초점을 맞춘 연구가 있는데, 이는 주로 입법과정에서의 거부권 행사자(veto player)의 수에 따라 모든 종류의 개혁은 그 속도와 범위가 제한된다는 이론이다. 입법과정에서의 절차 단계 혹은 의회 내 다수당의 크기에 따라 거부권 행사자의 수는 달라지며, 거부권 행사자가 많아질수록 정부는 조세 개혁을 단행할 수 없게 된다. 예컨대, 거부권 행사자가 단수이거나 조세 이슈에 대해 비슷한 선호를 가진 행위자들로 구성된 국가에서는 이념적으로 거리가 먼 거부권 행사자로 구성된 국가에서보다 조세 경쟁에 대한 반응성이 높게 나타날 수 있다(Hallerberg and Basinger, 1998).

정치적 변수들이 조세정책에 미치는 영향을 체계적으로 분석하는 대신에, 여기에서는 위에서 제시된 이론적 설명들 중 정부 당파성(government partisanship) 및 정치제도와 조세수입의 관계를 살펴본다. 우선 〈그림 6-6〉은 정부 당파성과 조세수입의 관계를 산점도로 나타낸 것이다. 정부 당파성은 2007년 시기 내각 각료 중 좌파 정당 출신 각료의 비율을 측정한 것이다. 따라서 0은 좌파 정당의 각료 비율이 전무한 것이고, 100은 모든 각료가 좌파 정당 출신임을 나타낸다. 좌파 정당이 단독 집권하는 경우 이 수치는 100일 것이고, 연립 정

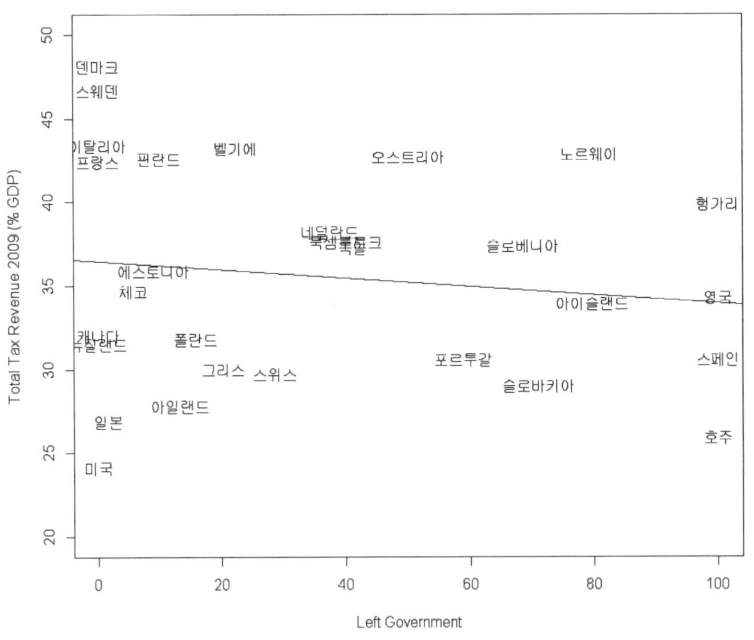

〈그림 6-6〉 좌파 정부와 총 조세수입

부라면 그 사이에 위치하는 수치를 나타낼 것이다.

〈그림 6-6〉에 나타난 것을 보면, 좌파 정부와 조세수입 간의 유의미한 상관관계를 발견하기 어렵다. 좌파 정부가 집권에 참여하지 않았던 나라들—덴마크, 스웨덴, 이탈리아, 프랑스—에서 높은 수준의 조세수입을 나타내는 반면에, 좌파 정부가 단독으로 집권했던 호주와 스페인의 조세수입 비율은 상대적으로 높지 않다. 그런데 특정 년도의 정부 당파성이 그 나라의 조세수입 비율을 단기적으로 변화시키는 것은 쉬운 일이 아닐 것이다. 오랜 기간 형성된 조세수입 비율이나 조세 구조 등에 의해 특정 시기의 조세수입 비율은 영향을 받을 수밖에 없기 때문이다. 이러한 점에서, 정부 당파성과 조세수입의 관계에 대한 분석은, 특정 시기 정부 당파성이 아니라 오랜 기간 동안의 정부 당파성의 경향(혹은 좌파 헤게모니) 등을 사용하여 진행되는 것이 더 적절한 것으로 보인다.

선거제도와 조세수입은 어떠한 상관관계를 보이는가? 많은 연구에서 비례대표제(proportional representation)를 시행하는 나라들이 단순다수제(simple plurality rule)를 갖는 나라들보다 더 보편주의적 사회정책을 펼치고 더 많은 재분배정책을 추구하며, 따라서 조세수입의 비율이 더 높다고 주장하여 왔다(Persson and Tabellini, 2000, 2003; Iversen and Soskice, 2006). 〈그림 6-7〉은 선거제도와 조세수입의 상관관계를 제시하고 있다. 여기에서 선거제도는 갤러거(Gallergher)가 제시한 선거제도의 불비례성(disproportionality) 지표를 사용한다. 갤러거의 불비례성 지표는 각 정당의 득표율과 의석 점유율의 관계를 통해 선거제도가 얼마나 비례적인가를 측정하는 것이다. 갤러거 지표의 장점 중 하나는 연속변수로 측정되어 있기 때문에 더 세밀한 정보를 담을 수 있다는 것이다. 지표의 숫자가 클수록 그 나라의 선거제도가

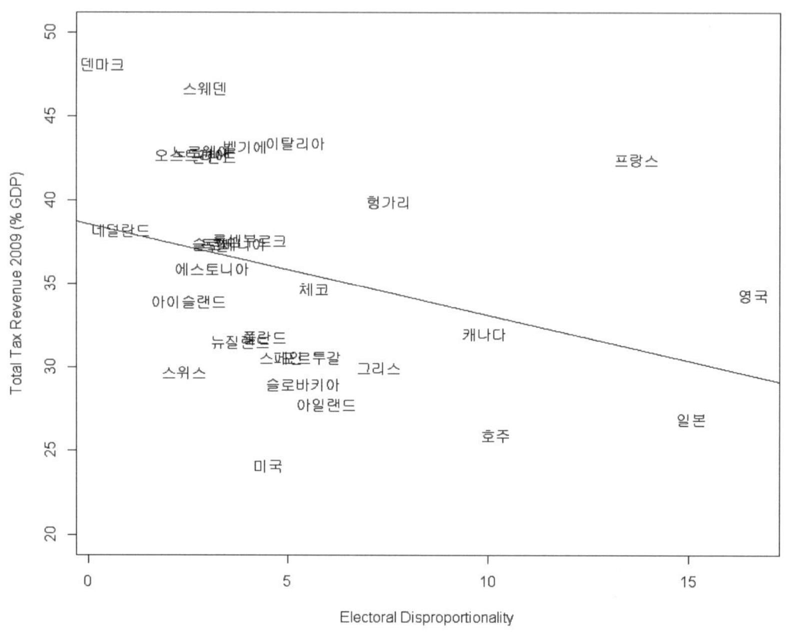

〈그림 6-7〉 선거제도의 불비례성과 총 조세수입

더 불비례적임을 나타낸다. 〈그림 6-7〉을 보면, 선거제도가 불비례적일수록 대체로 GDP 대비 조세수입의 비율이 낮은 경향을 나타내며, 반대로 선거제도가 비례적일수록 조세수입의 비율이 높은 것으로 관찰된다. 선거제도가 불비례적일수록, 다시 말해, 정당의 득표율과 의석 점유율이 비례하지 않는 정도가 큰 선거제도인 단순 다수제일수록 보편주의적 정책보다는 특정 지역구나 특정 집단에 초점을 둔 표적화된(targeted) 정책을 펼칠 선거 정치적 인센티브가 존재하기 때문에 조세수입의 비율이 높지 않은 것으로 나타난다고 할 수 있다. 반대로 비례성이 높은 비례대표제는 정당들이 표적화된 정책보다는 보편주의적 사회정책 프로그램을 통해 선거 경쟁을 할 인센티브를 제공해주기 때문에 조세수입의 비율이 높다고 할 수 있다.

V. 조세와 복지지출

이 절은 복지국가와 조세정책을 살펴본다. GDP 대비 사회지출(social spending)로 각 국가의 복지국가 크기를 측정하여 분석한다. 복지국가의 사회지출이 말뜻 그대로 지출 및 산출(output)의 측면이라면, 조세수입은 재정 투입(input)의 측면을 나타낸다. 복지국가를 유지하고 사회정책 프로그램을 수행하는 데 필요한 재원을 어떻게 조달하고, 어떠한 방식으로 구성하는가 하는 문제는 그 자체가 정치적 메커니즘이 작동하는 문제이다. 왜냐하면 자원의 조달 방식 및 구성이 시민들이 부담하는 비용에 불균등하게 영향을 미칠 수밖에 없기 때문이다. 조세율 및 조세 구조가 재분배 효과를 가지게 되는 이유이다. 여기에서는 복지국가의 재정에 관한 정치적 메커니즘에 대한 분석보다는, 복지국가와 조세수입, 조세 구조의 상관관계에 초점을 두고 분석한다.

〈그림 6-8〉은 복지국가의 크기와 총 조세수입의 상관관계를 보여준다. 그림이 분명하게 제시하는 바와 같이, 복지국가의 크기가 클수록 GDP 대비 조세수입의 비율도 높다. 반대로 작은 복지국가의 조세수입 비율은 낮다. 2007년 기준 GDP 대비 사회지출이 높은 스웨덴(27.3%)이나 프랑스(28.4%), 덴마크(26.1%) 등의 조세수입 비율이 높게 나타난 반면에, 작은 복지국가인 멕시코(7.2%), 칠레(10.6%), 터키(10.5%), 한국(7.6%) 등의 조세수입 비율은 낮게 나타났다. 커다란 복지국가를 유지하고 사회정책 프로그램을 수행하기 위하여 커다란

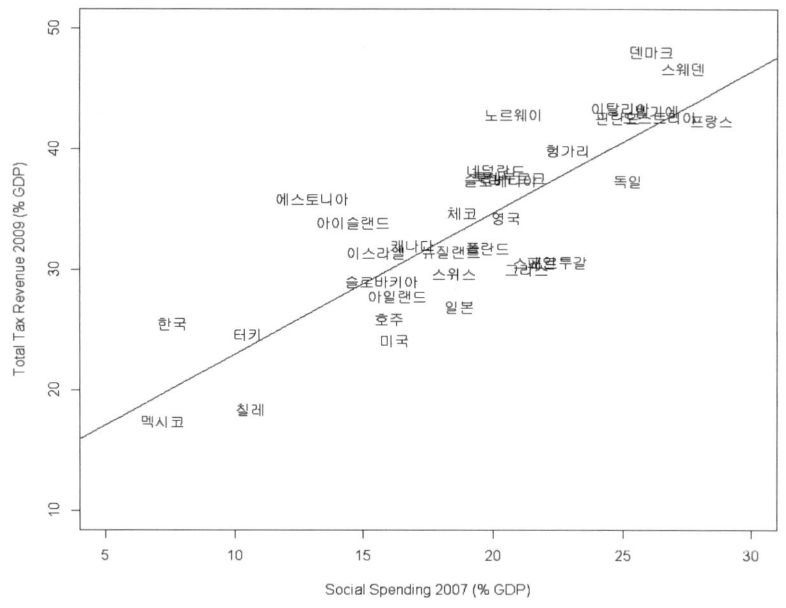

〈그림 6-8〉 복지국가와 총 조세수입

조세수입이 필요한 것은 당연한 이치라는 점을 〈그림 6-8〉이 잘 보여주고 있다.

〈그림 6-9〉는 복지국가의 크기와 개인소득세 비율의 관계를 나타낸다. 복지국가의 크기가 클수록 개인소득세의 비율도 높고, 반대로 작은 복지국가에서는 개인소득세의 비율이 낮은 것으로 관찰된다. 그러나 국가 간 편차 또한 발견된다. 예를 들어, 비슷한 수준의 사회지출을 하는 스웨덴과 프랑스의 GDP 대비 개인소득세 비율은 16.5%와 8.8%로 거의 두 배의 차이를 보인다. 프랑스의 사회지출을 조달하는 재정은 스웨덴보다는 훨씬 덜 개인소득세에 의존하는 것이다. 이러한 복지국가 재정을 구성하는 조세 구조에 대해 더 면밀한 분석

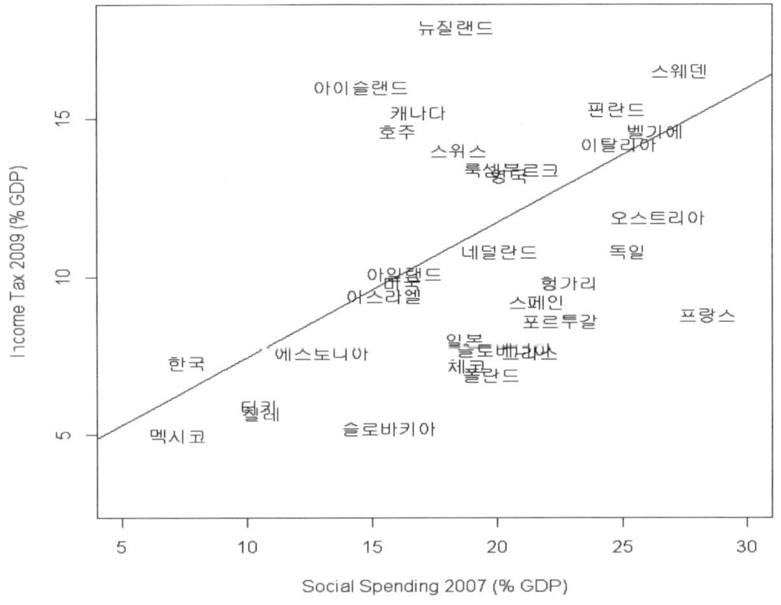

〈그림 6-9〉 복지국가와 개인소득세

이 필요하다 하겠다.

〈그림 6-10〉은 복지국가의 크기와 법인세 및 자본소득세 비율의 관계를 나타낸다. 앞에서 살펴본 개인소득세 비율과 사회지출의 관계와는 달리, 사회지출의 규모와 법인세 및 자본소득세 비율 간의 상관관계는 발견되지 않는다. 2007년 기준 GDP 대비 사회지출의 규모가 가장 큰 프랑스의 법인세 및 자본소득세 비율(10.9%)은 OECD 국가 중 멕시코에 이어 두 번째로 작은 복지국가인 한국의 법인세 및 자본소득세 비율(8.3%)과 커다란 차이를 보이지 않는다. 멕시코의 법인세 및 자본소득세 비율은 8.8%이다. 한편 일본(39.5%)과 독일(30.2%)이 높은 수준의 법인세 및 자본소득세 비율을 나타내고 있다.

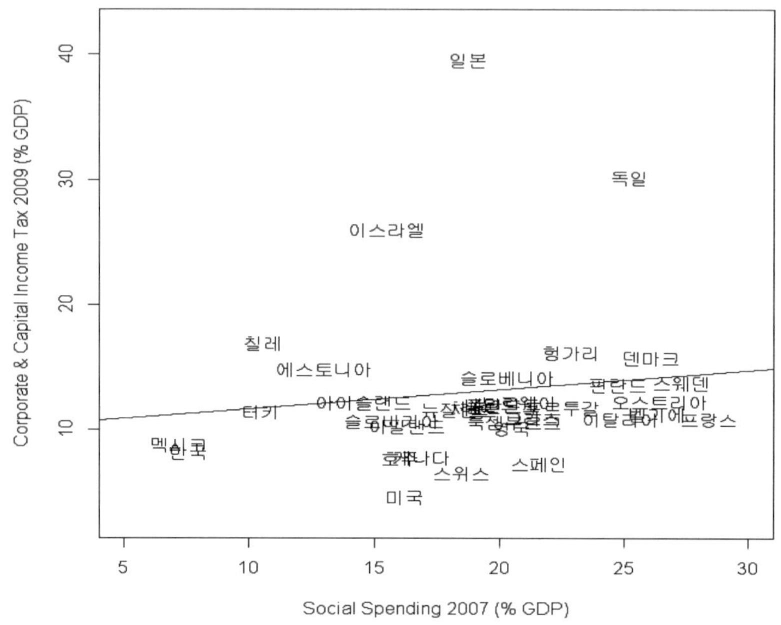

〈그림 6-10〉 복지국가와 법인세 및 자본소득세

Ⅵ. 결 론

이 연구는 OECD 국가의 조세정책을 정치제도와 복지국가와의 연관성을 중심으로 분석하였다. OECD 자료에 대한 탐색적 분석 결과는 다음과 같이 정리할 수 있다.

첫째, OECD 국가들의 GDP 대비 총 조세수입, 개인소득세, 그리고 간접세의 비율은 국가별로 커다란 차이를 보인다. 총 조세수입 비율은 비교정치경제 연구에서 전통적으로 유형화해 온 국가군—스칸디나비아 – 대륙유럽 – 영미권 국가—으로 뚜렷이 구분되는 경향을 보여주고 있다. 그러나 개인소득세나 간접세의 비율은 이러한 전통적 국가군 유형화를 적용하기 어렵다. 다시 말해, 각 국가의 조세 구조(tax mix)를 형성하는 정치경제적 메커니즘에 대한 엄밀한 연구와 분석이 필요하다고 할 수 있다.

둘째, 세계화 논쟁에서 제시된 수렴가설의 예측대로라면 세계화와 함께 자본의 조세부담률은 낮아져야 한다. 그러나 1980년에서 1997년까지 자본의 조세부담률은 대체로 일정정도의 지속성을 보여주고 있다. 또한 시간의 변화에도 불구하고 대체로 자본의 조세부담률에 있어 국가 간 편차가 비슷하게 유지되고 있다. 대부분의 국가에서 자본의 조세부담보다 노동과 소비자의 조세부담이 더 큰 패턴을 보여준다.

셋째, 정치적 요인 중에서 좌파 정부와 조세수입 간의 유의미한 상관관계를 발견하기 어렵다. 한편, 선거제도가 불비례적일수록 대체로 GDP 대비 조세수입의 비율이 낮은 경향을 나타내며, 반대로 선거제도가 비례적일수록 조세수입의 비율이 높은 것으로 관찰되었다. 선거제도가 불비례적일수록, 다시 말해, 정당의 득표율과 의석 점유율이 비례하지 않는 정도가 큰 선거제도인 단순 다수제나 다수제일수록 보편주의적 정책보다는 특정 지역구나 특정 집단을 타겟한 선심성 정책을 펼칠 인센티브가 있다. 이에 따라 조세수입의 비율이 비례대표제를 갖는 나라에 비해 높지 않은 것으로 나타난다. 반대로 비례성이 높은 비례대표제는 정당들이 선심성 정책보다는 보편주의적 사회정책 프로그램을 통해 선거경쟁을 할 인센티브를 제공해주기 때문에 조세수입의 비율이 높다고 할 수 있다.

넷째, 복지국가의 크기가 클수록 GDP 대비 조세수입의 비율도 높다. 반대로 작은 복지국가의 조세수입 비율은 낮다. 또한 복지국가의 크기가 클수록 개인소득세의 비율도 높고, 반대로 작은 복지국가에서는 개인소득세의 비율이 낮은 것으로 관찰된다. 그러나 사회지출의 규모와 법인세 및 자본소득세 비율 간의 상관관계는 발견되지 않았다.

참고문헌

남궁현 · 권혁용. 2008. 세계화시대 조세경쟁, 현실인가 신화인가? 선진민주주의 국가의 자본의 조세부담률에 대한 경험적 분석. 『한국정치학회보』, 42(3).

Basinger, Scott, and Mark Hallerberg. 2004. Competing for Capital. American Political Science Review, 98.

Beramendi, Pablo, and David Rueda. 2007. Social Democracy Constrained: Indirect Taxation in Industrialized Democracies. British Journal of Political Science, 37.

Boix, Carles. 1998. Political Parties, Growth and Equality. New York: Cambridge University Press.

Bretschger, Lucas, and Frank Hettich. 2002. Globalization, Capital Mobility and Tax Competition: Theory and Evidence for OECD Countries. European Journal of Political Economy, 18.

Cusack, Thomas. 1999. Partisan Politics and Fiscal Policy. Comparative Political Studies, 32.

______. 1997. Partisan Politics and Public Finance: Changes in Public Spending in the Industrialized Democracies, 1955-1989. Public Choice, 91.

Ganghof, Stephen. 2006. Tax Mixes and the Size of the Welfare State: Causal Mechanisms and Policy Implications. Journal of European Social Policy, 27.

Garrett, Geoffrey. 1998. Partisan Politics in the Global Economy. New York: Cambridge University Press.

Genschel, Philipp. 1999. Globalization, Tax Competition, and the Welfare State. Politics & Society, 30(2)

Hallerberg, Mark, and Scott Basinger. 1998. Internationalization and Changes in Tax Policy in OECD Countries. Comparative Political Studies, 31.

Hibbs, Douglas. 1992. Partisan Theory after Fifteen Years. European Journal of Political Economy, 8.

______. 1977. Political Parties and Macroeconomic Policy. American

Political Science Review, 71.
Iversen, Torben, and David Soskice. 2006. Electoral Systems and the Politics of Coalitions: Why Some Democracies Redistribute More than Others. American Political Science Review, 100.
Gould, Andrew. 2001. Party Size and Policy Outcomes: An Empirical Analysis of Taxation in Democracies. Studies in Comparative International Development, 36.
Kato, Junko. 2003. Regressive Taxation and the Welfare State: Path Dependence and Policy Diffusion. New York: Cambridge University Press.
Persson, Torsten, and Guido Tabellini. 2003. The Economic Effects of Constitution. Cambridge, MA: The MIT Press.
Pontusson, Jonas, and Lane Kenworthy. 2005. Rising Inequality and the Politics of Redistribution in Affluent Countries. Perspectives on Politics, 3.
Steinmo, Sven. 2002. Globalization and Taxation: Challenges to the Swedish Welfare State. Comparative Political Studies, 35.
______. 1993. Taxation and Democracy: Swedish, British, and American Approaches to Financing the Modern State. New Haven: Yale University Press.
Steinmo, Sven, and Caroline Tolbert. 1998. Do Institutions Really Matter? Taxation in Industrialized Democracies. Comparative Political Studies, 31.
Swank, Duane, and Sven Steinmo. 2002. The New Political Economy of Taxation in Advanced Capitalist Democracies. American Journal of Political Science, 46.
Wallerstein, Michael, and Adam Przeworski. 1995. Capital Taxation with Open Borders. Review of International Political Economy, 2.

제7장

결 론

제7장 결 론

양재진(연세대학교)

스웨덴, 독일, 그리고 영국의 사례를 보면, 복지국가의 형성기에 현 조세 체제의 틀이 만들어졌다. 1980년대 이후 세계화와 고령화 그리고 권력 구도의 변화 등으로 인해 사회보장제도의 재편이 이루어지고 있고, 복지국가의 지속가능성을 높이기 위해 조세 개혁이 동반되고 있다. 그러나 '세기의 개혁'이라고 불리는 스웨덴의 1991년 조세 개혁의 결과에서도 살펴 볼 수 있듯이, 기존의 조세 체제의 특성을 완전히 바꾸어 놓지는 못하고 있다. 슈뢰더 개혁 이후 독일의 경우도 마찬가지다. 사회보험에 대한 과도한 의존을 줄이려 보험료를 다소 낮추고 간접세를 인상하기도 하였으나, 사회보험기여금의 무게감은 변함이 없다. 대처 이후의 영국도 그러하다. 감세와 복지국가 축소가 기대되었지만, 블레처리즘하 영국은 기존 조세 체제 내 미세조정만이 보인다. 조세 체제는 그 어떤 제도보다 강한 경로의존성을 보이는 것이다. 이러한 점들은 6장에서 다수의 OECD 국가를 상대로 분석한 조세 체제의 변화에 관한 연구에서도 다시 한번 확인되었다.

앞서 5장에서 살펴보았듯이, 한국의 조세 체제는 1960년대 중반 이후 일련의 조세 개혁을 통해 서구식의 기본 체계를 갖추었다. 성공적인 산업화는 세수 증대를 가져왔고 조세의 소득탄력성이 높은 소득세 수입의 급증을 가져왔다. 이는 서구 복지국가의 역사를 보면 자연스러운 과정이었고, 세수 증대는 복지 확대로 연결되었었다. 그러나 한국은 기술과 자본력의 열세를 가격경쟁력을 통해 만회하며 일으킨 국가주도의 수출지향산업화로 인해 증세와 복지의 시대를 열지 못했다. 1970년 내내 노동비용 상승을 막기 위해 노동 통제라는 채찍과 함께, 근로자의 가처분소득을 보존시킬 수 있게 실효 소득세 부담을 낮게 유지하였다. 국민복지연금과 같은 사회보험의 도입을 긴급조치 3호를 통해 무기한 유보한 것도 동일한 맥락이었다. 1970년대에 형성된 저소득세-저부담 구조의 한국의 조세 체제는 이후 큰 틀에서 큰 변화 없이 지금까지 이어져 내려오고 있다. 물론 김대중 정부와 노무현 정부를 거쳐 증세가 현실화되고, 노무현 정부 5년 동안 소득세수가 GDP에서 차지하는 비중이 50% 가까이 늘어날 정도로 조세 구조의 변화가 시작되기도 했다. 그러나 감세를 앞세운 이명박 정부와 증세에 소극적인 박근혜 정부의 등장으로 인해 새로운 경로로의 진입은 좌절되었다. 서구의 경우와 비슷하게 한국의 조세제도도 강한 경로의존성을 보이고 있는 것이다.

그러나 최근 지방정부들이 늘어난 복지지출을 감당하지 못해 중앙정부에 반기를 들고, 이에 박근혜 정부가 주민세 인상이나 담뱃값 인상 등의 우회적인 증세를 도모하고 있는 상황이다. 복지국가 건설이라는 정치적 바람과 함께 복지 증세가 현실화될까? 산업화 시기 형성된 한국의 저부담 조세 체제를 벗어나 새로운 경로를 형성할 수 있을까? 서구의 역사에서 증명되듯이, 조세제도의 혁명적 변화는 어려울 것이다. 그러나 한국은 현재 복지국가의 성숙기가 아닌 형성기에 있는 만큼 복지 증세 과정에서 현재와는 다른 궤적을 그릴 가능성도 배제하지는 못한다.

이 책에서 한국의 조세 체제의 미래를 예견할 수는 없다. 수많은 변수들이 미래의 다양한 가능성을 열어 놓고 있기 때문이다. 미래를 예견할 수는 없으나 스웨덴, 독일, 영국의 경험과 OECD 국가 대상의 통계분석에서 추출한 시사점을 바탕으로 한국 복지국가의 지속가능한 발전을 위한 몇 가지 조언을 제시하려 한다.

I. 한국 복지국가의 발전과 증세의 필요성

우리나라의 사회복지지출 수준은 OECD 회원국 가운데 최하위권에 속한다. 2012년 현재 우리나라의 공공사회지출은 GDP의 9.3%로 집계되고 있다. OECD 회원국 평균 공공사회지출이 GDP 대비 21.8%인 것에 비하면 지출 수준이 상당히 낮다고 할 수 있겠다. 공공사회지출 외에 법정 민간사회지출과 자발적 민간사회지출까지를 모두 합하여도, 총 사회복지지출 규모는 2009년 129조 6,660억 원으로 GDP의 12.17%에 불과하다. OECD 회원국 평균의 절반 수준이라고 보면 될 것이다. 세계통화기금(IMF)에 따르면, 2013년 우리나라의 구매력 기준 1인당 GDP는 세계 30위 수준인 33,791달러로 이탈리아(29위, 34,103달러), 영국(28위, 35,208달러), 일본(27위, 36,654달러), 프랑스(26위, 39,813달러)와 비슷한 수준이며, 뉴질랜드(32위, 33,616달러)보다도 높은 수준이다. 우리의 경제력에 비추어 볼 때, 복지의 수준은 상당히 낮은 것이다(양재진 · 민효상, 2013: 79).

복지지출 수준이 우리의 경제 수준에 비해 매우 낮기에, 다른 성숙 단계의 복지국가에 비해 복지 확대를 위한 재정 여건이 상대적으로 여유롭다고 볼 수도 있겠다. 실제로, 우리나라는 대다수의 서구 복지국가들에 비해 비교적 건전한 재정 상태를 유지해 왔다. 그 결과, 경제 위기 상황이었던 1990년대 후반과 2004년 이후에 재정에 대한 큰 우려 없이 복지지출을 빠른 속도로 늘릴 수 있었다. 전후 자본주의 황금기의 서구 복지국가처럼, 성장기에 접어든 한국 복지국가는 1990년~2009년 동안 명목 기준이긴 하나 공공사회지출이 연평균 16.7%, 자발적 민간복지는 연평균 29%에 달할 정도로 빠른 속도로 지출이 늘어 왔다(황선자, 2011: 8).

그러나 최근 정부의 재정적자 확대와 함께 복지지출이 늘고 있어 우려가 커지고 있다. 적립 단계에 있는 국민연금 때문에 발생하는 통합재정수지의 착시효과를 통제하기 위해, 4대 사회보장성 기금(국민연금기금, 사학연금기금, 산재보험기금, 고용보험기금)을 제외한 정부의 순 재정 상황을 보여주는 '관리대상수지'의 추이를 살펴보기로 하자. 우리나라의 관리대상수지는 노무현 정부가 시작한 2003년 1조 원 흑자에서 2004년 3.6조 원 적자로 돌아선 데 이어 2005년 6.7조 원, 2006년 8.4조 원 적자를 내고, 이명박 정부가 들어선 2008년에도 11.7조 원의 적자를 낸 것을 비롯해, 2009년 43.2조 원, 2010년 13조 원, 2011년 13.5조 원의 적자를 보이고 있다(기획재정부, 2012; 양재진·민효상, 2013: 80-81).

2004년 이후 지속적으로 나타나고 있는 정부의 재정적자를 복지지출 확대 탓으로 모두 돌릴 수는 없을 것이다. 그러나 복지 증세 없이 더 이상의 복지 확대가 가능하지 않은 상태임도 분명하다. 〈그림 7-1〉에서 확인되듯이, 한국은 현재 〔저조세부담–저복지〕 국가에 속

[조세부담]	저복지 (15% 미만)	중복지 (15~20%)	고복지 (20~24%)	초고복지 (25~30%)
초고부담 (40%대)		아이슬란드	노르웨이	스웨덴, 덴마크, 프랑스, 핀란드, 오스트리아, 벨기에, 이탈리아
고부담 (평균 이상 30%대)		체코	헝가리 네덜란드 슬로베니아 룩셈부르크 영국	독일
중부담 (평균 이하 30%대)	에스토니아	이스라엘 뉴질랜드 캐나다	폴란드 스페인 포르투갈 그리스	
저부담 (20%대)	**한국** 터키 칠레 멕시코	스위스 슬로바키아 아일랜드, 일본 호주, 미국		

OECD평균 (34.2%) / OECD평균 (19.5%) / [복지지출]

주: 가운데 실선은 OECD 평균수준을 표시함.
자료: 윤영진(2013: 12).

〈그림 7-1〉 조세부담과 복지지출 수준을 통해본 한국 복지국가의 위치

한다. 중복지국가 수준으로 올라서기 위해서는 저조세부담에서 벗어나야 한다. 물론 복지국가의 조세 기반을 확충하지 않으면서 복지지출을 늘릴 수도 있다. 일본, 미국 그리고 남유럽 국가들처럼 공채를 발행하거나, 묵시적 연금 부채를 쌓아 두는 방식으로 증세 없이 복지를 확대하는 것도 가능하기 때문이다. 하지만 영원히 이런 방식이 통할 수는 없고, 후세대를 생각하면 정상적인 재정 운용을 전제로 해야 한다. 3장의 독일 사례도 시사적이다. 연방 하원은 물론 상원의 동의 없이 세금 인상이 불가능한 독일에서, 복지국가 형성기에 편의적으로 조세가 아닌 사회보험료 인상을 통해 증세를 이루어 왔다. 이는 기업 경쟁력 약화와 고용 창출의 저해 요인으로 작용하여 사회보험료 인상은 한계에 달했고, 결국 국가 부채가 GDP의 80%를 넘는 상황에 이르고 있다. 글로벌 경제위기 국면에서 가장 빛나는 산업 강국으로서의 면모를 보이고 있는 독일이지만, 복지 증세 문제로 무거운 과제를 안고 있는 것이다.

한국은 〔저조세부담－저복지〕에서 〔중부담－중복지〕, 나아가 〔고부담－고복지〕로 성장해 가는 출발점에 서있다. 급속한 고령화를 맞이하고 있는 우리나라가 일본처럼 GDP의 200%가 넘는 정부 부채를 안고서 〔저부담－중복지〕로 가는 것은 바람직하지 않다. 지속가능한 복지국가의 건설을 위해 지향해야 할 복지 증세의 방향은 무엇일까?

Ⅱ. 한국 복지 증세의 바람직한 방향

이 책의 사례연구와 통계분석에 의거해 볼 때, 한국에서 복지 증세는 최소한 다음의 두 가지를 전제해야 할 것으로 보인다. 첫째, 증세에 대한 정치적 순응성을 최대한 확보해야 한다. 최근 우리나라의 복지 증세 전략에 대해 야당을 포함해 진보 진영의 대다수는 직접세 인상 위주의 명시적인 증세 방안을 주장하고 있다. 그리고 그 대상도 일부 계층과 대기업에 한정하는 경향을 보이고 있다. 부유세나 사회복지세를 신설하거나, 부유층과 대기업들이 세금을 더 내도록 소득세와 법인세 최고 세율을 인상하고 이들에게 조세감면의 혜택을 최대한 축소하는 것을 골자로 하고 있다. 일부에서는 보편 증세를 내세워 저소득자와 중소기업을 포함해 기존의 소득세, 법인세, 상속세 등 직접세 납부자에게 사회복지 목적세를 추가 과세하는 방안도 제시하고 있다(윤영진, 2013: 22-25). 하지만 부자 증세든 보편 증세든 적극적이고 명시적인 직접세 위주의 복지 증세를 주창하는 것은 공통점이다. 최근 복지가 화두로 등장하면서 복지 증세에 대한 시민들의 지지가 증가하고 있다는 여론조사에 기반을 둔 주장으로 보인다. 하지만 설문지에 증세의 필요성을 인정하고 추가 세 부담 의사를 표시한다고 해서 직접세 중심의 세금 인상이 정치적으로 인기가 높다고 판단할 근거는 없다.

이 책의 4장 영국 사례에서 보듯, 노동당이 감세를 앞세운 대처에게 1979년 패하고 이후 18년간 야당 생활을 한 중요한 원인 중 하나는 과세와 복지지출(tax and spend)라는 딱지 때문이었다. 이 문제를 불식시키고자 블레어의 신노동당이 1997년 선거에서 승리하기 위해 앞으로 집권해도 "소득세 인상은 없다"는 공약을 전면에 내세워야 할 정도였다. 물론 2014년의 한국은 1997년의 영국과 다르다. 우리는 아직 복지국가 성장기이고, 당시 영국은 성숙한 복지국가였기 때문이다. 그러나 보건사회연구원의 복지의식 조사에 의하면, 우리나라 국민은 조세가 공정하게 부과되고 있다고 생각하지 않으며, 복지 예산이 비효율적으로 집행되고 있고, 복지 증세가 되어도 자기 자신에게 복지 혜택이 돌아올 것이라고 크게 기대하지 못하고 있다(노대명 · 전지현, 2011).[1] 전보다 복지 증세의 필요성과 복지를 위한 증세에 동의

1) 이 연구의 조사대상자들을 표본추출하기 위하여 사용한 모집단은 통계청의 2011년 인구추계임. 층화비례추출법에 의거해 16개시도의 만 20세 이상 성인 남녀 인구추계를 지역별, 성별, 연령별 인구규모에 따라 1,500명을 표본 추출하여 전화 면접으

하는 수준이 높아졌다고 하지만, 증세에 대한 지지가 적극적이거나 지속적일 것으로 예상할 수 없는 상황인 것이다. 복지 증세에 대한 여론이 전과 달리 호전되었다고 하여도, 서구에서와 같이 증세에 따른 정치적 부담은 여전하다.

이 책의 6장에서 통계학적으로 검증하였듯이 소선거구제 같은 다수제 국가에서는 조세부담률이 높지 않다. 정치가 전국민에 영향을 미치는 공공재인 복지를 생산하기보다 지역구 문제에 얽매이는 경향이 커서이기도 하지만, 다수제가 견인하는 양당제하에서 증세에 대한 책임 관계가 분명하기에 정치가들이 증세를 되도록 회피하기 때문이기도 하다. 소선거구제에 대통령제를 채택하고 있는 우리의 경우와 웨스트민스터 민주주의로 불리는 영국은 비슷한 상황에 처해 있다. 영국은 양당제이기 때문에 의원내각제이지만 선거에서 승리한 정당이 단독으로 정부를 구성한다. 따라서 정치적 권한이 총리에게 집중되어 있고, 이는 여소야대 국면에서 대통령제와 매우 유사하다. 정치적 권한이 집권자 한 사람과 집권당에게 집중되어 있는 만큼 증세에 대한 정치적 책임을 단독으로 지는 부담이 매우 큰 구조이다. 1980년대 이전 스웨덴처럼 사민당의 정치적 헤게모니를 장악하지 못하는 이상, 증세를 가지고 선거에 임하기 어려운 정치 구조이다. 따라서 한국에서 증세가 필요하다면, 증세에 대한 접근은 비명시적, 점진적, 그리고 정치적 순응성을 높이는 방식으로 이루어져야 할 것이다.

구체적으로 말하면, 세출 구조의 합리화를 통한 복지재원의 마련, 복지 전달 체계에서의 누수 방지, 그리고 탈세 방지 등 조세 정의를 통한 증세에 최우선 순위를 두어야 한다. 이와 병행해 조세감면의 축

로 조사를 실시한 것임.

소 그리고 명목소득이 증가하더라도 소득세 과표 구간의 상향 조정을 연기해 소득세수를 늘리는 방향으로 증세를 도모해야 할 것이다. 소득세는 소득 증가에 따른 조세부담의 탄력도가 가장 높은 세목이다. 실질소득이 증가하지 않고 세율은 인상되지 않더라도, 인플레이션에 따른 명목소득의 증가만으로도 점차 많은 납세자들이 높은 누진율을 갖고 있는 과표 구간으로 상향 이동한다. 그리고 면세점 밑에 있던 사람들도 납세자로 신규 진입하게 된다. 노무현 정부에서 명시적인 세율 인상 없이도 소득세수가 GDP에서 차지하는 비중을 50% 가까이 늘릴 수 있었던 비결은 1997년의 소득세 과표 구간을 한 차례 조정도 없이 2007년까지 유지했던 데 있다. 굳이 소득세율 인상이나 사회복지세를 소득세에 부가하는 명시적인 증세를 주장하여, 조세 저항을 촉발할 이유가 없다. 노무현 정부에서 재산세의 과표를 실거래가로 현실화하고, 종부세를 도입했어도 늘어난 재산세수는 불과 13.3%였다. 그러면서도 중산층의 광범한 조세 저항과 이반을 촉발했고, 결과는 2007년 대선에서 감세와 경제를 앞세운 이명박 후보의 압승이었다. 수입의 조세 순응성이 상대적으로 높으며, OECD 평균에 비해 상당히 낮은 수준인 사회보험료를 적극 활용하는 것도 방법이다. 국민연금의 급여 인상에 연동된 보험료율의 인상, 고용보험의 구직급여 인상과 연동된 보험료율의 인상, 건강보험의 보장성 확대와 건강보험료 인상, 육아휴직 수당의 사회화와 급여인상과 연동해 부모보험의 도입 등을 생각해 볼 수 있다. 물론 이 경우, 이 책 제3장 독일의 사례에서 보듯, 사회보험료 인상에만 의존하는 것은 신중해야 한다. 기업경쟁력과 고용에 미치는 부의 효과가 크기 때문이다. 이를 감안해 국민연금의 보험료 인상은 퇴직(연)금의 사용자 부담분(통상급여의 8.33%)을 활용하는 것도 고려할 만하다. 이는 김대중 정부 때 폐

지된 퇴직금 전환제의 부활을 의미한다. 제도적 선례가 있는 만큼, 불가능한 일이 아니다.[2)]

둘째, 증세가 경제에 미치는 마이너스 효과를 최소화하도록 해야 한다. 한국은 고령화와 저성장이 예외가 아닌 새로운 정상 상태(New Normal) 시대에 접어들었다. 한국의 생산가능인구(15~64세)는 2016년 3,704만 명(72.9%)을 정점으로 감소하고, 2060년 2,187만 명(49.7%) 수준으로 하락할 것이 예상된다. 또 OECD는 한국의 GDP 성장률이 지속적으로 하락하여 2030년 이후에는 1.0% 수준에 머물 것으로 전망하고 있다. 현실은 더 좋지 않다. 이미 2011년 2분기 이후 경제성장률이 1%를 밑돌면서 한국의 성장률이 관련 통계를 내기 시작한 1970년 이후 처음으로 8분기(25개월) 연속 0%대 성장을 기록하기도 했다(한국경제, 2013. 7. 22.). 2014년 현재 사정이 다소 나아졌다고는 하나, 여전히 3%대 성장을 넘어서기는 어려운 상황이다.

과거와 달리 저성장 기조로 인해, 조세수입의 자연증가분을 기대하기 어렵다. 따라서 복지재원 마련을 위해서는 세원 확대는 물론 야당과 진보 진영의 주장대로 새로운 세목의 신설이나 세율 인상 등이 불가피한 상황으로 보인다. 하지만 저성장 기조임을 감안하여 증세를 위한 세율 인상은 성장잠재력을 해치지 않고 경제활동의 왜곡 효과가 작은 세목에 집중해야 할 것이다. 이 책에서 사례분석을 한 스웨덴, 독일, 그리고 영국이 취한 해법은 공히 소비세의 활용이었다. 소비세는 역진적이라는 비판을 받으나, 기업 활동과 투자에 미치는 효과가 가장 중립적인 세목이기 때문이다. 스웨덴 사민당 정부는 1959년에 급속히 증가하는 공공복지지출의 수요를 충당하기 위해 전에 4.2%

---

2) 김영삼 정부에서 국민연금 보험료를 3%에서 6%로 인상했을 때, 그 분담 비율을 사용자 2%, 피용자 2%, 그리고 퇴직금전환금 2%로 했었다.

짜리 물품세를 다시 도입하고, 1969년에 부가가치세를 대체·도입하며 세율을 지속적으로 올려 현재는 25%에 달한다. 독일도 건강보험료 등 사회보험료를 일부 인하하는 대신 부가가치세를 인상하고 있으며, 신노동당 정부에서 영국도 직접세의 감세 기조를 유지하면서 부족한 세수는 부가세를 인상해 충당하고 있다. 6장에서 지적하였듯이, 대부분의 OECD 국가도 이러한 패턴에서 벗어나 있지 않다. 세계화로 인한 직접세의 인하 경향 속에서도 간접세의 확대로 복지국가의 조세 추출 능력은 종전 수준을 유지하고 있다. 5장에서 밝혔듯이 한국의 산업화 시기 소비세를 활용해 필요한 재정 수요를 충족하면서, 성공적으로 경제성장을 이루어낸 경험도 가지고 있다.

우리나라에서 부가가치세는 2010년 현재 세수 규모가 약 50조 원으로, 1%p의 세율 인상으로 5조 원의 추가 세수를 확보할 수 있다. 부가세는 역진적이라는 비판도 한국에서는 큰 문제가 되지 않을 것이다. 성명재 외(2012) 연구에 의하면, 부가가치세율 인상으로 소득재분배 효과는 음(-)의 값을 가지나 절댓값은 0에 가까워 그 효과는 미미한 것으로 나타나고 있다. 반면, 부가가치세 증세를 통한 복지지출 효과는 크게 정(+)의 효과를 나타낸다. 복지와 재분배가 필요한 곳이 너무나 많기 때문이다. 따라서 전체적으로 보았을 때, 부가세 인상에 따른 소득재분배에 대한 순 효과는 양(+)으로 나타날 것이 예상된다. 증세가 어려워 필요한 복지를 확대하지 못하는 것보다는, 부가세를 활용하여 필요한 복지를 확대하는 유연성도 필요한 상황이다. 이런 맥락에서, 부가가치세율의 인상에 더해 사치품에 대한 특별소비세, 주류, 담배, 도박 및 석유 소비에 대한 과세 확대, 즉 죄악세(sin tax)의 확대도 고려해야 할 것이다. 최근 박근혜 정부가 시행한 담뱃세 인상은 이러한 관점에서 긍정적으로 평가해야 할 것이다.

한국은 고령화가 가속화되면서 복지 수요가 폭발하는 상황에서 이미 저성장 기조로 들어갔다. 서구 복지국가가 성장한 전후 30년간은 젊은 인구 구조에 안정적인 지속 성장을 바탕으로 증세가 비교적 용이했다. 그러나 한국의 복지 증세 여건은 매우 불리하다. 인구고령화는 급속하고 경제성장은 정체 상태다. 그렇다고 필요한 복지를 확대하지 않을 수 없다. 이럴 때 일수록 후발주자의 이점을 살리는 것이 긴요하다. 이 책이 우리나라의 사회보장 설계와 복지 증세 전략 마련에 도움이 되길 기대하는 바이다.

참고문헌

기획재정부(2012). e- 나라지표. 검색일 2012. 6. 11.

노대명 · 전지현. 2011. 『한국인의 복지의식에 대한 연구: 사회통합을 위한 정책과제』. 보건복지부 연구보고서 2011-19.

성명재 · 박명호 · 이성식 · 박종수. 2012. 『중장기 부가가치세제 개선 방안』. 지식경제부 정책연구 보고서.

양재진 · 민효상. 2013. 한국 복지국가의 저부담 조세 체제의 기원과 복지 증세에 관한 연구. 『동향과전망』 88호.

윤영진. 2013. 복지재정 확충을 위한 조세 · 재정개혁 방안. 민주정책연구원 사회정책 포럼 발표문 (6월 26일).

황선자(2011). 『노동조합의 복지수요와 재정전략: 복지태도와 영향요인에 대한 분석을 중심으로』. 서울: 한국노총중앙연구원.

| 찾아보기 |

저자 소개

양재진(梁在振) 연세대학교 행정학과 졸업
미국 럿거스대학교 대학원 정치학과졸업(정치학박사)
현재 연세대학교 행정학과 교수

안재흥(安載興) 서강대학교 정치외교학과 졸업
미시건대학교(앤아버) 대학원 정치학과 졸업(정치학박사)
현재 아주대학교 정치외교학과 교수

김상철(金相喆) 고려대학교 경제학과 졸업
독일 브레멘대학교 대학원졸업(사회정책학박사)
현재 한세대학교 인문사회학부 교수

유범상(劉氾相) 고려대학교 정치외교학과 졸업
에딘버러대학교 대학원 사회정책학과 졸업(사회복지학박사)
현재 한국방송통신대학교 교수

권혁용(權赫勇) 고려대학교 정치외교학과 졸업
미국 코넬대학교 대학원 정치학과 졸업(정치학박사)
현재 고려대학교 정치외교학과 교수

아산재단 연구총서 제375집
복지국가의 조세와 정치 값 11,500원

2015년 2월 25일 1판 1쇄
2015년 7월 10일 1판 2쇄

저 자 양재진 · 안재홍 · 김상철 · 유범상 · 권혁용
발 행 인 임 동 규
발 행 처 **집 문 당**
등 록 1971. 3. 23. 제300-2012-69호
영 업 부 413-120 경기도 파주시 광인사길 85
(02)743-3192~3 팩스 (02)742-4657
전자우편 sale@jipmoon.co.kr
편 집 부 110-360 서울시 종로구 돈화문로 82
(02)743-3096~7 팩스 (02)743-0227
전자우편 edit@jipmoon.co.kr
홈페이지 www.jipmoon.co.kr

ISBN 978-89-303-1668-2
978-89-303-1500-5(세트)

이 도서의 국립중앙도서관 출판시도서목록(CIP)은 서지정보유통지원시스템 홈페이지(http://seoji.nl.go.kr)와 국가자료공동목록시스템(http://www.nl.go.kr/kolisnet)에서 이용하실 수 있습니다.(CIP제어번호: CIP2015002806)

아 | 산 | 재 | 단 | 연 | 구 | 총 | 서

1 전환기의 중국경제
김윤환 외 | 단국대 경제학과

2 폴란드 경제의 변천 개혁과 그 전망
김광수 | 숭실대 경제학과

3 재소한인
이광규 외 | 서울대 인류학과

4 소련산림과 임업
홍성천 외 | 경북대 임학과

5 아세안의 정치경제
김국진 외 | 외교안보연구원

6 태국의 사회변동과 경제발전
최석만 외 | 전남대 사회학과

7 중국의 사회경제 통계분석
신한풍 외 | 고려대 통계학과

8 중국의 정치와 경제
박두복 외 | 외교안보연구원

9 동유럽의 개혁과 시장경제의 도입
허만 외 | 부산대 사범대학

10 동유럽의 개혁운동
박영신 | 연세대 사회학과

11 현대 러시아 연구
기연수 외 | 한국외대 노어과

12 전략적 선택과 기업의 국제경쟁력
이장호 | 서강대 경영대학

13 협동사회의 정착과 정부의 역할
이종범 외 | 고려대 행정학과

14 한국 제조기업 생산성의 동적 분석
노부호 외 | 중앙대 경영대학

15 분배의 정의
변형윤 외 | 서울대 경제학과

16 도덕적 행동의 강화
이훈구 외 | 연세대 심리학과

17 관료부패와 통제
김해동 외 | 서울대 행정대학원

18 한국경제의 내실 있는 성장
정창영 외 | 연세대 경제학과

19 한국국민정신운동의 역사와 발전방향
박수명 외 | 부산대 사범대학

20 한국대학생의 가치성향과 상담효과
이영희 외 | 숙명여대 교육학과

21 가출청소년과 학교관리체제
안창규 외 | 부산대 교육학과

22 동북아 정세변화와 한 · 일관계
한승조 외 | 고려대 정치외교학과

23 언론과 부정부패
정대철 외 | 한양대 신문방송학과

24 한국의 고등학교 교육
이원호 외 | 부산대 교육학과

25 가족과 방송
김학수 외 | 서강대 신문방송학과

26 재정개혁의 전망과 재산세제의 개편 과제
오연천 | 서울대 행정대학원

27 청소년을 위한 전자게임 프로그램의 규제 및 평가체계 개발
박혜원 외 | 울산대 가정관리학과

28 정신장애자 가족의 사회심리적 특성
이근후 외 | 이화여대 의과대학

29 가족의 관계역동성과 문제인식
이광규 외 | 서울대 인류학과

30 현대인과 한국전통음식
승정자 | 숙명여대 식품영양학과

31 기업의 초고속정보통신망활용
안중호 | 서울대 경영학과

32 지역발전을 위한 교육자치제의 개선방안
김남순 | 조선대 사범대학

33 전환기의 공무원 가치관
조경호 | 울산대 행정학과

34 지방자치와 사회복지의 과제
김영모 | 중앙대 사회복지학과

35 WTO체제하의 지방중소기업 지원정책
최명주 외 | 계명대 통상학부

36 현대한국의 시민운동
이효선 | 중앙대 사회학과

37 기업 세계화의 단계 및 정도의 측정
허영도 외 | 울산대 경영학과

38 가족복지를 위한 가족주치의 시범사업의 효과
이혜리 외 | 연세대 가정의학교실

39 한국대학생의 삶의 만족도
김재은 외 | 이화여대 교육심리학과

40 지역경제와 지역산업구조의 개편방향
정기화 외 | 전남대 경제학부

41 중국기업의 소유형태별 경영특성
노철화 외 | 부산대 무역학과

42 남북한의 인성 · 사상교육
한승조 외 | 고려대 정치외교학과

43 연계적 뇌기능 조언을 위한 의료용 멀티미디어 시스템의 설계
유선국 | 연세대 의용공학교실

44 다민족국가의 민족문제와 한인사회
최협 외 | 전남대 인류학과

45 저소득층지역 청소년 여가문화와 소집단 활성화
박문수 외 | 서강대 사회학과

46 삶의 질의 국제비교와 지역간 비교분석
이재기 외 | 울산대 경제학과

47 21세기 지역주민의 삶의 질
양종회 외 | 성균관대 사회학과

48 삶의 질에 대한 국가간 비교
조명한 외 | 서울대 심리학과

49 외국인 노동자의 노사관계와 사회적 적응
석현호 외 | 성균관대 사회학과

50 한국의 사법제도와 발전 모델
정종섭 | 건국대 법학과

51 고령화사회와 중상층 노인의 사회활동
조성남 외 | 이화여대 사회학과

52 한국의 서비스 시장 개방정책
한홍렬 | 한양대 경제학부

53 한국과 AFTA간의 교역증진 및 경제 협력방안
손일태 외 | 경희대 경제통상학부

54 물류비 절감을 위한 무역업체의 정보화전략
이영수 외 | 경북대 경제통상학부

55 사회주의 체제전환과 사회정책
오정수 외 | 충남대 사회복지학과

56 남북통일 이후 농업생산체계 개편
홍성규 외 | 건국대 농업경제학과

57 국제화와 세계화
하영선 외 | 서울대 외교학과

58 IMF 개혁정책의 평가와 한국경제의 신(新) 패러다임
조동근 | 명지대 경제학과

59 구조개혁과 실업대책
박동운 | 단국대 경제무역학부

60 21세기 신노사관계
심윤종 외 | 성균관대 사회학과

61 학교에서의 집단 따돌림
이춘재 외 | 가톨릭대 심리학과

62 한국노인의 정신건강실태와 건강증진
조맹제 외 | 서울대 의과대학

63 혁명과 개혁 속의 중국 농민
김광억 | 서울대 인류학과

64 중국의 경제환경과 한국기업의 진출 전략
지용희 외 | 서강대 경영학과

65 김대중 대통령의 시스템 사고
김동환 | 중앙대 공공정책학부

66 실업과 가족해체
최일섭 외 | 서울대 사회복지학과

67 합리적 부채비율 조정방안
오상근 | 동아대 경제학과

68 한국 중산층의 생활문화
문숙재 외 | 이화여대 소비자 · 인간발달학과

69 계층간 갈등상태에서 최적소득세
김진욱 | 건국대 경상학부

70 글로벌 경쟁력 제고를 위한 기업전략과 조직구축
이만우 외 | 고려대 경영학과

71 의료보험과 국민연금의 관리효율화를 위한 통합방안
사공진 외 | 한양대 경제학부

72 정부개혁의 과제와 전략
박우서 외 | 연세대 행정학과

73 책임운영기관 제도에 관한 비교분석
김근세 | 가톨릭대 행정학과

74 새로운 패러다임하에서의 한국기업의 바람직한 지배구조
최운열 외 | 서강대 경영학과

75 현대 한국사회의 계층구조
양춘 외 | 고려대 사회학과

76 한국의 산업정책과 산업구조조정
강인수 | 숙명여대 경제학부

77 기업구조조정
김석진 | 경북대 경영학부

78 지식경영을 위한 인적자원 개발 및 관리체계
장영철 | 경희대 경영학부

79 뉴 비즈니스 모델
전성현 | 국민대 정보관리학부

80 중산층의 정체성과 소비문화
함인희 외 | 이화여대 사회학과

81 외국관광객 유치를 위한 마케팅 전략
박상규 | 강원대 경영학과

82 한국인의 세대별 문학의식
이동순 | 영남대 국문과

83 공공부문의 효율성 평가와 측정
김재홍 외 | 울산대 사회과학부

84 한국 청소년의 정치의식과 형성요인
김광웅 외 | 숙명여대 아동복지학과

85 한국 대학생의 정치의식
배한동 | 경북대 윤리교육과

86 산업의 정보화와 산업발전
이기동 | 계명대 통상학부

87 한국 제조업의 고용조정 분석
이종원 외 | 성균관대 경제학부

88 지식자산에 대한 경영전략적 평가모형 개발
배재학 외 | 울산대 컴퓨터 · 정보통신공학부

89 관광사업을 위한 한국적 이미지의 휴식복 개발
채금석 | 숙명여대 의류학과

90 한국 정치제도의 개혁
신정현 | 경희대 사회과학부

91 e비즈니스와 아웃소싱 전략
정승화 외 | 연세대 경영학과

92 집단 따돌림의 진단 및 치료방안
홍준표 | 중앙대 인간생활환경학과

93 16대 총선과 낙선운동
조기숙 | 이화여대 국제대학원

94 부동층 유권자 행태 분석
진영재 | 연세대 정치외교학과

95 사이버 공동체의 성공요인
이재관 | 숭실대 경영학부

96 온라인 소비자 행동의 이론과 실증
윤성준 | 경기대 경영학부

97 글로벌 시대 정약용 세계관의 가능성과 한계
차성환 | 한일장신대 역사사회학과

98 러시아의 체제전환 과정에서 나타난 국가의 역할과 그 전망
이상민 외 | 부산대 정치외교학과

99 남북한의 경제발전 수준과 산업구조 비교, 그리고 경제교류 협력방향
주성환 | 건국대 경제학과

100 집단따돌림과 교육해체
한준상 | 연세대 교육학과

101 공적연금제도의 효율성과 개선방안
유금록 | 군산대 행정복지학부

102 벤처기업-대기업의 성공적인 협력 모델
나중덕 | 경산대 경영학과

103 북한의 재외동포정책
조정남 외 | 고려대 정치외교학과

104 사이버 공동체 형성의 역동적 모형
장용호 | 서강대 신문방송학과

105 기업이론과 기업의 소유지배구조
김일태 외 | 전남대 경제학부

106 가축분뇨 자원화를 위한 공동이용조직에 대한 농가선호도 분석
유덕기 | 동국대 생명자원경제학과

107 개혁정책과 전문가 집단
이경원 외 | 제주대 행정학과

108 현대 한국사회의 이중가치체계
신수진 외 | 이화여대 가정관리학과

109 한국의 산업구조 변화와 기업집단 다각화 전략
김용학 외 | 연세대 사회학과

110 지식정보사회의 경제적 모형 설정 및 사례 연구
김범환 | 배제대 경영정보학부

111 변호사징계제도
오종근 | 한림대 법학부

112 인터넷 특허법
김순석 | 광주대 법학과

113 e-비즈니스 시대의 금융 및 재정정책의 새로운 패러다임
이종욱 | 서울여대 경제학과

114 청소년의 하위문화와 정체성
조성남 | 이화여대 사회학과

115 디지털금융시대의 금융구조변화와 정부규제 및 정책
이충열 | 고려대 경제학부

116 지식경영을 위한 기업의 조직설계방안
김경수 외 | 전남대 경영학과

117 전자금융의 발달과 경제정책의 새로운 패러다임
이명훈 | 명지대 경제학과

118 동아시아의 안보와 유엔체제
김성학 편저 | 고려대 정치외교학과

119 유료 치매노인 그룹홈의 개발과 관련 정책
최정신 외 | 가톨릭대 소비자 · 주거학과

120 소비자 지향적 문화산업 정책
홍영준 | 호남대 광고홍보학과

121 국제 · 국가 · 지방 환경규제의 연계
정준금 외 | 울산대 행정학과

122 현행 회사 합병 · 분할제도의 평가와 개선방안
옥무석 외 | 이화여대 법학과

123 배려지향적 도덕성과 정의지향적 도덕성
정옥분 외 | 고려대 사범대학

124 기업구조조정에 대한 채권금융기관 및 금융감독기관의 역할과 책임
이중기 | 한림대 법학과

125 실업대책으로서 한국의 법정기준근로 시간 단축
박영범 | 한성대 경제학과

126 프랑스어의 비분리성 소유개념 표현
노윤채 | 연세대 언어정보연구원

127 지방채의 효율적 관리방안
강태구 | 호원대 법행정학부

128 21세기 산업구조 변화와 과학기술정책
임채성 외 | 그리스도신학대 경영정보학부

129 인터넷 쇼핑몰 이용자의 불평행동
예종석 | 한양대 경영학부

130 한국기업의 성과급제도 현황, 효과 및 개선방안
김성수 | 서울대 경영학과

131 전자상거래와 소비자보호
서민교 외 | 경일대 인터넷국제통상학과

132 평생학습 사회에서의 인적자원개발을 위한 사회적 파트너십 구축
김영화 | 홍익대 교육학과

133 한국 공교육의 새로운 구상과 전략
권대봉 외 | 고려대 교육학과

134 한국의 정부개혁
김태룡 | 상지대 행정학과

135 지방정부 생산성 측정의 이론과 실제
이은국 외 | 연세대 행정학과

136 불가 시문학론
배규범 | 경희대 학술연구 교수

137 남북경제교류의 법적 문제
제성호 | 중앙대 법학과

138 경제위기와 청소년 발달
구인회 | 서울대 사회복지학과

139 생명과학기술의 응용과 기본권보호적 한계
정상기 외 | 한남대 법학과

140 경제발전과 정치환경의 한・일 비교분석
정갑영 외 | 연세대 동서문제연구원

141 한국 공교육의 진단
윤정일 외 | 서울대 교육학과

142 우리나라 지방자치 발전을 위한 자치 단체장의 역할
정성호 외 | 경기대 사회과학부

143 의료보험제도의 개혁방안
권순원 | 덕성여대 경제학과

144 중등 도덕교육의 현실과 문제
손동현 외 | 성균관대 철학과

145 사이버공동체 발전론
이명식 | 상명대 경영학과

146 남북경협 확대에 대비한 북한 담보 제도의 정비방안
박훤일 | 경희대 법과대학

147 한국 공무원 인사제도 개혁
김판석 | 연세대 행정학과

148 교사화법 교육
임칠성 외 | 전남대 국어교육과

149 세계화의 문화정치학
임혁백 외 | 고려대 정치외교학과

150 효과적인 e-SCM을 위한 의사결정 조정 시스템 모형
이원준 | 성균관대 경영학부

151 환경거버넌스
김종순 외 | 건국대 행정학과

152 자동차산업의 인적자원관리
이덕로 | 시원대 경영학부

153 한국과 영국 간 지식기반산업 비교
이명호 | 한국외대 경영학과

154 한국 벤처기업의 기술네트워킹 및 기술마케팅 전략
장영일 | 인제대 경영학부

155 회사변호사의 윤리
오승종 | 성균관대 법과대학

156 미디어교육론
이정춘 | 중앙대 신문방송학과

157 조선시대 서원과 양반
윤희면 | 전남대 역사교육과

158 환경문제와 철학
박찬국 | 서울대 철학과

159 노인보건복지 이론과 실제
김명 외 | 이화여대 보건교육학과

160 북한의 법체계
권재열 외 | 숭실대 법학과

161 생명공학기술의 안전성 확보에 관한 법적 고찰
이재협 | 경희대 법학부

162 청소년복지학
김성이 외 | 이화여대 사회복지학과

163 변화하는 세계, 변화하는 복지국가
조영훈 | 동의대 사회복지학과

164 의리의 윤리와 한국의 유교문화
김낙진 | 진주교대 도덕교육과

165 미국의 통상정책과 통상법
윤충원 | 전북대 무역학과

166 사회복지 프로그램 평가
김학주 | 경상대 사회복지학과

167 환경주의와 지속가능한 발전
정대연 | 제주대 사회학과

168 무역과 환경
김기흥 외 | 경기대 경제학부

169 산업계 유해폐기물의 위험과 관리
김금수 | 호서대 경상학부

170 백범 김구의 지적 계발과정 탐색
문용린 | 서울대 교육학과

171 태평양전쟁 발발 이후 일제의 인적 지배와 그리스도교계의 대응
윤선자 | 전남대 사학과

172 거버넌스 상황에서 갈등관리를 위한 대체적 분쟁해결제도
서순복 | 광주대 법정학부

173 시장경제의 유형과 민주주의
최배근 | 건국대 경상학부

174 일본고전소설 총론
김현정 | 국립한국전통문화학교

175 국어 교육을 위한 국어 문법론
이관규 | 홍익대 국어교육과

176 율곡의 군주론
전세영 | 부산교대 윤리교육과

177 동북아시아 환경협력
정서용 | 명지대 법학과

178 기후변화협약과 기후정책
신의순 외 | 연세대 경제학과

179 인터넷과 국제 학술정보 네트워크-히이퍼링크 분석
박한우 | 영남대 언론정보학과

180 국내 기업복지의 활성화 방안
최수찬 | 연세대 사회복지대학원

181 세계화와 인간안보
김우상 외 | 연세대 정치외교학과

182 세계문화유산 종묘 이야기
지두환 | 국민대 국사학과

183 한국 평생교육의 사회철학적 과제
곽삼근 | 이화여대 교육학과

184 강점모델
정순둘 | 이화여대 사회복지학과

185 글로벌시대의 계약법
박영복 | 한국외대 법과대학

186 배심제와 시민의 사법참여
안경환 | 서울대 법학과

187 동북아공동체
김재한 | 한림대 정치외교학과

188 정치 참여와 탈물질주의
김욱 | 배재대 정치외교학과

189 퍼지전문가회로망을 이용한 금융기관의 사이버 기업여신결정 지원시스템의 개발
권혁대 | 목원대 경영학과

190 환경정책과 환경법
송인성 | 전남대 지역개발학과

191 포스트모던 시대의 평생교육학
한숭희 | 서울대 교육학과

192 현대 한국인의 세대경험과 문화
박길성 외 | 고려대 사회학과

193 서구의 근로연계복지
김종일 | 건국대 사회복지학과

194 사회복지운동론
현외성 | 경남대 사회복지학과

195 외국의 역모기지 사례
유선종 | 건국대 부동산학과

196 옛이야기와 어린이문학
이지호 | 진주교대 국어교육학과

197 노인사회복지관광의 정책과제와 방안
김창수 | 경기대 관광학부

198 복지서비스의 민간위탁 시스템 분석
김순양 | 영남대 행정학부

199 새로운 빈곤층의 대두와 정부의 정책과제
김진욱 | 건국대 경제학과

200 문화행정론
김정수 | 한양대 행정학과

201 스칸디나비아 노인용 코하우징의 계획과 적용
최정신 외 | 가톨릭대 생활과학부

202 북한의 자연생태계
공우석 | 경희대 지리학과

203 통계로 이해하는 러시아
전홍찬 | 부산대 정치외교학과

204 사회복지법인의 경영과 회계
이동규 | 충남대 회계학과

205 의약분업 정책과정
차흥봉 | 한림대 사회복지학과

206 지역공동체와 평생교육
오혁진 | 동의대 평생교육학부

207 아동보호서비스의 실제
한미현 | 백석대 사회복지학부

208 그린마케팅
박재기 | 충남대 경영학부

209 아동권리와 아동복지
이혜원 | 성공회대 사회복지학과

210 국제 이주와 인도인 디아스포라
김경학 | 전남대 인류학과

211 질병과 의료의 사회학
조병희 | 서울대 보건대학원

212 북한이탈주민의 사회통합을 위한 지역복지실천의 모색
이기영 | 부산대 사회복지학과

213 치매노인케어론
조유향 | 초당대 간호학과

214 노인상담입문
서혜경 외 | 한림대 대학원 사회복지학과

215 '통일 이후 통일과정'으로서의 독일 통일영화
이준서 | 이화여대 독어독문학과

216 중국의 사회보장
오정수 | 충남대 사회복지학과

217 환경자원의 경제적 가치와 환경오염의 사회적 비용
김재홍 | 울산대 사회과학부

218 사회복지프로그램의 경제적 평가방법
박창제 외 | 상주대 사회복지학과

219 자유의지와 결정론
안건훈 | 강원대 철학과

220 심리학자들이 쓴 행복한 결혼의 심리학
채규만 외 | 성신여대 심리학과

221 현대 해석학 강의
양해림 | 충남대 철학과

222 한국인의 주거 빈곤과 공공주택
하성규 | 중앙대 도시 및 지역계획학과

223 IMF 경제위기와 한국 출산력의 변화
김두섭 | 한양대 사회학과

224 동아시아의 영토분쟁과 국제법
이석우 | 인하대 법학부

225 독일 복지국가와 사회복지서비스
정재훈 | 서울여대 사회사업학과

226 사회복지사를 위한 실용 비모수통계
엄명용 | 성균관대 사회복지학과

227 피해자학 연구
이윤호 | 동국대 경찰행정학과

228 광고언어창작론
박영준 외 | 부경대 국어국문학과

229 환경규제 패러다임의 전환
한철 | 한남대 법학과

230 고령사회의 노동환경변화와 고용 시스템의 문제점 및 법적 대응
고준기 | 국립군산대 법학과

231 세계화와 소득불평등
이성균 외 | 울산대 사회과학부

232 유비쿼터스 사회의 이해
안중호 외 | 서울대 경영학과

233 국제환경책임법론
박병도 | 건국대 법학과

234 한국의 선거와 민주주의
윤종빈 | 명지대 정치외교학과

235 한국 시민운동의 구조와 동학
조대엽 외 | 고려대 사회학과

236 또래관계
송영혜 | 대구대 재활심리학과

237 해외 한국기업과 현지인 노동자
석현호 외 | 에스콰이아학술문화재단

238 독일 국가복지에서 민간복지단체의 역할과 의미
차성환 외 | 한일장신대 사회복지학부

239 청정공학
조정호 | 동양대 생명화학공학과

240 한국전통연희론
심상교 | 부산교육대 국어교육학과

241 정신장애와 가족
서미경 | 경상대 사회복지학부

242 빈곤통계의 작성과 활용
김주환 | 동국대 정보통계학과

243 인터넷과 한국정치
강원택 | 숭실대 정치외교학과

244 북한의 시장경제이행
정영화 외 | 서경대 법학과

245 시스템사고로 본 지속가능한 도시
문태훈 | 중앙대 도시및지역계획학과

246 실버산업과 유비쿼터스 컴퓨팅
고일상 | 전남대 경영학부

247 재활상담과 사례관리
나운환 | 대구대 직업재활학과

248 영유아교육기관에서의 장애 이해 교육
유수옥 | 우석대 유아특수교육과

249 장애의 사회적 의미와 사회통합
박수경 | 대진대 사회복지학과

250 경제분석의 수리적 기초
조인성 | 공주대 경제통상학부

251 비영리부문의 비교연구
김승현 | 서울산업대 행정학과

252 고등교육경제학
반상진 | 전북대 교육학과

253 과학윤리교육의 이론과 방법
조희형 | 강원대 과학교육학부

254 결혼이민자가족의 이해
김오남 | 대불대 사회복지학과

255 동아시아 국가의 공공부조
신동면 | 경희대 사회과학부

256 특수아동 진단 및 평가
이나미 | 대불대 특수교육과

257 계약형 사회복지와 권리옹호시스템
이명현 | 경북대 상주캠퍼스 사회복지학과

258 실내공기질 및 위해성 관리
양원호 | 대구가톨릭대 산업보건학과

259 충남 방언 문법
한영목 | 충남대 국어국문학과

260 교육권론
노기호 | 군산대 법학과

261 도시경관계획론
임승빈 | 서울대 조경 · 지역시스템공학부

262 교통의 새로운 패러다임
김형철 | 경원대 도시계획 · 조경학부

263 노인의 삶의 질 향상을 위한 주거환경 디자인
천진희 | 상명대 디자인대학 실내디자인전공

264 사회복지와 문화
박병현 | 부산대 사회복지학과

265 장애인복지의 이론과 실제
이선우 | 인제대 사회복지학과

266 창의성 개발을 위한 디자인교육 콘텐츠
김선영 | 인천가톨릭대 조형예술대학 환경디자인학과

267 구성주의 사회복지 실천 기술론
고미영 | 서울신학대 사회복지학과

268 장애아교육학
김기흥 | 부산교육대 유아교육과

269 지역사회복지와 자원부문
한상진 외 | 울산대 사회학과

270 환경관리회계
육근효 | 부산외국어대 회계학부

271 인권 관점에서 보는 장애인복지
유동철 | 동의대 사회복지학과

272 정신증상
송지영 | 경희대 의과대학병원 신경정신과

273 사이버공간의 사회심리학
이성식 외 | 숭실대 정보사회학과

274 노인에 대한 사회적 돌봄과 돌봄 서비스의 질 보장
최희경 | 신라대 가족노인복지학과

275 아동 심리치료의 실제
신현균 | 전남대 심리학과

276 사회복지와 위험관리
노충래 | 이화여대 사회복지전문대학원

277 국제 탄소시장의 이해
양승룡 | 고려대 식품자원경제학과

278 타자의 초상
신문수 | 서울대 영어교육과

279 한국정치와 환경정치
나정원 | 강원대 정치외교학과

280 북한이주민
윤인진 | 고려대 사회학과

281 음주의 사회경제적 비용
정우진 외 | 연세대 보건대학원

282 지방정치와 동북아 도시거버넌스
박재욱 | 신라대 행정학과

283 노숙인 복지론
남기철 | 동덕여대 사회복지학과

284 유럽통합과정과 지역협력
이규영 | 서강대 국제대학원

285 사회복지재정 연구
지은구 | 계명대 사회과학대학 사회복지학과

286 지역사회 교육개혁을 위한 시민사회 조직의 참여
김영화 | 홍익대 교육학과

287 복지사회를 대비한 국민연금의 구조개혁
박영석 외 | 서강대 경영학부

288 한미 FTA 지재권 협상에 따른 의약품 분야 사회후생 변화
오근엽 | 충남대 무역학과

289 산업입지, 환경 그리고 지역경제
이기동 외 | 계명대 국제통상학과

290 감성지능 개발을 통한 삶의 질 향상
김경수 외 | 전남대 경영학부

291 교육복지론
이용교 외 | 광주대 사회복지학부

292 인간과 행복에 대한 철학적 성찰
박찬국 | 서울대 철학과

293 유럽연합의 사회통합 사례와 교훈
이무성 | 명지대 정치외교학과

294 민영화와 사회후생
이상호 | 전남대 경제학부

295 북한의 교육학 체계 연구
최영표 외 | 동신대 교육대학원

296 한국 지속가능발전의 구조와 변동
정대연 | 제주대 사회학과

297 우리나라의 공익 연계 마케팅에 관한 연구
임승희 | 전주대 경영학부

298 시각장애인복지론
김영일 | 조선대 특수교육과

299 그린에너지와 환경촉매
정석진 | 경희대 화학공학과

300 취약학교 초등학생을 위한 온라인 보건교육 프로그램
박경옥 | 이화여대 보건관리학과

301 신탁제도를 통한 고령자의 보호와 지원
최수정 | 서강대 법학전문대학원

302 사회적 약자계층에 대한 실태분석 및 정책방안
이은우 외 | 울산대 경제학과

303 한류 문화와 동북아 공동체
최혜실 | 경희대 국어국문학과

304 노동유연화와 해고보호법
권혁 | 부산대 법학전문대학원

305 사회복지 위험관리의 이해
박미은 | 한남대 사회복지학과

306 의료기관의 회계와 세무
노준화 | 충남대 경영학부

307 여성인적자원의 전문성 확보를 위한 경력개발
백지연 | 이화여대 국제사무학과

308 정신병리
강선경 | 서강대 신학대학원

309 바다의 반란 적조
윤양호 | 전남대 해양기술학부

310 한국 장애인 복지 발달사
이성규 | 서울시립대 사회복지학과

311 서양예술 속의 동양 탐색
진상범 | 전북대 독어독문학과

312 한국인의 도덕성 발달 진단
문용린 | 서울대 교육학과

313 영국정치와 국가복지
고세훈 | 고려대 공공행정학부

314 인간학적 사유를 여는 중도·중복장애 교육학
이숙정 | 단국대 특수교육과

315 개별화 교육과정
이소현 | 이화여대 특수교육과

316 인간의 긍정적 성품
권석만 | 서울대 심리학과

317 지방자치와 지역여성의 전망
이혜숙 | 경상대 사회학과

318 한국 현대 노년소설 연구
전흥남 | 한려대 교양학부

319 정보격차 해소를 위한 창의적 정보교육 프로그램
이영준 외 | 한국교원대 컴퓨터교육과

320 한국 가족과 젠더
손승영 | 동덕여대 교양학부

321 한국의 복지혼합
김진욱 | 서강대 신학대학원

322 사회자본과 자원봉사
김태룡 외 | 상지대 행정학과

323 농촌교육복지연구
박삼철 | 단국대 교양학부

324 사회정체성 평가 차원에 대한 국제 비교조사
이명진 | 고려대 사회학과

325 캐나다 복지국가 연구
조영훈 | 동의대 사회복지학과

326 한국의 소수자운동과 인권정책
전영평 외 | 서울대 행정대학원

327 한국과 미국의 보육서비스 전달체계와 품질 비교분석
김근세 외 | 성균관대 국정관리대학원

328 한국사회의 소득불평등과 국민 의료이용
이용재 | 호서대 사회복지학과

329 정보시대의 인간안보
조화순 | 연세대 정치외교학과

330 가족의 사회경제적 특성과 아동발달
김광혁 | 전주대 사회복지학과

331 초·중·고등학생의 학업소진 진행과정 및 경로분석
이상민 | 고려대 교육학과

332 다문화사회의 사법통역
이지은 | 이화여대 통역번역대학원

333 동아시아 지역주의
유현석 | 경희대 정치외교학과

334 환경친화적 공공시설관리와 지역공동체의 삶의 질
이소영 | 중앙대 실내디자인·주거환경학과

아 | 산 | 재 | 단 | 연 | 구 | 보 | 고 | 서

1 한국인의 도덕성 연구
배해수 | 고려대 국문학과

2 산업화와 청소년 진로
이원호 | 울산대 교육학과

3 공동체의식과 시민운동
김영섭 | 한양대 행정학과

4 한국청년의 삶의 의미 충족도와 만족적 태도
안정수 | 경희대 철학과

5 중국조선족의 사회발전과 한·중관계의 위상
손장권 | 고려대 사회학과

6 해송림 "솔껍질깍지벌레"의 천적 및 주요 종의 생태
김규진 | 전남대 농생물학과

7 사회정의와 실천윤리
박종대 | 서강대 철학과

8 동구개혁의 영향
김달중 | 연세대 정치외교학과

9 한국청소년의 의식세계
김문조 | 고려대 사회학과

10 고강도 철근 콘크리트 구조의 실용화
정헌수 | 중앙대 건축학과

11 신기술의 연관형태 및 출현예측의 구소모형
권철신 | 성균관대 산업공학과

12 민간기업의 연구개발을 위한 조세정책
권영훈 | 한양대 경제학부

13 기술개발 활성화방안
송승구 | 울산대 화학공학부

14 부패의 현상과 진단
이문조 | 영남대 정치외교학부

15 연구투자의 지역적 편중화와 부산지역의 기초과학연구 활성화방안
윤웅찬 | 부산대 화학과

16 GATT의 신구 덤핑방지협정과 그 대응방안
전창원 | 동국대 무역학과

17 한국사회의 도덕성 제고를 위한 진단과 처방
황경식 | 서울대 철학과

18 새로운 노사관계 방향
이진규 외 | 고려대 경영학과

19 21세기 동북아 정세예측과 한국의 전략적 대응방안
최평길 외 | 연세대 행정학과

20 소련의 한국에 대한 정책목표분석
신승권 | 한양대 정치외교학과

21 메모리 커패시터용 $Pb(Zr_xTi_{1-x})O_3$ 강유전체 박막의 제작과 특성
장지근 외 | 단국대 전자공학과

22 러시아 국제법학의 전통
김용구 | 서울대 외교학과

23 유럽연합의 현황과 전망
김동현 외 | 성균관대 행정학과

24 중국의 정치동원
송영우 외 | 건국대 정치외교학과

25 산업적 활용을 위한 이동로보트 시스템의 개발
박민용 외 | 연세대 전자공학과

26 중국조선족의 정치사회화과정과 동화적 국민통합의 방향
전인영 외 | 이화여대 사회생활학과

27 공적부조의 이론과 실제
최일섭 외 | 서울대 사회복지학과

28 대외통상환경의 변화와 법제개편
서헌제 | 중앙대 법학과

29 기업금융의 국제화
최생림 | 한양대 경영학부

30 자동차부품공업의 노사관계
김호진 외 | 고려대 행정학과

31 산업화 과정에서의 한국가족의 실태와 전망
정창수 외 | 성균관대 사회학과

32 공무원 가치관 실태와 정립방안
배병룡 외 | 경상대 행정학과

33 해외귀국청소년의 국내적응연구
이장영 | 국민대 사회학과

34 초고속정보통신망에서 LAN서비스 제공방안
이재용 | 연세대 전자공학과

35 WTO체제의 정책적 대응
김병진 외 | 경희대 행정학과

36 유럽의 통합정치
최수경 외 | 충남대 정치외교학과

37 유기질폐기물을 이용한 고단백사료원인 조류의 생산공정
최정우 외 | 서강대 화학공학과

38 초고속정보통신망의 수용성과 정책방향
박영상 외 | 한양대 신문방송학과

39 중국의 강남사회와 한중교섭
조영록 외 | 동국대 사학과

40 세계화시대의 사회 · 문화의식
신행철 외 | 제주대 사회학과

41 국내 외국인 노동자의 문제와 대책
성규탁 외 | 연세대 사회복지학과

42 노인인력 활용정책과 프로그램
김정후 외 | 강원대 법과대학

43 한일간 학술교류 현황과 활성화방안
정홍익 외 | 서울대 행정대학원

44 계량모형에 의한 한일 경제관계의 이해
김명직 외 | 한양대 경제학부

45 직장인의 음주행태와 삶의 질
진기남 외 | 연세대 보건행정학과

46 유통정보 시스템의 구조와 설계
정용길 | 충남대 경영학과

47 남북통일 이후 사회통합을 위한 교육의 역할
안기성 외 | 고려대 교육학과

48 대중음악에 심취한 청소년들의 심리적 특성
김인경 외 | 연세대 인간행동연구소

49 멀티미디어 시스템을 활용한 교육환경의 개선방안
김한일 | 제주대 컴퓨터교육학과

50 탈냉전기 한일관계의 쟁점
최상룡 | 고려대 정치외교학과

51 자치시대 새로운 '삶의 질' 지표의 모색
김형기 외 | 경북대 경제통상학부

52 유럽통합의 역내외 협력과 갈등
이호재 외 | 고려대 정치외교학과

53 21세기를 대비한 신노사관계
김재원 | 한양대 경제학부

54 대학의 시간제학생 등록제
안규철 외 | 전남대 교육학과

55 21세기에 대비한 방송통신정책
한진만 외 | 강원대 신문방송학과

56 주민참여를 통한 혐오시설 관리운영방안
박균성 외 | 경희대 법학부

57 여성의 정치적 권리인식과 정치참여
전경옥 외 | 숙명여대 정치외교학과

58 한국인 위장질환과 식생활 · 환경요인 및 *H. pylori* 감염과의 관계
이양자 외 | 연세대 식품영양학과

59 학생과 시민의 자원봉사활동
윤정일 외 | 서울대 교육학과

60 동북아 환경문제와 지역환경협력의 모색
신연재 외 | 울산대 정치외교학과

61 노인 자원봉사활동을 통한 사회통합 프로그램 개발
김동배 | 연세대 사회복지학과

62 물류정보 시스템
김태현 | 연세대 경영학과

63 전자식 문서교환을 이용한 항공화물 운송체계
민재형 | 서강대 경영학과

64 청소년과 성
이근후 | 이화여대 의과대학

65 민족통합과 무궁화호 위성의 남북한 공동활용방안
방정배 | 성균관대 신문방송학과

66 채식주의가 20대 여성의 영양상태와 에스트로겐 대사에 미치는 영향
성미경 | 숙명여대 식품영양학과

67 가상정보공간을 통한 지역개발 활성화 전략
유재천 외 | 한림대 언론정보학부

68 조산아 관리현황 및 정책수립 방안
박상기 외 | 조선대 의과대학

69 남북한관의 의식조사와 통일교육 개선방안
김동규 외 | 고려대 북한학과

70 동양 전통 자연사상 탐구
장동순 | 충남대 환경공학과

71 초고속정보망의 시뮬레이터 구현
한기준 | 경북대 컴퓨터공학과

72 유통원가 시스템의 유효성
정다미 | 명지대 경영학과

73 국악과 문화관광의 만남
정익준 외 | 동아대 국제관광통상학부

74 기업의 지식경영 활용사례
김창은 | 명지대 산업공학과

75 선진국과 한국의 직업교육 · 훈련제도의 특성과 한계
정주연 | 고려대 경제학과

76 제주지역 성인 여성의 자원봉사활동
이상철 외 | 제주대 사회학과

77 M&A와 문화충돌 관리
박원우 | 서울대 경영학과

78 폐금속광산 인근 주민들의 중금속 오염실태
정종학 외 | 영남대 의학과

79 북한 농촌 · 농업실태와 인력자원개발 시스템을 통한 북한 농민의 구호방안
박성열 | 건국대 교육공학과

80 중소 소매점의 경쟁력과 소매성과
채명수 외 | 한국외대 무역학과

81 고령자를 위한 쾌적한 실내온도와 착의량의 설정
정운선 | 안동대 의류학과

82 지역문화 이벤트 PR
박종민 | 경희대 언론정보학부

83 인터넷 지역정보화의 실태와 전략
유평준 외 | 연세대 행정학과

84 여성 삶의 질 향상을 위한 사회교육 활성화 방안
김양희 | 중앙대 가족복지학과

85 벤처기업과 벤처금융
강대석 외 | 충남대 무역학과

86 구조조정기에 있어서 실업대책과 사회안전망 구축
박천익 | 대구대 경제학과

87 한국 유아의 조기교육
이명조 외 | 한국외대 교육대학원

88 남북한 경제공동체 형성전략
이상만 | 중앙대 경제학과

89 지방자치회계의 투명성과 주민의 알 권리
권찬태 외 | 경북대 경영학부

90 정치지도자의 정책리더십
이해영 | 경일대 행정학과

91 경제위기와 한국인의 복지의식
신광영 외 | 중앙대 사회학과

92 북한의 노동
김강식 | 한국항공대 경영학과

93 우리나라 중소기업의 정보기술 활용 현황과 경쟁력 강화를 위한 제안
정승호 | 부산외대 정보시스템학과

94 인간배아복제의 법적 · 윤리적 문제점과 그 해결방안
최병규 | 한경대 법학부

95 가치변화에 따른 투표행태
조찬래 외 | 충남대 정치외교학과

96 인터넷 경매에서의 계약체결과 소비자 보호
이기수 외 | 고려대 법과대학

97 세계화시대 남북한 통합의 방향과 과제
윤민재 | 서울대 사회발전연구소

98 글로벌 시대 지방정부의 문화마케팅 전략
박흥식 | 중앙대 행정학과

99 대졸여성실업의 실태분석 및 대학-노동 시장 간 효율적 연계방안
이은우 외 | 울산대 사회과학부

100 그린 투어리즘의 분석
이응진 | 대구대 관광학부

101 지방자치단체장의 부정부패
오일환 | 한양대 아태지역연구센터

102 산업화가 유교체제하 중국여성의 지위에 미친 영향
천성림 | 배재대 사회과학연구소

103 움직이는 말하기
유혜숙 외 | 나사렛대 교양학부

104 장애학생을 위한 특수교육공학의 활용
김용욱 | 대구대 중등특수교육과

105 지식기반사회의 평생교육 이해와 평생교육 프로그램 개발
박성열 | 건국대 교육공학과

106 N세대의 미술교육
김동철 | 대구교육대 미술교육학과

107 노후계획과 투자
권택호 | 여수대 국제통상학과

108 영화산업
양영철 | 경성대 연극영화학부

109 동유럽의 변혁과 언론의 역할
정대수 | 경남대 정치언론학부

110 환율, 임금, 물가가 국제경쟁력 및 수출입산업에 미치는 영향
하인봉 | 경북대 경제통상학부

111 일본기업의 기술혁신 전략
위정현 | 중앙대 상경학부

112 노후보장정책과 역저당연금제도
조덕호 외 | 대구대 행정학과

113 유비쿼터스 라이프와 미래 사회
김석수 | 한남대 멀티미디어공학과

114 죽음과 관련된 생명윤리적 문제들
구인회 | 가톨릭의과대 인문사회과학교실

115 경제적 세계화와 빈곤문제, 그리고 국가
김준현 | 한일장신대 인문사회과학부

116 한국의 세계불교유산
김종명 | 한국학중앙연구원 한국학대학원

117 복지레저서비스론
고태규 | 한림대 국제학부

118 자생적 철학체계로서 인간중심철학
선우현 | 청주교대 윤리교육과

119 전략적 통합과 한반도 평화체제
김승채 | 고려대 정책대학원

120 환경사법론
전경운 | 경희대 법학부

121 인터넷 자료를 통해 본 한국의 이혼 문화와 사회복지
성정현 외 | 협성대 사회복지학과

122 유럽연합의 사회정책에 관한 연구
문진영 | 서강대 신학대학원 사회복지학과

123 여성건강의 통합적 관점
김혜원 | 관동대 간호학과

124 복잡계 네트워크 과학
강병남 | 서울대 물리천문학부

125 경제적인 3세대 전원주택 개발
박근준 | 호서대 건축공학과

126 사회복지와 인적자원개발
이상일 | 인제대 국제경상학부